글로벌화와 미국의 패권

세계 제국, 미국

GUROBARU KA TO AMERIKA NO HAKEN
by Takeshi Igarashi
© 2010 by Takeshi Igarashi
First published 2010 by Iwanami Shoten, Publishers, Tokyo.
This Korean language edition published 2014
by Yeoksagonggan, Seoul
by arrangement with the proprietor c/o Iwanami Shoten, Publishers, Tokyo

글로벌화와 미국의 패권

세계 제국, 미국

이가라시 다케시 지음 • 곽진오 옮김

역사공간

기로에 선 미국의 패권

2008년 9월, 미국 월스트리트Wall Street에서 오랜 전통을 자랑하던 투자은행인 리먼 브라더스Lehman Brothers Holdings, Inc.의 파산을 시작으로 표면화된 금융위기는 단번에 세계를 뒤흔드는 경제위기로 확대되었다. 이는 현재의 글로벌화가 얼마나 연약한 기반 위에 있는지를 백일하에 드러낸 것이었다.

글로벌화는 세계 도처의 국경이라는 벽에 구멍을 뚫고, 이를 점차 확대해 감으로써 새로운 발전의 기회를 창출하며 강력한 침투력을 유지해 왔다. 중국과 인도의 고도성장은 글로벌화가 가져온 혜택의 대표적인 예라할 수 있다. 그러나 글로벌화가 가져온 침체의 이면을 깊이 들여다보면 2008년 리먼 사태가 처음은 아니다. 이미 11년 전 글로벌화가 제멋대로 활개치면서 순조롭게 경제발전을 하던 한국과 동남아시아 나라들이 외환위기를 겪었고, 브라질과 러시아로까지 불똥이 튀어 국제사회가 금융위기에 처했던 기억이 새롭다.

게다가 2001년 9월 11일에는 탈냉전 이후 유일한 초강대국이었던 미국이 국제 테러리스트 집단인 알카에다Al-Qaeda에 의해 경제·군사의 중심부인 뉴욕의 세계무역센터 빌딩과 수도 워싱턴 근교의 국방부가 공격당하는 전대미문의 사건이 발생했다. 이 사건도 글로벌화가 가져온 새로운 형태의 위기로써 세계의 주목을 받았다.

글로벌화란 사람·물건·돈·정보 등이 이전보다도 '한층 멀리, 빨리, 깊게, 그리고 쉽게' 국경을 넘어 이동하고 민간 네트워크를 확대해 나가는 사회적 통신수단의 현상이며, 현대 국제정세의 가장 큰 특징이다.[1] 글로벌화 자체는 현재보다도 제1차 세계대전 이전에 더 활발했었다고 지적하기도 하지만, 현대의 글로벌화는 국경의 의미가 사라지고 과거에 비해 사회적 소통의 양·속도·범위가 훨씬 확대되어 있다.

이 책은 이러한 현대의 글로벌화를 강력하게 추진해 온 미국에 초점을 맞춰 미국이 왜 그리고 얼마나 글로벌화를 추진해 왔으며, 글로벌화가 가져온 사태에 어떻게 대처해 왔는지를 고찰했다. 또한 현대 국제정세의 핵심 문제를 살펴보는 것을 과제로 삼았다.

단적으로 말해서 2008년 미국 대통령선거에서 오바마Barack Hussein Obama II가 당선되었던 것도 내외 위기에 직면한 미국 국민이 정치적 개혁을 기대하고 적극적인 선택을 실행했기 때문이다. 미국 국민의 이러한 과감한 선택은 18세기 미국 건국 이래 역사적으로 위기에 직면할 때마다 취해졌던 과감한 결단이었으며 200년 넘게 지속한 미국 민주주의의 흔들리지 않는 결단력과 강건한 지속성을 여실히 보여주는 것이다.

그렇지만 역사상의 위기는 저마다의 성격이 다르고 때로는 극히 개성적인 것도 있다. 2008년 위기도 이제까지의 것과는 성격이 크게 달라 현대 특유의 글로벌화에 짙게 그림자를 드리웠다. 오바마 대통령 당선인은 케냐인 유학생 아버지와 백인 어머니 사이에서 태어났는데, 미국이 얼마나 글로벌화의 소용돌이 속에 있는지를 상징적으로 보여주는 것이다.

오바마가 대통령에 당선될 수 있었던 것은 무엇보다도 미국이 동시에 세 개의 위기에 직면해 있었기 때문이다. 즉, 스스로 시작한 아프가니스탄과 이라크 두 곳에서의 전쟁이 곤란한 상황이었고, 거기에 경제위기까지 겪고 있었다.

바꿔 말하면 처음 두 개는 국제 테러리즘과 대량살상무기WMD, Weapons of Mass Destruction 확산이라는 글로벌화 된 국제정세의 현안에 집중하기 위해 외국의 체제까지 변화시키려 한 제국주의 목표의 좌절이고, 세 번째는 글로벌화 한 국제경제의 위기이다. 모두 미국의 국제적인 주도권을 뒤흔드는 사태였다. 그 결과 미국은 글로벌화와 자신의 국제적인 역할을 수정하지 않으면 안 되는 상황에 처하게 되었다.

그러나 글로벌화는 결코 인간의 손으로 가려서 막을 수 있는 것이 아닌 자연적인 현상이다. 국제정세를 주도하는 나라들은 글로벌화의 정세를 정확하게 판단하면서 폐해를 바로잡고 세계 평화와 인류의 행복, 그리고 이익을 달성해야만 하는 책임을 지고 있다. 사실 오늘날 국제정세를 더욱 좋은 방향으로 이끌기 위해서는 국제 공공재정 기금을 조성하여 국제질서를 형성하는 글로벌 거버넌스의 기반을 구축한 다음 항시 적절한 규제를 가하는 등의 앞선 조치를 해 나가는 것이 중대한 정치과제가 되었다. 역사적으로도 18세기 후반 민주주의가 태두할 때 프랑스혁명을 겪으며 자신의 지위에 위협을 느낀 프랑스 귀족 토크빌Alexis Charles Henn Maurice Clérel de Tocqueville은 민주화를 역사의 필연으로 받아들여 민주주의가 순조롭게 발전한 미국을 시찰하고 그 비결을 끝까지 밝히려 했다.[2] 현대의 글로벌화를 주도하는 미국도 이미 19세기에 북미대륙 내부에서 글로벌화의 초기 형태를 경험했고, 약 20년마다 경제공황을 일으키는 자유분방한 자본주의 경제의 움직임을 규제하기 위해 오랜 시간 악전고투惡戰苦鬪하면서 몇 가지 생각을 축적했다.

2008년 대통령선거는 그러한 미국의 역사적 경험이 더해졌던 정치적 결정의 한 획이었다. 왜냐하면 미국 국민이 강력한 지도력에 기대해서 변혁의 바람을 의탁한 대통령은 역사적으로 이전에는 없었던 아프리카계이기 때문이다.

역대 미국 대통령은 앵글로색슨계 백인 프로테스탄트교도였다. 물론 1960년에 당선된 케네디John F. Kenedy 대통령이 아일랜드계 가톨릭교도로 유일한 예외이다. 이탈리아계, 폴란드계, 유대계, 히스패닉계도 아닌 미국 내에서 가장 불우한 입장인 흑인 중에서 대통령이 나온 것은 미국 국민이 역사적인 위기 속에서 획기적인 결단을 한 것을 의미한다.

이 새로운 대통령이 어떠한 위기 대책을 구상하는가에 관심이 쏠리고 있지만, 이 책은 앞에서 얘기했듯이 그 배경을 고찰하는 것을 과제로 한다.

이 책의 구성을 간단히 설명하면, 제1장 1절과 2절에서는 현재의 미국을 이해하기 위해 글로벌화와의 관계에서 미국의 국가로서의 성격적 특징을 고찰하고, 3절에서는 글로벌화와 미국이라는 국가의 성격이 어떻게 구조적으로 관련되어 있는지를 역사적인 배경을 거슬러 올라가 밝힐 것이다. 4절에서는 미국이 발휘하는 국제적 주도권, 즉 패권의 형태와 그 기반이 된 대통령중심제에서 최근 눈에 띄게 나타나는 인기영합주의(포퓔리슴)의 경향을 분석한다.

제2장 1절에서는 미국 주도의 글로벌화가 어떻게 태평양세계를 형성했

는지 살펴보고, 2절과 3절에서는 그것이 필리핀, 한국, 대만 등 동아시아 3개국 민주화의 중요한 기반을 어떻게 만들었는지 각각 설명한다. 이는 글로벌화가 가져온 문제점뿐만 아니라 새로운 기회도 함께 규명하는 것이기도 하다.

제3장 1절에서는 미국이 냉전 종결과 이후 유럽을 비롯한 전 세계 국제질서 형성에 어느 정도 개입하고 있는지를 고찰하고, 이와 관련해서 현재 미국 사회 자체가 글로벌화에 얼마나 구조적으로 관련되어 있는지를 밝힌다. 2절에서는 2001년 9월 11일 알카에다의 테러공격을 받은 부시정권이 이라크체제 변혁을 목표로 어떻게 이라크전쟁에 돌입하게 되었는가를 미국 내 지지에 기반하여 분석한다. 보론에서는 9·11테러의 현대적 의미를 해설한다.

마지막 제4장에서는 세 가지 위기가 동시에 나타난 2009년에 시작한 오바마 신정권이 국내정치의 긴급한 과제도 해결하면서 글로벌화와 미국의 국제적인 역할 즉 패권을 어떻게 재편하는지를 상세히 살펴보았다.

이 책은 필자가 2001년 1월 장기치료에도 완치의 가능성이 없이 퇴원한 이후 급격히 변모하는 국제정세를 해명하기 위해 시작한 연구를 기초로 하고 있다. 9·11테러는 퇴원 후 진행한 치료가 일단락되어 이를 축하하기 위한 파티를 개최하기 직전에 일어났다. 이 사건은 필자가 전혀 예상치 못한 일이었다. 보론은 이 사건으로 드러난 국제정세의 구조적 문제를 명확히 밝히지 않으면 안 된다는 심정으로 『아사히신문朝日新聞』에 기고했던 내용이다.

새삼스럽게 정치학자에게 인과관계란 절실한 것이라 느꼈지만, 건강이 회복되지 않은 상태에서 이 사건은 필자의 연구의욕을 강하게 자극하고 지금의 국제정세를 해명하게 한 원동력이 되었다. 그리고 어느새 병도 나아 마음도 한결 가벼워졌다. 이런 의미에서 9·11테러가 필자에게 기사회생의 기회를 주었음은 말할 필요도 없다.

물론 이 책의 연구주제 중에는 아직 심도 있게 다뤄지지 않은 부분이 여러 군데 있다. 그럼에도 2008년 경제위기가 일어나고 국제정세가 새로운 단계에 접어든 현시점에서 중간정리를 해 두고 싶다. 이 책의 출판기획은 필자가 오랫동안 근무했던 도쿄대학 법학부를 퇴직하던 해에 시작되었다. 그런 의미에서 도쿄대학 재직 중에 하던 연구를 끝맺음 할 수 있는 좋은 기회였기에 매우 기쁘다.

도쿄대학 법학부에 30년을 근무하면서 여러 은사, 선배, 동료로부터 받은 학문적 혜택은 이루 말 할 수 없이 컸다. 마음속 깊이 감사드리는 바이다. 제2차 세계대전 후 미국을 중심으로 한 연합국에 점령당한 시대에 살아온 필자에게는 미국의 강력한 패권 아래 일본의 미래가 미국에 의해 좌우되고 매일같이 밀려드는 미국 발 현대문명에 침식되어 살아가는 것은 말하자면 인생의 숙명이었다. 그런 점에서 이 책은 필자 자신의 삶에 어떠한 의미가 있는지를 탐구하는 조그마한 시험이기도 하다.

이 책은 필자의 전공 분야인 미국정치와 외교 분야에 머무르지 않고 국제정치와 비교정치 분야까지 폭넓게 다루고 있다. 그 점에서 일본비교정치학회 창립에 관여했던 경험은 연구나 학식뿐만이 아니라 연구에 대한 의욕을 높이는 데 큰 자극이 되었다. 학회 창립에 함께 힘썼던 오카자와 노리후美岡沢憲美, 기무라 마사아키木村雅昭, 바바 야스오馬場康雄, 다카하시 스스무高橋進, 쓰네카와 게이치恒川惠市, 쓰보고 미노루坪郷実, 후지와라 기이치藤原帰一 등 여러 교수의 연구와 조언에서 많은 도움을 받았다. 또한 오랫동안 편집위원회를 맡은 일본 국제문제연구소의 기간지 『국제문제』의 전·현직 편집위원과 오랜 친구인 오다케 히데오大嶽秀夫 교수의 연구와 조언도 과분할 정도로 받았다. 다시 한 번 감사드린다.

어려운 출판 여건에서도 이 책의 출판을 권유해준 이와나미岩波서점 야마구치 아키오山口昭男 사장의 배려에 깊이 감사드리는 바이다. 그리고 이 책의 편집을 담당한 이와나미서점의 고무라 코치高村幸治, 사토 쓰카사佐藤司 두 분께도 진심으로 감사드린다.

1 Karl Deutsch, *Nationalism and Socisl Communication : An Inquiry into the Foundation of Nationality* (Cambridge, MA : MIT Press, [1962] 1967); Thomas L. Friedman, *The Lexus and the Olive Tree : Understanding Globalization* (New York : Anchor Books, [1999] 2000), p. 9; 東江一紀·服部晴美譯, 『レクサスとオリーブの木 ― グローバリゼーションの正体』上(草思社, 2000), p. 29.

2 アレクシス·ド·トクウィル(松本禮二譯), 『アメリカのデモクラシー』第一卷上下(岩波文庫, 2005·2008).

세계 제국, 미국

제1장

국가의 성격과
글로벌화의 구조적 관계

1절

현재의 미국을 어떻게 이해해야 하는가

미국 '제국'의 여러 모습

21세기는 2001년에 일어난 9·11테러 때문에 말 그대로 극적인 세기의 개막이었지만 이를 계기로 2003년 3월 미국 부시 정권이 이라크와 전쟁을 시작하면서 세계에 내재해있던 '미국문제'가 단번에 구조적인 특성으로 부상했다. 21세기 시작과 더불어 3년간 미국은 아프가니스탄, 이라크와 연속해서 두 개의 전쟁을 일으켰고, 그 전쟁의 목적은 양국의 국가 재건 외에도 민주주의 실현까지도 포함했다. 또 2008년에 표면화되었던 금융위기도 '미국문제'의 하나로 간주할 수 있다.

힘으로 적을 억누르며 새로운 국제질서를 구축하려는 부시 정권의 방침은 미국이 '제국'화 되었다는 것을 단적으로 보여줌으로써 '미국제국'론이 빈번하게 논의되는 상황이다. 일본처럼 마르크스주의의 영향이 강했던 나라에서는 미국을 '제국'으로 보는 경향이 새삼스런 것만은 아니다. 그러나 현대 미국제국론의 특징은 미국이 해외에서 쉽게 무력을 행사할

수 있다는 점에서 '미국의 새로운 제국주의'라고 부르는 사람도 있다.[1]

이 점은 마르크스주의적 '미국제국주의'론이 계급대립을 중시하고 이로 인한 자본주의 경제의 종속적 지배관계에 초점을 두는 것과는 크게 다르다. 양쪽의 차이는 그뿐만이 아니다. 마르크스주의적 미국제국주의론은 미국제국을 항구적인 구조로 보는 것에 비해 지금의 미국제국주의론은 제국이 현재 새로 만들어지고 있다고 파악한다. 그러므로 제국화를 부시 정권 대외정책의 특유한 현상으로 볼 것인지에 따라서 판단이 나뉜다. 부시 정권 특유의 현상으로 보는 쪽에서 제국화는 미국의 본질에 뿌리를 둔 게 아니라 대외정책 선택의 문제라는 해석이다.

물론 미국 내에서 지금의 미국을 제국으로 보는 경향이 폭넓게 받아들여지고 있는 것은 결코 아니다. 이는 비록 식민지를 소유했지만, 공식제국이었던 유럽 여러 열강의 제국주의를 맹렬히 비판하며 거리를 두었던 미국 특유의 뿌리 깊은 전통과 관계있다. 이 때문에 스스로를 제국이라 부르는 것에 대해 강한 심리적인 저항이 있으며 실제로 제국적인 활동을 하고 있을 때도 제국으로서의 영광이나 자부심을 솔직하게 인정하지 않고 지냈다.[2] 즉 미국에 관해서는 스스로 인정하지 않는 제국이 과연 있을 수 있는 것인가 라는 별개의 문제가 있다.

현재 미국제국론의 또 다른 특징은 이러한 전통의 멍에에서 벗어나 미국이 제국이 되어야 한다고 제창하는 의욕적인 의견도 제기되고 있다는 점이다. 그럼에도 이 제창은 역사적으로 미국이 상당히 제국적인 성격을 지니고 있었다는 사실을 상기시킴으로써 전통적으로 제국을 혐오하는 미국인의 근본을 의심하게 한 것이 분명하다. 1960년대를 풍미했던 위스콘신학파[3]가 미국의 제국적 성격을 비판했던 것과는 정반대의 견해라고 할 수 있지만 제국이 미국과 반드시 인연이 없는 것은 아니라는 것을 해명한 셈이다. 게다가 기존 미국인의 역사관에 도전하면서 21세기 세계에서 미국이 짊어져야 할 국제적인 역할에 대한 사명감을 야심 차게 주장하기에 이르렀다.[4]

부시 정권에서 이라크전쟁을 주장했던 신보수주의자[5] (이하 네오콘)도 이러한 상황에 있었다. 사실 부시 정권 내부에서는 미국이 제국화 되었다는 의식이 싹트고 있었다. 이러한 제국의식은 미국이 제국화 되어가고 있다고 보는 점에서 미국제국론과 통하지만 역사를 스스로 만들어 간다는 자부심에서 유래한다는 점에서 결정적인 차이가 있다.[6] 즉 제국화를 비판하는 대신 상대국의 민주화를 전쟁목적에 포함함으로써 제국 비판의 근거인 공화국의 전통을 오히려 정당화시키고 제국의 영광을 미국 공화국의 국시國是와도 연계시킨 것이다.

반면 오랜 제국 전통을 가진 영국인 연구자는 영국제국의 선례에 비춰볼 때 미국은 '제국의 책임'을 충분히 자각하고 있지 않다고 지적한다. 제국은 해외의 식민지에 진출한 때도 문명의 전파와 통치의 담당자로서 현지에 머무르면서 질서형성에 책임져야 한다. 이에 비해 미국은 현지인의 자유와 권리 존중은 물론 민주적인 국가 재건까지 목표로 하고 있으면서도 현지 지배를 도의적으로 피함으로써 오히려 질서 형성의 책임을 소홀히 하는 경향이 있다.[7]

이처럼 제국론에는 원래 여러 의미가 있다. 게다가 미국은 제국을 부정하는 뿌리 깊은 전통이 있기에 자신을 제국이라고 부르는 것 자체가 매우 논쟁적인 문제다. 따라서 제국이라는 말이 어떠한 의미로 사용되고 있는지를 명확히 판단하지 않으면 안 된다. 그럼에도 현재 미국제국론 논의가 어느 쪽의 입장을 지지하는가는 일단 접어두고 전체적으로 현재의 미국과 국제정세의 관계 즉 '미국문제'를 21세기 세계의 구조적인 특성으로 보는 관점은 매우 시의 적절하다.

이는 단적으로 말해 미국제국론이 나오게 된 국제정세가 이전의 제국주의 시대와는 상황이나 성격이 크게 달라졌기 때문이다. 그 점을 정확히 파악하지 않는다면 21세기의 미국문제를 이해하기는 어렵다.

글로벌화와 국제정세의 구조적 변용

미국제국주의론의 계몽적인 면을 되살려서 '미국문제'를 고찰하기 위해 미국제국론에 있어서 부시 정권이 왜 전쟁을 일으키는가와는 다른 관점에서 다음과 같은 의문을 가져보겠다. 이 의문은 미국이 유일한 초강대국으로 군림하는 21세기 세계에서 전쟁이 쉽게 발생하게 된 이유가 무엇인지를 밝히는 것이다. 이 경우 부시 정권의 대외정책뿐만 아니라 미국의 무력개입을 허락하는 국제정세, 즉 21세기의 국제정세 구조도 고찰의 대상이 된다.

미국과 국제정세와의 구조적인 관계를 보는 일본의 전통적 방법은 마르크스주의의 미국제국주의론이다. 미국 대외사對外史 연구에서 위스콘신 학파의 '문호개방제국주의론'은 미국의 대외정책을 '자유무역제국주의' 또는 '비공식제국'으로 파악했으며 경제적인 이해를 중시한 점에서 같은 연구계보에 속한다. 현재 이 계보의 대표적인 연구가 월러스타인Immanuel Maurice Wallerstein의 '세계구조론'이며 20세기 미국은 그 '중심'에 서 있다.[8]

국제정치학자인 길핀Robert Gilpin은 강력한 경제력을 갖춘 미국을 '패권국'이라고 파악하고 있는 점에서 월러스타인과 같다. 그러나 같은 패권국이라고 하더라도 세계구조론이 자본주의 경제의 지배 즉 종속관계에 착안하는 것과 달리 길핀은 국제정치의 권력관계에 착안하는 현실주의자의 입장에서 역으로 국제질서를 구축하는 미국의 역할을 평가하고 있다.

　권력투쟁이 소용돌이치는 국제정치에서 규칙에 따라 정세를 관리 운영하는 제도를 수립하기 위해서는 투쟁을 격화시키는 제로섬게임을 극복하기 위한 관리운영 자금이 국제공공제로 제공되어야 한다. 이러한 생각에 기초해서 길핀은 미국이 제2차 세계대전 이후 패권국으로서 그 역할을 해왔다고 보았다.[9]

　따라서 미국의 국제적인 지위나 역할에 대한 월러스타인과 길핀의 평가는 상반된다. 길핀이 미국의 국제적인 역할을 적극적으로 평가하는 데 비해 월러스타인은 미국이 주도하는 질서가 반드시 공정하지는 않다고 본다. 월러스타인 입장에서 보면 끊임없이 현실의 국제정세를 억압적으로 보는 불만세력이 있기 때문에 국제질서가 존재함에도 그것은 미국에 유리한 '패권질서'인 것이다. 양자의 견해 차이는 냉전시대 동서가 대립하고 있을 때에는 통할 수 있는 얘기라 하겠다.

　그러나 두 사람의 견해가 반드시 서로 통하지 않는다고 할 수만은 없다. 왜냐하면 월러스타인이 국제정세 중에서도 주로 경제 차원의 문제를 제기하고 있는 것에 비해 길핀은 주로 안전보장 차원에 관심을 두고 있어서 두 사람 모두 국제정세를 각자의 고찰 대상으로 하기 때문이다. 양자를 대립하는 것으로 보아 어느 한 편만 보는 것이 아닌 경제와 안전보장이라는 두 가지가 서로에게 어떤 관계인지를 종합적으로 검토하는 것이 필요하다.

거기에 더해 현재 21세기의 국제정세와 미국의 관계를 구조적으로 고찰하는데 불가결한 요소가 바로 냉전 이후 세계적으로 주목을 받으며 급속히 진전되고 있는 글로벌화다. 이러한 글로벌화를 사회적 커뮤니케이션이라고 말하는데, 그 결과 이제까지 국가 간의 관계로 여겨졌던 국제관계에서 기업이나 비정부조직NGO 등 민간기구가 국경을 넘어 발전하며 초국가적으로 활동하는 비중이 급증했기 때문에 이제는 국제관계에서 주권국가를 절대적인 단위로 보는 것이 어렵게 되었다는 것을 의미한다.

근대국가의 독특한 특징은 국제관계가 국민국가로 구성된다는 것이다. 이것은 말 그대로 개인의 정체성도 국민이어야 한다는 것이 중심 생각이다. 즉 개인 자체가 존재하는 것이 아니라 집단화된 국민으로서 일체화된 불가분의 존재이다. 글로벌화는 그러한 개인의 내면에 깊이 뿌리내리고 있던 민족주의의 멍에에서 벗어나 개인이 국제적으로도 독립하고 국가 이외의 조직이나 네트워크의 한 사람으로서 활동할 기회가 증대하는 것을 의미한다.

이처럼 국민국가라 할지라도 국제관계에서 독점적인 지위를 가진 단위로 자리할 수 없게 되고 대신 민간 차원의 상호작용이 활성화되면서 세계시민사회라는 성격이 짙어지게 되었다. 그러므로 현재 세계는 서양 중심으로 발전해온 '근대'에서 멀어지려는 경향이 강하게 나타난다. 유럽 연구자들은 이러한 현상을 세계사의 새로운 단계로 보아 '제2의 근대'라고 부르거나 근대와는 별개로 생각한다.[10]

이처럼 유럽 연구자들은 글로벌화가 가져온 국제정세의 변화를 근대와의 관계에서 구조적 변화의 문제를 파악해 이론적으로 명확히 해명하려

한다. 그것은 국민국가라는 근대의 기본적인 정치적 단위가 유럽에서 처음 탄생했다는 역사적인 기원뿐 아니라 유럽연합EU 형성으로 사회생활 속 깊이 뿌리내려 온 국민국가가 지금은 그 독립성을 상실해가고 있다는 분명한 역사적인 변화를 현실에서 경험하고 있기 때문이다.

그런데 미국은 그러한 구조적인 변화에 대한 심리적 저항이 비교적 적고 오히려 글로벌화 현상에 맞는 실용적인 대책을 마련하려는 경향이 강하다. 그것은 미국이 유럽과는 다른 근대를 독자적으로 발전시켰고, 국내에서 국민국가를 완결시키지 못하고 글로벌화를 강하게 추진해온 것과 깊이 연관되어 있다. 즉 현대판 글로벌화는 미국이 전통적으로 유지해 왔던 특유한 국가로서의 성격 자체에서 유래한 것이다.

미국과 세계를 하나로 만드는 다국적 관계

여기서는 글로벌화의 진전으로 국제관계에서 민간 활동이 증대하면서 미국 사회가 국제관계와 직접 연결되어 있다는 것을 다음과 같이 생각해 보겠다. 즉 미국은 역사적으로 국제관계에서 국가의 구성요소인 주권, 국민, 영토 등을 초국가적인 것으로 변화시키는 경향이 매우 강했다.

먼저, 영토에 관해 말하면, 국민국가는 무엇보다도 영역국가로 시작해서 영토라는 공간과 같은 것으로 생각돼 왔다. 미국은 건국 이래 영토 자체의 팽창을 끊임없이 계속하며 변화하는 특이한 역사를 가졌다. 이에 따라 미국인의 정체성은 고향, 즉 출신 지역에 대해 특별한 애착심을 갖지 않는 국민의식으로 발전했다. 또 이러한 역사적 경험을 바탕으로 국경 확대에 지속적인 관심을 두었고, 국경도 지리적인 것에 머무르지 않고 19세기 말 지리적인 국경이 소멸하자 잇달아 해외에 진출하고 1960년대에는 급기야 우주탐험에 나섰다.[11]

국가의 구성요소인 국민에서도 대외적으로 개방적이고 단일민족의식이 약해 현재도 수많은 이민자를 받아들이고 있다. 그러한 이민자가 정착한 후에도 모국에 있는 가족이나 친척과 연락·송금 등의 친밀한 관계를 유지하기 때문에 미국 시민사회는 초국가적인 성격이 전통적으로 존재했다.

또 주권에 있어 미국 정부는 제2차 세계대전 후 전후 구상으로 국제연합, 국제통화기금IMF, 세계은행 등과 같은 브레턴우즈체제[12]를 창설하고 국제평화 실현과 국제질서 구축과 같은 대외정책을 의욕적으로 추진했다. 비록 냉전으로 이 구상이 기대했던 만큼 기능하지 못했지만, 냉전 동안 미국은 서방진영의 맹주로서 소련과 핵무기경쟁을 전개해 '공포의 균형'[13]을 이루며 국제적인 주도권을 대대적으로 전개했다.

오늘날 글로벌화 관계에서 특히 주목할 점은 원래 미국이 글로벌화를 강력하게 추진했다는 점이다. 전통적으로 미국의 국제관계는 정부의 대외정책과는 별도로 그리스도교 선교사에 의한 해외 선교활동이 활발했지만, 제2차 세계대전 이후 다국적기업의 해외진출이 눈에 띄게 늘어나는 등 초국가적 활동이 빈번했었다. 냉전 종결 후 그러한 비정부기구와 기업의 활동이 가속화되면서 글로벌화를 급진시키는 주요 원인이 되었다.

현재 진행 중인 글로벌화의 진원지로 미국을 보는 것은 미국 사회가 외국과 직접 연결되어 있고 정부의 대외정책이 수반되거나 갈등하면서 국제정세에 막대한 영향을 미치기 때문이다. 다시 말해 이러한 대외적 영향력이 미국 패권의 내막을 형성하고 있으며 정부와 민간 모두를 아우르는 미국의 특징을 잘 반영하고 있다. 즉 미국의 패권은 정치·경제·사회·문화 전반에 걸쳐 미국 사회를 국제적으로 팽창시켜 세계를 미국과 '서로 닮은 형태'로 변화시키려는 경향이 크다.

여기서는 이처럼 글로벌화를 통해 국제적으로 팽창해 가는 미국의 국가 성격을 다음 여섯 가지로 정리하겠다.

첫째, 건국이념인 '공화국'이다. 미국은 18세기 독립선언을 공포하여 인권을 보장하는 '공화국'을 건국하고 합중국헌법을 제정해 연방제를 창설하며, 19세기부터 현재까지 세계를 선도하는 자유민주주의 국가로 발전하고 있다. 또 공화국을 통합하는 연결고리인 민족주의에는 미국을 '신神의 나라'로 보는 시민종교가 내포되어 있다.

둘째, 세계 최대의 경제 대국이다. 수많은 발명과 발견에 의한 기술혁신과 대량생산을 시작으로 자본주의 경제가 발전해 노동자라 할지라도 중산층이 될 수 있다는 '아메리칸 드림'[14]을 꿈꾸는 사회가 되었다. 거기에는 사회적으로 개인적 이익 추구를 정당화하고 경쟁을 중시하는 사회진화론적 사상이 한몫했다. 반면 빈곤의 원인을 게으름으로 보는 가치관이 뿌리 깊게 자리 잡고 있어 복지국가로의 발전이 선진국 중에 늦은 편이다.

셋째, 출신국이 다른 사람들로 구성된 이민사회이자 '다민족 제국'이다. 광활한 영토의 넓이로도 제국적인 성격을 띠고 있지만, 자본주의 경제에 필요한 값싼 노동력을 이민을 통해 현재까지도 조달하고 있기 때문에 '다민족 제국'이라는 성격은 점점 강해지고 있다. 그중에서도 흑인 노예제도와 인종차별의 구습이 여전히 남아 마치 식민지와 같은 지역이 대도시 슬럼가에 만들어지고 있고, 대규모 이민은 여전하여 미완성의 국민국가로 오늘에 이르고 있다.

넷째, 현대문명의 발생지이다. 전기제품, 자동차, 컴퓨터와 같은 다양한 상품 개발은 물론 영화, 프로스포츠 등 대중문화를 창출하며 새로운 현대적 생활방식을 끊임없이 만들어 내고 있다. 이는 국민을 매료시켜 국가의 존재를 확인시켜 주는 기반이 되는 동시에 미국에 대한 주변 국가의 동경심을 불어넣었다.

다섯째, 국제적인 초강대국이며 패권국이다. 윌슨 대통령이 제1차 세계대전 말 '14개조 평화원칙'에서 국제연맹 창설을 주창한 이래 미국은 국제정치를 제도화하여 국제평화 달성을 대외정책의 주요 목표로 삼아왔다. 반면 이념이나 목표를 적대시하는 세력에게는 단호하게 대처하여 냉전이 40년이나 계속되는 원인이 되기도 했다.

여섯째, '초국가'이다. 앞서 말했듯 애초부터 미국 사회는 초국가적인 성격이 있는데다가 그리스도교 전도와 경제활동을 통해 초국가적 국제관계의 강한 전통이 있다. 그것이 현재의 글로벌화에서도 강력한 원동력이라 하겠다.

이처럼 미국의 국가적 성격을 여섯 가지로 정리할 수 있으며 보통의 국민국가와는 상당히 다른 국가라는 것을 알 수 있다. 한마디로 말해 국제관계에서 '비공식 제국형 공화국'인 것이다. 21세기 세계에서 미국문제가 구조적 특성이 되는 것은 이러한 미국의 국가적 성격이 글로벌화를 통해 여러 외국 기업과 직접 접촉하기 때문이다.

미국이 21세기 초에 두 번이나 전쟁을 일으킨 것도 이 '비공식 제국형 공화국'과 외국 간에 초국가적 교류가 많아지면서 국경을 초월한 교류가 깊어지고 한편으로 해외에서는 그것이 전통사회의 존재를 위협하는 것이라 여겨져 강한 반발을 일으켰기 때문이다. 게다가 미국의 대외정책에서 국제협조를 경시하는 독단주의가 강해질수록 미국 내의 이해와 정세가 국제관계에 직접 반영되어 국제적 알력이 일어나기 쉽다. 그러므로 미국과 국제정세와의 관계를 명확히 하지 않으면 현재의 혼란 상태는 계속될 것으로 전망된다.

공화국의 성립과 발전

앞서 살펴본 바와 같이 미국의 강력한 글로벌화 추진은 미국 내부는 물론
국제관계와도 직접 연결되어 있다. 이런 점에서 글로벌화의 성격과 방향
성을 이해하기 위해서는 미국이라는 국가의 성격이 무엇인지 묻지 않을
수 없다. 2절에서는 미국제국의 성격을 글로벌화와의 관계에 한정해 논하
고, 3절에서는 글로벌화의 연습이라고도 할 수 있는 글로벌화 유형 형성
의 역사적 연원을 고찰하고자 한다.

　제국의 성격을 말하는 데 있어 앞서 말한 것처럼 제국과 공화국의 이념
이 다르다는 것을 제외한다면 현재의 미국은 고전적 의미의 제국과 그 성
격이 매우 유사하다. 먼저 고전적 의미의 제국이 갖는 특징을 다음과 같
이 다섯 가지로 정리하고 이에 비추어 미국의 성격을 살펴보겠다.

첫째, 독자문명 아래 하나의 세계를 창조하려는 전파력[15]

둘째, 영토와 세력권의 크기

셋째, 다민족성

넷째, 문명의 중심에서 주변에 이르기까지 계층분화와 격차

다섯째, 주변의 분쟁이 중심의 존재를 위협하는 안전보장문제[16]

미국문명에서 나타나는 고전적 제국의 특징으로 다음과 같은 것이 있다.

첫째, 18세기 계몽주의사상에 기초한 공화주의를 바탕으로 공화국을 건설한 역사가 국민의 자랑으로 이어져 미국문명의 중심이 된 점이다. 지금도 정치체제에 대한 자랑이 다른 선진국에 비해 높은 점이 미국의 큰 특징이다.

원래 공화주의는 정치적 성격이 강하여, 자유·평등·인민주권·법 지배 등과 같은 정치적 가치관이 미국적 신조로 국민 사이에 오랫동안 폭넓게 자리했다. 미국에서는 계몽주의사상 자체가 인류의 보편적 사상임을 표방함으로써 이 미국적 신조가 누구에게나 해당한다는 보편주의적 발상이 순진할 만큼 당연시되었다.

그러나 계몽주의는 인류문명 발전을 가정한 문명사회관이 포함되어 있기 때문에 야만·반개半開·문명의 단계에 따라 인간을 언제나 평등하게 대하지 않는다. 문명의 상위相違를 분명히 인식함으로써 문명 정도가 낮은 사람은 계몽의 대상이 된다. 미국문명의 두 번째 특징은 그리스도교를 중심으로 발전했기 때문에 그리스도교 전도의 사명감이 이 문명사회관과 일맥상통한다.

세 번째 특징은 인종주의가 강해서 그리스도교, 특히 프로테스탄트교

도와 백인이 중심이고 그 이외는 배제하는 경향이 있다는 점이다. 1924년 남동유럽과 아시아 여러 나라로부터의 이민을 제한하는 이민법을 제정한 것이 단적인 예이며, 무엇보다도 흑인 노예제도는 하나의 좋은 예라 할 수 있다. 아직까지도 이러한 역사적 과오가 청산되지 않고 있는게 현실이다.

네 번째 특징인 '아메리칸 드림'은 물질적 풍요를 보장하지만, 미국이 독자적으로 만들어낸 중심이 없는 현대 글로벌화의 핵심이기도 하기에 이 현상을 다시 검토해보기로 한다.

이중 첫 번째 특징은, 미국을 이해하기 위해서는 꼭 필요한 부분이기 때문에 좀 더 상세히 설명하겠다. 미국은 1776년 7월 4일 독립선언을 공포하며 영국의 군주제 대신 국민의 '생명, 자유, 행복 추구'를 실현하는 공화국 건설을 국가목표로 했다.

그러나 건국의 사상적 기반이 된 정치적 인문주의civic humanism는 "공화국에서 공민의 공덕심公德心 존립을 기반으로 한 공익을 실현하기 위해서는 이해대립이 적은 조그마한 영토에서만 존속된다"고 생각했었다. 독립 이전부터 미시시피강 동쪽의 광대한 토지를 소유하고 있던 미국은 자신들이 제국이 되는 것에 대해 염려하고 있었다.

1787년 합중국헌법 초안이 완성될 무렵 연방정부가 통치를 이유로 상비군을 두고 중앙집권화하여 군주제로 회귀하는 위험을 방지하는 것이 중요한 과제였다. 건국의 아버지들이 이를 위해 고안해 낸 것이 연방정부의 삼권을 분리하고, 견제와 균형을 통해 권력을 남용하지 못하게 하는 동시에, 연방제를 보호 유지하기 위한 '연방공화국'을 창설하는 제도적 장치의 마련이다.[17]

여기에 더해 합중국헌법은 연방영토인 서부지역에 만들어질 새로운 주^州도 공화정체제를 채택하도록 의무화했다. 즉 주의 숫자가 늘어나도 제국화하지 않고 공화국으로 발전하도록 제도·설계한 것이다. 그 방침을 추진한 제3대 제퍼슨 대통령이 1803년 현재의 루이지애나주에서 몬태나주에 이르는 광활한 영토를 프랑스의 나폴레옹으로부터 사들여 미국이 '자유의 제국'으로 발전하게끔 한 것도 제국 규모의 방대한 영토에 공화국이 팽창하는 것을 상정했기 때문이다. 그것은 정치적 인문주의의 사상적인 멍에를 넘어 혁신적인 실험이기도 했다.

그런데 연방정부 창설 후 남북전쟁 발발 전까지 70년간의 미국은 '국가부재 상태'라고 불릴 정도였다. 미국독립이 영국에 "대표 없는 곳에 과세 없다"를 외치던 항의운동에서 발단이 되었던 것처럼 건국 당시부터 미국정치에는 반국가주의 전통이 형성되어 있었다. 토크빌이 1830년대 초 미국 민주주의의 건전한 발전에 감명받았던 '잭슨 민주주의'[18] 때는 미국정치가 중앙집권적 국가도 아니었으며 주는커녕 아직 몇 안 되는 도시와 읍면 단위 정도의 적은 인구의 지방 자치체제를 중심으로 운영되던 시기였다. 이러한 자치체제의 통치는 지방 정당조직과 교회 등 여러 사회적 목적을 위해 결성된 민간단체의 활동으로 유지되고 있었다.

특히 주목해야 할 것은 이러한 민주주의가 흑인 노예제가 있던 남부와 경계주에서는 흑인을 배제했고, 그 이외의 주에서도 연방제 하에 남부와 경계주와 거주지를 분리하면서 민주주의를 발전시켰다는 점이다. 이렇게 해서 흑인 노예제가 전국적인 쟁점으로 부상하면서 남북전쟁은 연방의 존속을 건 전쟁이 되었다. 남북전쟁에서 북부가 승리하고 미국의 민주주의가 남부에도 뿌리내리면서 대륙 규모의 제국이라는 성격을 확보하게 되었다.

남북전쟁은 일시적으로 연방정부의 중앙집권화를 가져오기는 했지만 오래가지는 못했다. 19세기 후반 미국 경제가 전국으로 확대되는 가운데 20여 년간 공황이 일어나자 이윤추구에만 매달리는 자본주의 활동을 제어하기 시작했다. 엽관제[19]로 부패한 연방정부의 공무원을 개혁하고 동시에 철도의 차별가격과 카르텔을 규제하는 등 연방정부의 권한을 확대했다.

오랫동안 폐쇄되었던 중앙은행도 1907년 월스트리트 금융위기 발생을 계기로 80년 만인 1913년 윌슨 정부 시기에 연방준비제도이사회FRB가 설립되었다. 그렇지만 미국에서 일본이나 유럽국가와 같은 중앙정부가 출현하는 것은 미국문명의 주축인 풍족함이 대공황 때문에 위기에 직면해 뉴딜정책이 실시되는 1930년대나 되어서다.

제국으로의 발전

고전적 의미의 제국이 갖는 두 번째 특징인 영토의 크기 면에서 미국은 건국 당시의 규모에 머무르지 않고 그 후에도 끊임없이 현저하게 팽창했다. 제퍼슨의 '자유제국' 구상은 현실의 정부형태와는 별개로 18세기 후반부터 19세기 전반에 걸쳐서 환대서양지역을 석권한 공화주의라는 혁명사상의 일환이었고 북미대륙에 머무르지 않았다. 제퍼슨은 미국이 '자유의 화톳불'이 되어 세계를 밝히고 '인류의 피난처'가 되어 유럽에서 박해받은 사람들을 받아들여 혁명운동의 거점이 되는 미래 전망도 그리고 있었다.

　미국은 건국 후에도 식민지시대와 마찬가지로 원주민 영토를 침략해 멕시코와 전쟁을 치러 영토를 빼앗는 등 제국주의적인 서진운동[20]을 전개했다. 1840년대 멕시코 땅이었던 텍사스 병합문제가 부상하자 '명백한 운명manifest destiny'론을 제창하며 공화체제와 그리스도교 문명을 전파하는 것이야말로 미국의 국가적인 사명이라며 팽창을 정당화하는 새로운 논리를 내세웠다. 이 논리는 '문명의 전파'를 제국주의 정당화에 이용했다는 점에서 영국의 제국주의 논리와 같았다.[21]

　미국은 이렇게 획득한 영토에 차례로 새로운 주州를 건설했고, 제퍼슨의 구상대로 연방공화국은 확대되었다. 실제로 이는 연방정부의 재정 부담을 최소화하면서 소규모 군대로 저렴하게 해결되는 정복이었기 때문에 중앙집권화로 공화국 존속이 위협받는 것을 염려하지 않아도 될 정도였다. 하지만 문명의 전파라고 하는 정복 논리는 다른 문명과의 공존을 용인할 정도로 관용적이지 않았고, 미군의 철저한 전멸작전으로 원주민의 전통문명은 파멸되었다. 19세기 말에 이르면 해외에 있는 하와이와 필리핀까지 소유하면서 미국은 말 그대로 공식 제국이 되었다.

　이와 같은 '명백한 운명'론은 미국이 본격적으로 해외 진출을 시작하는 19세기 말 이후에도 계속되었다. 제2차 세계대전 후 일본을 점령하고 국가개조를 단행한 맥아더 연합국사령관이 일본에 그리스도교 포교를 중시했다는 것은 이미 알려진 사실이다. 마찬가지로 1947년 트루먼선언으로 냉전 개시를 알렸던 트루먼 대통령은 전체주의라는 다른 이데올로기에 대해 단호하게 대처하여 자유민주주의를 지원한다는 미국의 공화국관을 대외정책의 기본 방침으로 삼았다.

고전적 의미의 제국이 갖는 세 번째 특징인 다민족성에 대해 살펴보겠다. 미국은 광활한 영토를 개척할 노동력이 부족했고, 미국의 경제적인 기회가 이민자를 불러들였기 때문에 이미 식민지시대부터 다민족사회의 광경을 연출했다. 앵글로색슨계 백인 프로테스탄트교도 안에서도 출신민족이 다양했고, 19세기 중엽에는 아일랜드와 독일의 가톨릭교도가, 19세기 후반 이후에는 남동유럽의 가톨릭교도뿐만 아니라 유대교도, 중국인, 일본인도 대량으로 밀려 들어왔다.

1920년대 이민제한으로 남동유럽과 아시아에서의 이민은 잠시 중단되었다. 그러던 것이 1965년 존슨 정부가 공산주의세력에 대항하기 위해 냉전의 대의大義로 삼았던 자유민주주의의 이념에 기초해 기존의 민족적 편견을 극복하고 이민법을 개정하면서 오늘날과 같이 다민족이 대규모로 이민해 들어왔다. 즉 스페인어권의 히스패닉계통과 아시아계는 물론 가톨릭교도·불교도·이슬람교도까지 포함되어 종교적 다양성이 점점 깊어지면서 미국은 마치 '세계의 축소'판과 같은 양상을 띠게 되었다.

1954년 흑인 차별교육이 법의 평등원칙에 어긋난다는 연방최고재판소의 브라운판결[22]은 냉전에서 국제적인 주도권을 쥐고 흔든 미국의 입장을 고려한 것이다. 즉 보편주의적인 공화국 이념은 인종주의의 전통적인 속박을 완화하여 흑인을 미국 주류사회에 포섭하는 길을 열었다.

이 판결은 흑인의 공민권운동에 자극을 주어 1960년대 이후 오랫동안 쌓였던 문화적 다양성이 자기주장을 강하게 표출하는 계기가 되었고, 각각의 문화적·역사적 배경을 상호 존중하는 다문화운동으로 발전해 갔다. 이 다문화주의는 제국 실현에 대해서 공화국 이념의 가치 아래 개혁을 달성하는 점에서 미국 전통개혁운동의 논리를 답습하고 있고, 미국 사회의 제국적인 현실을 공인한 다음에 공화국의 이념 아래 시민의 평등을 촉진하려는 운동이라고 볼 수 있다.

고전적인 제국이 갖는 네 번째 특징인 계층분화와 격차에서는 흑인 노예제가 말대로 '내국 식민지'로써 미국의 제국적인 성격을 상징적으로 나타낸다. 남북전쟁으로 노예해방이 이루어진 이후에도 흑인은 남부의 가혹한 인종차별인 짐 크로 법[23]에 묶여 인권보장마저 받지 못하며 공화국은커녕 식민유산을 계승한 신분제도 형태로 유지되었다. 지금도 대도시 슬럼에 사는 사람 중에는 흑인과 히스패닉계가 압도적으로 많고 마치 문명사회 속의 '제3세계'를 형성하고 있는 듯하다. 이는 거주지 분리에 의한 배제 논리가 작용하고 있는 것이다.

미국 내 소득격차는 전통적으로 컸고 지금도 선진국 중에서도 가장 클뿐만 아니라 최근에는 격차가 더 벌어지고 있다. 게다가 2009년 건강보험 미가입자가 4,600만 명으로 전체인구의 15%가 넘으며, 교도소 수감인원수도 다른 선진국과 비교하면 단연 최고다. 2008년에는 수감자가 성인 99.1명당 1명인데, 18세부터 34세까지 백인 남자는 30명당 1명, 흑인은 9명당 1명이다.[24] 수감자 중 30%가 미국 국적을 갖고 있지 않아 이들이 미국 사회에서 배제당하고 있다는 것은 잘 보여준다.

고전적 의미의 제국이 갖는 다섯 번째 특징인 주변의 분쟁에 대한 안전보장 문제를 살펴보면, 19세기 북미대륙의 원주민과 멕시코를 상대로 계속된 침략전쟁 대부분은 소규모 군대로 승리한 것이어서 미국이 경무장輕武裝 국가로 머무르는 것이 가능했다. 그러나 1914년 제1차 세계대전이 발발하고 독일의 위협을 받자 미국 윌슨 대통령은 민주주의 발전을 지키기 위해서는 국제평화 실현이 불가피하다고 인식하기에 이른다. 그가 제안한 국제연맹 창설은 미국이 사수해야만 하는 민주주의 존립이라는 국가시책에 기초한 것이었다.

비록 미국의 국제연맹 가입은 좌절됐지만, 20년 후 다시 세계대전이 일어나자 윌슨의 유지를 이어받은 루스벨트 대통령이 국제연합과 브레턴우즈체제를 창설하면서 미국이 전후 본격적으로 국제사회에 관여할 수 있는 여건을 만들어 놓았다.

그러나 루스벨트 구상도 절반 정도에서 끝나고 앞서 밝혔듯이 트루먼이 냉전과 함께 소련의 세력 확대에 대항하여 비사회주의 국가의 안전보장을 책임지기 위해 대외적으로 깊이 관여했다. 이렇게 해서 세력권을 유지하기 위해 미국의 '주변'은 세계 여러 나라로 확산되었다.

동시에 미국은 냉전을 수행하기 위한 초강대국으로서 언제나 강력한 군대를 보유하고 해외파병이 일상화되었다. 군부에 더해 CIA 등 정보기관을 확충하여 안전보장국가로 급격히 확대되었고, 세력권을 유지하기 위해 제국 특유의 '국지전'에도 깊이 개입했다. 공화국의 이념과는 거리가 먼 명실공히 군사대국이 되었고 소련과의 핵군축경쟁을 반복 확대하는 과정에서 최신 핵무기 개발을 계속 추진하는 군산복합체제도 형성했다. 게다가 미국은 냉전을 틈타 공화국을 세계에 보급한다는 국가적 사명과 연결해 정당화시킴으로써 제국과 공화국 이념 사이에서 품을 수 있는 심각한 긴장감마저도 마비시켜 버렸다.

냉전이 종결된 1989년 이후에도 미국의 군사비는 여전히 전 세계 군사비의 40%를 차지하고, 130개국에 700여 개의 군사기지를 보유하고 있다. 그러나 제국의 힘이 약해져 주변의 분쟁에서 군사적 위력을 그다지 발휘하지 못하면서 냉전시기 베트남전 패배와 최근 미국의 제국화가 다시 주목을 받는 가운데 미국 스스로 만든 아프가니스탄전쟁도 혼선에 빠져 있다.

　지금까지 본 것처럼 미국은 건국 이래 고전적 의미의 제국적 성격을 유지해오고 있다. 건국의 아버지들이 만든 제국적인 현실을 답습하며 공화국 건설이라는 건국의 목적을 달성하기 위해 고민한 끝에 만들어낸 제도가 다름 아닌 연방공화국이었다. 사실 연방공화국은 공화국의 정치제도를 확립하고 그 아래 근대 세계의 새로운 지평을 개척한 민주주의를 발전시키는 데는 성공했다. 그러나 연방공화국의 구상에는 원래 대외적인 팽창을 촉진하는 속성이 있어 공화국의 이념이 이러한 팽창을 정당화하는 논리로 활용되면서 본래 모순될 수 있었던 제국의 발전을 가속화하는 결과를 가져왔다.

　그럼에도 이러한 팽창의 정당화 논리에는 미국식의 공화국관을 절대시하는 독선성, 인종주의, 거주지 분리도 크게 작용했다. 무엇보다도 역사적으로 미국에서는 제국의 발전이 가져온 폐해를 바로잡기 위해 공화국관을 재편성해 보편주의를 확대하여 차별·소외당하던 사람과 새로 합류된 사람들을 기존의 앵글로색슨계의 주류사회에 공평하게 포섭하려는 개혁운동이 반복해서 일어났다. 이는 인간의 윤리적인 기반을 자각해서 합리적으로 사고하는 계몽주의 사상의 내성을 지렛대 삼아 지적^{知的} 정통성을 이어받아 영위해온 것이라 할 수 있다. 국제적으로도 제1차 세계대전 때 윌슨과 제2차 세계대전 때 루스벨트가 제창했던 전후 구상은 미국이 직접 지배하는 제국이 아니라 패권국이 국제질서 형성에 책임지게 하는 방침을 명확히 밝힌 것이다.

그럼에도 제2차 세계대전 참전 이후 국제적인 주도권을 쟁취한 미국은 제국의 숙명인 주변국의 분쟁에 말려드는 것을 피하지 않았다. 21세기의 세계에서 미국의 제국화가 주목을 받고 또한 경계의 대상이 되었던 것은 논리적인 귀결이라 하겠다. 그러나 미국이 무력행사도 서슴지 않는 강권적인 제국이 되도록 유발한 알카에다의 테러공격은 글로벌화가 가져온 새로운 위협이었다. 이러한 현대의 글로벌화에서 미국의 강력한 원동력을 근거로 다음은 미국과 글로벌화의 구조적인 관계에 대해 고찰하겠다.

건국과 글로벌화의 배경

미국은 유럽에서 이주한 백인이 계절적으로 고용하는 노동자와 아프리카에서 '수입'한 흑인 노예를 노동력으로 확보하여 건국한 나라이며, 대서양을 건너온 사람·물건·돈·정보와 같은 국제적 네트워크의 산물이다. 대항해시대 유럽 나라들이 해외에 진출해 식민지를 영유하고 원거리 영토를 지배할 때에는 본국을 거점으로 현지 전통사회와의 접촉을 제한했다. 이와 달리 미국은 국경을 넘나드는 사회적 소통의 한가운데 살고 있던 유럽에서 이주한 백인이 원주민을 몰아낸 땅 위에 어떻게 정주사회를 건설하느냐가 과제였다.

　미국 사회에 국제적 네트워크가 쉽게 수용될 수 있었던 것은 건국 후에도 서진운동이 끊임없이 이어져 동부의 정주사회로부터 서부의 미개척지로 이주가 진행되었고, 해외로부터 대규모 이민을 받아들여 사회적 유동성이 매우 높았기 때문이다. 조상 대대로 물려받은 토지로 살아가는 신분

사회와 달리 미국에서는 성인이 되면 스스로 자기 삶의 길을 찾아 떠나는 개인주의적 인생을 살아갔다. 독립독보獨立獨步적 인간이 이상형이었다.

북미대륙 내부는 급속하게 팽창하고 있었지만 대외정책의 기본방침은 '고립주의'[25]였다는 말에서 연상되듯이 미국 사회가 국제적인 네트워크로부터 격리된 것은 결코 아니었다. 오히려 국제적인 교류가 쉬운 상태였고, 본국인 영국과 같이 식민지시대에 건설된 농촌에도 뉴잉글랜드를 제외하고는 농촌공동체가 적었다. 미국정치의 중심인 자치단체는 관습을 기본으로 삼으면서도 영국으로부터 이어받은 법 제도를 정비하여 만든 관습법common law 아래 개개인의 사적소유권을 확정하고 지방명망가인 치안판사를 중심으로 운영했다. 이러한 자치단체는 과세나 경찰뿐만 아니라 군사적으로도 민병제도라는 독자적 권한을 갖고 있어 공화국은 작은 영토 밖에 존속하지 못한다는 공화주의사상과 비슷하게 연방공화국의 존립을 지탱하는 강력한 기반이 되었다.

또한 주나 연방 차원에서도 영국의 입헌주의를 계승한 대의정치가 식민지시대에 이미 확립되었으며 성인 남성 과반수에 선거권을 부여해 정치적인 민주화도 진행되었다. 이러한 역사적 배경과 미국 독립정신인 계몽주의에 기초하여 주의회와 헌법재정회의에서 주정부와 연방정부를 창설하는 새로운 제도를 고안했고, 이는 전 세계 근대 민주주의 확립을 선도하는 기반이 되었다. 연방정부를 창설한 것도 13개 주 독립전쟁을 지원한 모든 외국에 대한 전쟁채무 상환, 국경 확정, 통상 안정 등 국제관계 현안에 집중하지 않으면 안 되었기 때문이었다.

교육에서도 식민지시대부터 공립초등교육이 도입되어 17세기 말에는 백인 자유인의 식자율識字率은 60%를 넘었으며 아이비리그의 전신인 대학

들도 설립되었다. 유럽과의 통상정보뿐만 아니라 문화, 과학, 기술에 대한 관심도 높았고 독립선언 1년 전에 이미 13개 식민지에서 발행되는 신문이 44개가 넘었다. 프랭클린은 과학적인 업적으로 국제적인 높은 평가를 받았지만, 그가 미국 독립 후 가장 먼저 착수한 일은 뜻있는 학자를 모아 유럽의 앞선 지식을 도입하는 미국철학협회를 설립한 것이었다. 이 시기에는 여성교육도 활발했다.

1870년대까지 미국은 우랄산맥 동쪽의 러시아를 제외하고 유럽에 필적할만한 대륙이 되었고, 인구가 적고 작은 '고도적孤島的 공동체island community'가 흩어져 있는 농촌사회였다. 그러나 모든 농촌은 결코 고립되어 있지 않았다. 전국 규모로 정당 활동이 전개된 것은 물론이고 19세기 말까지 광역시장이 전국적으로 발달해 국민경제가 성립되었다. 이 광역시장도 국제적인 네트워크에 의해 구조적으로 짜여있어 오늘날의 글로벌화와 무관하지 않은 예비적 성격을 띠고 있었다.[26]

19세기 말 중국시장에 문호개방을 요구했던 것처럼 미국이 해외에 본격적으로 진출할 무렵 유럽 여러 나라는 이미 공식제국이었고, 미국은 미국제 글로벌화를 국제적으로 추진시켰다. 여기서는 미국 글로벌화의 예비적 성격의 첫 전제가 되는 국가의 역할 및 국민통합에 대해 알아보고, 다음으로 광역시장의 발전에 대해 살펴보겠다.

연방제라 하더라도 연방정부 설립은 지금까지 연합체제였던 13개 주 사이에 중앙정부를 창설하는 사업이었고, 오늘날 유럽연합 이상의 정치통합을 일거에 달성하려는 야심 찬 실험이었다. 워싱턴 정부에서 초대 재무장관을 한 해밀턴Alexander Hamilton이 연방정부를 확립하는 초석의 하나로 생각했던 방침은 독립전쟁을 수행하기 위해 프랑스, 스페인 등으로부터 빌린 돈과 국내전쟁 채무를 연방정부가 상환함으로써 연방뿐만 아니라 주의 재정기반도 안정시키는 것이었다.

32세에 불과한 해밀턴이 이를 위해 시도했던 것은 합중국은행 설립이라는 대담한 정책이었다. 이 정책은 연방정부의 권한을 강화한다고 하여 반대가 심했지만, 해밀턴은 잉글랜드와 스코틀랜드로부터 출자를 받아 합중국은행 운영을 정상화시켰다. 이러한 해밀턴의 재정운영은 연방정부 설립의 현안을 해결함과 동시에 이후 미국 경제, 특히 금융 발전에 커다란 공헌을 했다.

해밀턴은 이에 더해 미국 제조업 발전도 목표로 했다. 이를 위해 연방정부로부터 특허장을 획득하려 했지만, 연방정부 헌법에는 그러한 권한이 없다는 반대에 부딪쳐 실현하지는 못했다. 그러나 후발자본주의국가였던 미국의 제조업을 발전시키려던 해밀턴의 미국식 식산흥업殖産興業 방침은 이후 보호관세제도로 구체화하여 1930년대까지 지속되었다.

앞에서 언급했듯이 남북전쟁 때 미국은 '국가 부재 상태'였지만, 이는 중앙집권적인 국가기구가 작고 권한도 제한적임을 의미하는 것이다. 사실, 1800년 워싱턴으로 수도를 옮길 당시 연방정부 본청의 직원 수는 130명에 지나지 않았으며, 그 외 육군 5,000명, 내국세와 관세징수를 하는 세관 및 재무부 직원 1,500명이 전부였다.

당시의 국가는 '재판소와 정당으로 구성된다'는 독특한 성격으로 규정되었지만,[27] 네트워크적인 구조를 특징으로 하는 점이 특이하다. 즉 사법제도는 연방 및 주재판소가 중심이었고, 정부가 제정하는 실정법보다는 과거 경험이 축적된 관습법에 기초한 '법 지배'가 전국으로 확대됐다. 이러한 사법제도의 자치라는 차원에서 보면 정기적으로 개최하는 순회재판이 적지 않았다. 게다가 판사와 검사의 인사는 정치적 임명과 선거로 선출되는 것이 관례였으며 조직적인 규율보다는 공소부터 단계적으로 재판이 진행되는 네트워크적인 구조였다. 이러한 일들이 가능했던 것은 일반 시민 사이에 법률지식이 보급됐기 때문이었다.

또 합중국헌법과 주헌법 모두 시민이 배심원으로 참여하는 배심원제도를 중요한 인권의 하나로 권리장전에 규정하고 있다. 이 제도는 원래 영국에서 전해진 것이지만 배심원제도가 인권으로 불릴 정도로 중시되었던 것은 정치권력의 개입으로부터 시민을 보호하기 위해서는 이웃의 재판 참여가 불가피하다고 보았기 때문이다. 토크빌도 미국 민주주의 비결 중 하나인 배심원제도가 미치는 공민교육의 중요성을 들고 있다. 경제발전과의 관계에서는 19세기가 되면 각 주에서 상법을 정비하면서 법률전문가가 늘고 은행과 법인들이 뒤를 이어 설립되면서 계약을 중시하는 자본주의 경제의 기반이 되는 법 제도가 발달했다.

미국 서부개척은 대규모의 국가사업을 필요로 하지 않았다. 연방제하에서 연방정부의 역할은 도로나 운하 등 사회간접자본의 정비나 구축 정도였다. 남북전쟁 중에 시작한 대륙횡단철도 건설에서도 연방정부의 역할은 연방재산 처분과 보조금 공여 등 보조적인 역할에 머물렀다. 그뿐만 아니라 중앙은행 역할을 한 합중국은행은 잭슨 정부 때 특권적이라고 비판을 받아 1832년 특허장 갱신이 거부되면서 중앙은행의 역할이 종료되었다.

그러나 연방정부도 대표자가 유권자에게 정부의 결정과 활동을 전해야 한다는 공화국의 요청을 중시하여 우정사업에 힘써 우체국을 증설했다. 새로운 주가 생길 때마다 우체국 증설과 우편도로 건설이 의욕적으로 진행되었다. 수도 워싱턴의 활동을 전달하고 서부지역으로 지식을 보급하기 위해 대륙 내부까지 동부의 신문기사가 쉽게 전달될 수 있도록 신문발행인들은 신문을 무료로 운송하는 조치를 취했다.

남부에 많은 노예를 소유한 대지주인 초대 국무장관 제퍼슨Thomas Jefferson은 제조업 발전에는 소극적이었지만, 미국의 독자문명을 발전시키겠다는 계획에 따라 발명을 장려하기 위해 일찍이 특허제도를 도입했다. 또한 프랑스 공사로 있을 때는 호환성 있는 표준 부품 생산에도 주목했으며, 독립전쟁에 의용군으로 참가한 프랑스인으로부터 배운 아이디어를 활용해 연방정부 설립 후 육군성의 병기공장에 총銃생산 방식을 도입했다. 이 야심 찬 실험은 곧바로 실현되지 않았지만 19세기 후반부터 본격화된 대량생산 방식과 연계되는 실마리를 제공했다.

국가구성의 주요 주축 중 하나인 정당은 연방정부 설립 3년이 되자 일찌감치 활동을 시작했고 정당 간의 경쟁이 격화되면서 투표율도 상승했다. 정당 활동이 활기를 띠면서 선거권도 완화되어 잭슨이언 데모크라시 시기에는 거의 모든 주에서 백인남자에게 보통선거권을 부여했다. 선거에서 이긴 정당은 엽관제하에 정부직원을 임명하고 정부 자체를 재편했고, 집표集票를 위해 지역사회에서 일상적으로 활동하는 지방정당 조직을 발달시켜 대통령선거와 전국적인 쟁점을 둘러싸고 일반시민을 네트워크로 연계시켜 정당 활동에 관심을 두게 해 국민을 통합하는 원동력이 되었다.

제국적인 성격인 미국에서는 출신, 민족, 종교, 문화적 배경이 다른 이민족사회를 어떻게 통합할 것인지가 오늘까지도 중대한 정치과제이다.

미국의 정당은 이러한 과제에 일찍부터 대응하여 다양한 민족·그룹 간 반목과 위화감에 편승해 독자적인 지지층을 확보하는 정열을 보였다.

1850년대 아일랜드에서 가톨릭교도가 대거 이주해 오면서 배외적인 정당이 급속하게 세력을 확대했지만, 양대 정당의 한 축을 차지한 민주당은 아일랜드계 지지 획득을 중시하며 미국 사회로 포용하고자 했다. 결국 아일랜드계는 민주당 계열의 지방정당으로 실권을 장악하는 때도 있었다.

"좋든 싫든 우리 조국. 좋을 때는 확보하고 나쁠 때는 바로 잡는다My country, right or wrong; if right, to be kept right; and if wrong, to be set right"라는 근대 민족주의를 대표하는 이 표현도 다름 아닌 독일계 이민자 슈르츠Carl Schurz가 한 말이다. 슈르츠는 1848년 독일혁명이 좌절되자 미국으로 망명한 후 노예제도에 반대하며 공화당에 입당하고, 1860년 대통령선거에서는 링컨 대통령 후보지명 획득에 공헌했다. 이후 링컨에 의해 중용된 슈르츠는 남북전쟁 후인 1869년 독일계 최초로 연방 상원의원에 당선되었으며, 배격주의와 제국주의 풍조에 대항하기 위해 '참된 미국주의'를 제창했다.

19세기 후반에는 100가지 이상의 언어가 일상적으로 사용되어, 1896년 대통령선거에 공화당 후보로 출마한 매킨리William McKinley의 선거캠프에서는 21개 국어로 팸플릿을 만들었다.

이처럼 일반시민도 단지 정당 지지에 머무르지 않고 스스로 정체성의 중심에서 정당과의 관계를 설정하는 정당 귀속의식이 자라면서 가족 대대로 계승되고 있다. 정당제도는 건국 이래 제1차와 제2차시기를 거쳐 남북전쟁 이후 제3차에서 제6차시기로 변천되었지만 이러한 정당 귀속의식은 민주·공화 양당 정당제가 현재까지 이어지며 확고한 지지기반이 되고 있다.

19세기 후반 이후 남동유럽에서 대규모로 들어온 새로운 이민자의 경우도 정착민과 마찬가지로 도시부의 정당 기구가 미국 사회 정착을 지원했다. 1924년에는 남동유럽에서 온 이민자들을 표적으로 한 이민제한법이 규정되었지만, 그 후 4년 뒤 대통령선거에서 아일랜드계 가톨릭교도인 스미스Alfred Emanuel Smith, Jr.가 민주당 후보로 지명되자 신이민자들의 투표율이 배로 증가하면서 전국 평균투표율에 달해 전국정치에도 본격적으로 참여하게 되었다. 이처럼 정당은 이민자 후손을 정치활동에 참여시켜 공직후보로 승격시켰다는 점에서도 국민통합을 강력하게 뒷받침해주는 역할을 했다.

광역시장 발전의 경제적 기반

19세기 미국에서 광역시장이 형성될 수 있었던 것은 산업혁명을 시작한 영국과 유럽 여러 나라의 선진 과학기술과 지식을 흡수해 독자적인 기술혁신과 경영방법을 개발하고 자본주의 경제발전을 달성했기 때문이다. 이러한 자본주의 경제 전개는 영국과 같은 자생적인 발전으로 성격을 규정할 수도 없으며, 일본이나 동아시아 여러 나라처럼 국가 주도가 아닌 민간 주도의 형태로 발전한 것이다. 이런 점은 오늘날 글로벌화와도 통하는 면이 있다. 여기서는 글로벌화의 연습에 대해 알아보기로 하자.

미국에서 자본주의 경제가 발전했던 것은 경제적 요소뿐만 아니라 문화적 요소 외 여러 가지가 포함되어 졌기 때문이다. 먼저 경제적 요소로는 생산 이외에 통신·운송·경영·금융·유통을, 문화적 요소로는 광고·소비문화·대중문화를 들 수 있다. 즉 미국 자본주의는 소비문화를 중심으로 하는 독자적인 생활방식을 만들어내어 다른 나라에서 받아들이고 싶어하며, 국제적으로 받아들이기 쉬운 현대문명을 생각해낸 것이다. 나이Joseph S. Nye가 '소프트파워soft power'라고 이름 지은 것도 이러한 미국이 만든 현대문명을 기반으로 하고 있다.[28]

그중 이번 단원에서는 경제적 요소, 다음 단원에서는 문화적 요소를 고찰하겠다. 먼저 경제적 요소를 보면, 건국 초 자본주의 경제발전의 기반이 된 주요한 자본 축적은 남부의 면화 수출에 의한 것이었다. 면화는 미국 수출의 약 절반을 차지했으며, 남부는 산업혁명이 한창이던 영국 섬유산업의 주요한 원료공급지로써 외화획득원이 되었다. 남부는 잉글랜드나 뉴욕으로부터도 투자를 받았지만, 남부에서 면화 수출이 순조롭게 발전할 수 있었던 것은 1793년 이라이·호이트니의 면직기계 발명으로 미국의 독자적인 기술 개발이 성공했기 때문이다. 반면 제퍼슨 같은 양심적인 농장주는 흑인 노예제가 인도적이지 않아 쇠퇴하리라 예측했지만, 예상을 뒤엎고 존속되었다.

미국 산업혁명의 기동력이 되었던 제조업에서는 육군성이 채택한 호환 가능한 표준부품 생산 방침하에 무기공장과 총銃생산을 하청받은 민간 병기공장이 금속과 목공가공용 기계 개발을 서둘렀다.[29] 공창工廠과 이곳에서 훈련받은 기능인들은 봉건적인 길드 규제가 약한 미국에서 다양한 분야에 진출해 각자의 분야에서 제품과 기술 개선에 앞장섰다. 미국 제조업은 1850년대 이를 시찰한 영국인도 감동할 만큼의 수준에 올라있었다. 이 시기 유럽 유학에서 돌아온 연구자가 과학을 진전시키고, 영국인 광물

학자가 미국 발전을 위해 기부하고, 1846년 창설된 스미스소니언협회 박물관이 활용되었다. 19세기 후반에는 에디슨 등의 발명가가 배출되고 새로운 기회를 잡기 위해 유럽에서 이주한 기능인이 모여 여러 제품을 발명하자 기술 혁신을 거쳐 한 단계 진전된 기술 발달이 이뤄졌다. 또 이 시기 각지에는 공과대학이 설립되었다.

이처럼 본격적으로 시작된 공업기술자 양성을 배경으로 1900년에는 제너럴일렉트릭GE, 듀폰, 미국전신전화회사AT&T와 같은 대기업이 풍부한 자금을 바탕으로 독일에 연구소를 설치하고 근대 과학에 기초한 연구개발을 강력하게 추진했다. 일찍이 과학을 기술에 응용해 성공한 석유업자 록펠러John Davison Rockefeller나 철강업자 카네기Andrew Carnegie는 재벌이라고 불릴 만큼 부자였다. 반면 그들의 강한 경영방식은 사회적으로 '도둑귀족'이라고 비판을 받기도 했다.

대량생산과 관련해서는 1880년대 테일러F. W. Taylor가 제강공업 효율화를 위해 고안한 과학적인 관리법이 이론적인 근거로 사용되었다. 테일러의 관리법은 영어독해력이 충분하지 않은 이민노동자에 의한 생산이라는 미국 특유의 사정을 고려한 것으로 단순한 작업을 나눠서 할당량을 정하는 것이 특징이다. 1912년 아일랜드계 2세인 포드Henry Ford가 이민노동자를 훌륭한 미국인으로 추켜세우기 위해 포드 생산방식이라 불리는 자동차 대량생산을 실시했던 것은 유명한 일화이다. 이 대량 생산방식의 개발은 이민노동자의 고용을 쉽게 했고 다민족화가 깊어지는 미국 사회를 포섭하는데 기여했다.

먼 거리를 연결하는 교통·통신으로는 풀턴R. Fulton이 증기선을 개발했고, 화가 지망생이던 모스S. Morse가 파리 유학 중 전기에 관심을 갖게 되어 귀국 후 프린스턴대학 교수 헨리G. Henry의 지도를 받아 1837년에 전신기를 발명했다. 이후 23,000마일(37,015km)에 달하는 케이블이 깔려 미국 사회생활에 커다란 변화를 가져왔다. 또 1866년에는 대서양 해저케이블도 완성되었다. 1876년에는 스코틀랜드계 이민자인 벨A. Bell이 전화를 발명하고, 1899년에는 미국을 방문한 이탈리아인 마르코니G. Marconi가 발명한 무선통신을 기초로 라디오 튜브를 개발해 라디오 방송으로 연결했다.

운송은 애초 운하 건설이 중심이어서, 1825년 완성한 이리호 운하는 중서부와 북동부 간의 운송을 현저하게 개선하고 중서부를 북동부와 연결하는데 공헌했다. 미국에서 계속해서 중심이 된 것은 영국에서 수입된 철도로, 유럽 이상으로 발달했다. 1840년 철도 부설거리는 유럽 전체의 1,800마일(2,896.8km)을 크게 웃도는 3,000마일(4,828km)에 달했다. 남북전쟁 중에 시작된 대륙횡단철도 건설은 1881년에는 남쪽 철길도 완성되어 세 방향이 되었다. 남북전쟁은 남북 합쳐서 60만 명 가까이 전사자를 낸 최초의 근대 전쟁이었다. 북부가 승리해 연방 분열의 위기를 극복하고 미국이 제국적인 영토를 확보할 수 있었던 것은 북부가 철도운송에서 우위를 점했기 때문이다. 대륙횡단철도의 시설 공사를 위해 중국에서 많은 노동자를 데려왔다. 그러나 캘리포니아주에서 중국인 배척운동이 시작되어 중국인은 차이나타운에서만 머무르게 되었다.

원거리철도는 기술만으로 가능한 게 아니었다. 열차의 안전한 운행이 확보되어야 하고, 경영상으로도 기술 혁신에 필적할 만한 개혁이 필요했다. 1841년 매사추세츠주와 뉴욕주를 연결하는 철도에서 발생한 열차사고는 이러한 개혁의 계기가 되었다. 이 사고를 심각하게 받아들인 철도

회사는 근본적인 조직경영 개선을 단행했다. 즉 열차운행의 안전을 확보하기 위해 육군성에서 토목기술을 습득한 기사技師가 중심이 되어 믿을만한 시간표가 작성되도록 전신電信을 활용해 각 역의 발착시간 등 상세한 정보를 구간별로 모아서 통계로 집계했다.

이처럼 조직운영에서 현장 중간관리직의 역할이 중요해 졌으며, 경영자에게도 전문적인 지식이 요구되었다. 그 결과 종래 경영권을 쥐고 흔들던 자본가 중심에서 관리자 중심의 경영으로 관리자혁명이 이뤄졌다. 특히 철도사업은 대규모 투자가 필요했기 때문에 회계나 금융의 발전도 촉진되었다.[30]

연방정부가 철도사업에 제공한 자금은 대륙횡단철도를 포함해서 전체의 30% 정도였으며, 나머지는 민간자본에서 조달했다. 민간에서의 자금조달은 1850년대 5억 달러였던 것이 1870년대에는 25억 달러에 달했으며, 영국에서의 자금조달은 런던에 진출해있던 모건Morgan가 등이 중개했다. 1850년대 철도투자가 활발해지자 독일과 프랑스에서도 투자하면서 월스트리트 주식거래소가 대규모화되고 투자은행도 탄생했다. 이렇게 해서 탄력을 받은 월스트리트는 선물거래, 신용거래, 콜금리 등의 다양한 금융기법을 개발해 미국 경제에서 자금이 원활하게 흐르도록 했다.

이에 동반하여 고질적인 금융사고와 광범위한 대기업간 인수합병M&A으로, 이윽고 1907년 월스트리트에서 금융위기가 발생하게 되었다. 또한 해외에서 신용확보를 위해 금본위제를 유지하는 것이 불가피하다고 본 월스트리트의 금융가들은 1880년대 이후 불황과 빚에 시달리던 서부지역 농민들이 은화 자유주조를 요구하며 농민운동을 일으켜 제3민주당의 대통령 후보 지명을 승리로 이끌 즈음에 연방정부에 강력하게 개입하여 농민 요구를 저지했다. 즉 자본주의경제 발달은 민주주의 발전과는 반대로 노동운동이나 농민운동을 점점 어렵게 했다.

광역시장이 형성될 수 있었던 것은 먼 거리와의 거래를 가능하게 한 통신판매가 발달했기 때문이었다. 통신판매는 미발전지역을 포함한 중서부에서 시작되었고, 통신판매의 대명사가 된 씨어즈로벅Sears Roebuck사는 1894년 중서부 주요 도시로 발전한 시카고를 거점으로 영업을 개시했다. 통신판매는 광고와 영업사원을 이용했고, 씨어즈로벅사의 경우 개업 3년 후에는 786개의 상품 목록으로 1900년에 매출액이 1천만 달러를 넘어, 5년 후에는 이보다 약 3.8배 증가했다.

통신판매 발달의 배경에는 외떨어진 지역은 우편요금과는 별도로 배달료를 부과하는데, 1890년대부터 배달료를 내지 않게끔 우편제도를 개선했기 때문이다. 이어서 1913년에는 소포배달료도 무료가 되었다. 이외에도 1860년대부터 백화점과 체인점 영업이 시작되어 1920년대 자동차와 철도 보급으로 통신판매가 최고에 달한 시점에는 백화점 수가 1920년 312개이었던 것이 5년 뒤에는 4배로 늘었다.

미국 내부에서의 글로벌화 시작은 제2차 세계대전 이후 남부의 부흥이라는 형태로 나타났다. 남부는 남북전쟁에서 패했을 뿐만 아니라 산업혁명에도 뒤처진 후진지역으로 몰락했지만, 연방의회에서 여러 차례 당선된 남부의원이 연방의회의 선임자 우선제도를 활용해서 위원장 등 주요 보직을 점유하면서 의회에서 지도권을 발휘했다.

그들은 제2차 세계대전에서뿐만 아니라 전후에도 유엔안전보장이사회가 등장한 것을 배경으로 군수산업을 적극 유치했다. 그 결과 남부는 공업화의 기회를 얻어 농촌의 기계화가 진행되었고, 동시에 섬유산업에서는 동북부의 공장들이 노동조합 조직률이 낮고 임금이 저렴한 남부로 이주해왔다. 이렇게 해서 미국 전체인구 중 남부인구 비율이 1940년 42%에서 1980년 54%로 반수를 넘으며 증가했다.

반면 농업노동자였던 흑인은 1950년대부터 20년 사이에 1,200만 명이 농촌을 떠났고 그중 400만 명이 시카고와 뉴욕 등의 중서부와 북동부, 태평양연안 대도시로 옮겨 살게 되었다. 그러나 이전부터 거주했던 흑인들도 슬럼가에 갇히게 되면서 1960년 공민권운동이 한창일 때는 각지에서 폭동이 일어나기도 했다. 이것은 일종의 식민지 반란이었으며, 흑인의 분리 독립을 주장하는 흑인민족주의도 고조되었다. 뒤에 설명하겠지만 1970년대 이후 미국 자체가 글로벌화의 소용돌이로 들어가게 되면서 범죄율도 급속하게 상승해서 그 추세는 1990년대 중반까지 30년에 걸쳐서 지속되었다.

현대문명의 형성과 국제적 보급

광역시장은 현대문명을 낳았지만, 그 창출의 매개체가 되었던 것은 광고의 발달이었다. 광고는 영국 식민지 시대부터 수출품목의 신문정보 형태로 존재했고 1820년대에는 대도시에서 한층 발달했다. 이후 1880년대에는 공업제품이 증가하면서 단순히 정보를 제공하던 데서 벗어나 광고기획자가 작성하여 소비를 부추기는 현대의 선구적인 형태로 전개되었다. 1920년대에는 화장품 선전이 중심이 되어 심리학 성과를 응용해 여성의 구매욕을 자극하는 것들이 고안되었다. 이처럼 광고는 생활의 필요에 응하는 데 머무르지 않고 사람의 심리를 조작해서 새로운 욕구를 낳고 소비를 유도하는 새로운 소비자 생활방식을 창출하여 자본주의 경제수요 기반을 구축하는 모체가 되었다.

1920년대에는 라디오방송이 급속히 대중화되면서 방송국의 수가 1922년 30개에서 1923년에는 556개로 비약적으로 증가했다. 또한 1920년대 후반에는 NBC, CBS 등의 전국채널도 속속 등장했다. 이에 동반하여 라디오방송을 이용한 광고가 대대적으로 행해지면서 1930년대 중반에는 광고효과를 측정하기 위한 조사도 시작되었다. 이후 나치독일의 선전장관인 괴벨스P. Goebbels는 이러한 광고 방법에 주목하여 나치지배에 활용하기도 했다.

미국에서는 상품광고뿐 아니라 서민이 오락을 즐기는 대중문화가 발달했다. 종교적 제사나 궁중예술의 전통이 거의 없던 미국에서는 대중문화가 예능보다는 상업적으로 흥행하면서 대중적인 오락으로 발달했고, 야구·복싱·레슬링 등의 프로스포츠가 대표적인 예이다. 로마시대의 격투기만큼 잔혹하지는 않지만, 운동선수가 능력을 최대한 발휘해야 하는 프로스포츠는 경기장에 모인 많은 관객을 흥분의 도가니 몰고 가는 대중적 에너지 발산의 장이었다. 그중에서도 현재 미국야구리그의 전신인 내셔널리그가 1876년 시작하여 1920년대에는 베이브 루스Babe Ruth가 두 번이나 연간 60개의 홈런을 쳐 많은 야구팬을 매료시켰다.

에디슨이 발명한 영화도 산업으로 발달했는데, 미국 내 유대계가 타국에서 마음 둘 곳 없이 생활하는 이민자들을 상대로 폭력과 에로티시즘을 보여줌으로써 누구나 즐길 수 있는 오락이 되었다. 1920년대에는 크루스의 〈포장마차〉나 채플린C. Chaplin의 〈골드러시gold rush〉와 같은 명작이 만들어져 지금도 사람들의 입에 오르내리고 있다. 디즈니는 만화영화를 제작하기 시작하여 1928년에는 미키마우스가 등장했다. 1927년에는 음성이 나오는 토키영화(유성영화)가 처음 나왔다.

1920년대 뉴올리언스 출신의 흑인 재즈가수 암스트롱L. Armstrong이 뉴욕에 진출해 할렘에서 '니그로 르네상스'라 불리는 흑인 문화예술 부흥을 일으켰다. 뮤지컬에서는 〈쇼 보트Show Boat〉가 인기를 끌며 해머스타인 2세Oscar Hammerstein II, 벌린Irving Berlin, 거슈윈G. Gershwin 등 유대계 출신의 위대한 작사가·작곡가가 배출되었다.

포드가 1907년 생산을 시작해 1913년부터 대량생산한 T형 자동차는 서민의 여가 기회를 크게 향상시켰다. 1921년 연방정부는 5만 명 이상의 도시를 연결하는 도로망 건설을 결정했고, 도로 건설이 시작되자 포드사는 노동자들도 구매가능한 자동차 생산을 목표로 단일 자동차 모델로 1927년 생산이 멈출 때까지 1,500만대를 생산했다. 노동자 월급이 1914년부터 15년간 연평균 45% 이상 오르면서 처음 T형 자동차 가격은 노동자 월급의 22개월분에 해당했지만, 1925년에는 3개월분으로 줄었다. 운전이 여가의 3분의 2를 차지할 정도로 인기가 높았으며, 중산층이 된 노동자는 생활에서 자동차를 애용했다.[31]

대공황이 일어난 1929년에는 자동차 판매대수가 562만 대에 이르렀는데, 불과 10년 사이에 3배가 늘어난 것이다. 할부구매가 도입된 1927년 이후에는 신규 구매보다는 재구매가 증가하면서 GM의 경영자 스론A. Sloan은 모델을 교체하지 않은 포드와는 달리 소득별 계층에 맞춘 다양한 자동차를 생산했다. 그는 자신보다 상위 소득계층의 모델을 선망하는 대중심리에 교묘하게 호소하는 광고를 내보내는 판매 전략을 활용했다. 이

전략이 성공을 거두면서 GM은 포드를 따라잡는데 성공하고 1935년에는 미국 전체 가정의 55%가 자동차를 소유하게 되었다.

라이트 형제가 처음으로 비행실험에 성공한 항공기도 1927년 린드버그C. Lindbergh가 뉴욕–파리 간 대서양 무착륙 단독비행에 성공하면서 갈채를 받았고 1930년대까지는 민간항공편도 발전했다. 1920년대에는 자동차 이외에도 전기세탁기, 진공청소기, 냉장고 등의 가전제품이 보급되었고, 1930년대 중반까지는 과반수의 가정에 중앙난방장치와 수세식변소가 설치되었다.

이처럼 미국에는 대량소비사회가 출현하고 노동자도 쾌적한 생활을 하는 '아메리칸 드림'이 현실화되었다. 이러한 생활은 미국뿐만 아니라 현대 문명의 생활방식으로써 전 세계에 보급되는데, 이 생활방식은 핵가족 단위로 개인주의적인 생활을 즐기는 인생관을 배경으로 하는 미국 특유의 상황과도 연관되어 있다.

즉, 사회주의 영향이 매우 약하고 자본주의 경제에 적응한 인생관이 일찍부터 발달한 것이라고 할 수 있다. 사회주의 영향이 약한 것은 원래 외래사상으로 여겨 경계했던 것에 더해져 연방군까지 동원되는 등 노동운동 탄압이 삼엄했었기 때문이다. 이민노동자 중에서는 귀국을 희망하는 자가 적지 않았기 때문에 장기적인 개선보다는 단기적인 소득이 중시되기 십상이었다. 사실 터키, 헝가리, 루마니아는 말할 것도 없고 이탈리아 인의 50%, 폴란드인의 40% 정도가 귀국했다.

미국에 정착한 노동자라도 19세기 후반 이후의 대량이민자 중 남동유럽에서 온 사람은 가톨릭교도가 많아 사회주의를 기피하는 교회의 영향을 쉽게 받았다. 노동운동의 주류가 된 직능조합인 미국노동연맹AFL은 그러한 사정 아래 노동조건 등 처우 개선을 우선하는 방침을 취했다. 그러나 AFL조차도 제1차 세계대전 이후에는 기업의 노무관리가 세련되어져 막 다루기가 어려워졌다.

미국은 그리스도교 특히 신교도가 많아 현재까지도 주기적으로 신앙부흥운동이 일어난다. 유럽의 이민자들에게 황야의 개척부터 시작한 미국생활은 결코 쉬운 일이 아니었고, 산업혁명으로 시작된 자본주의 경제체제하에서의 생활도 정기적인 경기불황으로 생활에 위협을 받았기 때문에 마음 놓고 지낼 수 있는 상황은 아니었다. 신앙부흥운동이 정기적으로 일어난 것도 이러한 정신적인 긴장 속에서 비롯된 것이다. 19세기 후반에는 제3차 신앙부흥운동이 일어나 사람들이 살아가는 세속세계에서 구제를 중시하는 사회적 복음운동이 전개됐다.

1870년대부터 1880년대까지 자본주의 경제생활을 해설하는 것이 유행했는데 영국의 사회사상가 스펜서H. Spencer가 주창한 사회 다윈주의(생물진화론)가 대표적이다. 당시 사회 다윈주의는 영국 현지 이상으로 미국에서 인기를 끌었는데, 다윈의 진화론을 응용해서 사회생활이란 생존을 건 경쟁이 계속되어 살아남은 자와 살아남지 못한 자로 분류된다고 설명했다.

사회 다윈주의가 미국에서 유행했던 것은 스펜서의 저서 때문만이 아니라 미국도 이미 비슷한 생각을 하고 있었기 때문이었다. 경제사상에서 자유방임주의가 지배적이었던 미국에서 대표적인 인물은 예일대학교 섬너W. Sumner 교수였다. 그는 캘빈파의 신학을 세속화한 형태로 이해하여, 오로지 근면함과 절약으로 고난이 계속되는 생활을 견디어 인격을 수양하는 것이 중요하다고 얘기했다.[32]

그의 가르침이 자본주의 경제와 연결되었던 것은 윤택함을 신의 은총으로 보았기 때문이다. 세속화한 캘빈파의 가르침은 베버M. Weber가 지적했던 것처럼 자본주의의 정신이 되었다. 실업가로서 그 정신을 체험했던 이가 스코틀랜드 출신 이민자 카네기A. Carnegie이다. 그의 저서는 글자 그대로 『부富의 복음The Gospel of Wealth』이라고 불렸다.

미국을 방문한 베버는 그의 나라 독일과 달리, 어느 교파의 교회에 속해있는 지가 미국인으로서의 정체성을 나타내고 있을 정도로 그리스도교 신앙을 철저하게 지속하고 있는 것에 감명받았다. 그리고 외국인들 눈에 비친 미국인은 종교적이라고까지도 할 수 있는 열정으로 재산을 모으는데 최선을 다하는 모습이었다. 『출세이야기A rags-to-riches story』라는 책으로 유명한 앨저Horatio Alger는 뉴욕시에서 빈곤아동 처우개선 일을 하는 사회사업가이기도 했다. 그가 소년들을 상대로 『출세이야기』를 쓴 것은 부를 추구하는 방법을 가르쳐주기 위한 것만이 아니었다. 무엇보다도 가난한 어린이들에게 인생의 성공이라는 장래희망을 주기 위한 것이었다. 여기에는 자본주의 경제와 종교가 밀착된 관계에 있었다고 말할 수 있다.

사회주의 영향이 약했던 미국 사회에서 사회문제에 몰두하게 하는 중요한 생각이 그리스도교의 전통적인 자선이다. 사회적 복음의 가르침 아래 도시에서 가난하고 비위생적인 생활을 강요당하는 이민자들의 생활개선과 정착을 위해 많은 대학생이 참가했지만, 그중에서도 시카고에서 헐하우스Hull House 운동을 이끈 애덤스J. Adams는 여성운동가로서 국제적으로도 높이 평가되었다.

실업가도 교회의 자선활동을 적극 지원했다. 월스트리트에서 거액을 번 실업가의 미망인인 세이지M. Sage는 자선에 머무르지 않고 노동문제 등 사회문제를 개선하기 위해 러셀세이지재단Russel Sage foundation을 창설했고, 사회과학자와 협력해서 사회조사를 의욕적으로 진행했다. 이러한 사회조사에서 나온 사례연구 결과는 1913년까지 140여 개의 조사보고서로 발표되었고, 연방제하에서 사회정책을 담당하는 주정부 이하의 지방정부에서 노동입법 등을 하는 데 활용되었다.[33]

미국의 사회과학은 이론연구보다는 현실의 사회문제를 파고드는 부분에서 응용 발달하여, 사회조사를 통해 기본적인 정보를 수집하고 분석하는 일을 중시했다. 사회조사는 실업가들 사이에서도 평가받아 카네기나 록펠러 등의 지원으로 정책브레인이라 불리는 민간연구소가 세워졌다. 1927년에는 이전에 있던 두 개의 연구소를 통합해서 브루킹스연구소Brookings Institution가 세워졌다.

'도둑귀족'이라고 손가락질 받던 카네기와 록펠러가 미국의 사회문제뿐만 아니라 예술, 과학 등의 문명발전을 위해 민간재단을 세운 것은 실업가로서의 활동과 인간으로서 살아가는 방법을 분리해서 생각했기 때문이다. 즉 실업가로서 수익을 올리기 위해서는 사회로부터 비난받을 일까지도 하지만, 일단 돈을 벌고 나서 이 돈을 어떻게 사용할지는 인생을 어떻게 살 것인가의 문제라고 생각했다. 그래서 실업가로서 은퇴한 말년에는 지금까지의 삶에 대해 속죄하는 심정으로 사회봉사에 심혈을 기울였던 것이다.

이점은 성공한 부자들뿐만 아니라 일반 실업가나 시민도 마찬가지였다. 즉 이들은 로터리클럽Rotary Club과 같은 사교모임이나 그 외 민간단체에 속해 문화사업과 사회문제에 적극 참여하는 습관을 갖게 된 것이다. 그것은 교회바자 전통에서 온 것이며 경쟁이 치열하고 스트레스가 심한 사회를 떠나 일과는 관계없는 사람들끼리 모여 의미 있는 사업을 함께하는 것을 인간다운 삶을 되찾는 기회라고 생각했기 때문이다. 여러 자선단체에 개인적으로 기부하는 것도 이러한 연장선에 있었다.

윌슨의 민족자결주의 14개조 제창이 전 세계에 민주주의를 전달했던 것처럼 미국이 만들어낸 현대문명의 생활방식도 전 세계로 점차 확대·전달되었다. 유럽에서는 19세기 말부터 미국제품 수입이 증가해 미국제품 점유 절대우위Americanization를 우려하는 목소리가 등장하기도 했지만 점진적으로 미국제품이라는 현대문명이 침투하기에 이르렀다. 제1차 세계대전 이후에는 대중오락인 할리우드영화가 프랑스영화를 앞지르는 것을 시작으로 심지어 미국식 경영방법과 현실적인 시장 등이 표준화로 여겨지게 되었다.

새로이 등장한 실업가들이 미국의 로터리클럽을 도입해 사회봉사 활동에 전념하면서 신분에 따른 차별의 전통이 뿌리 깊게 남아 있던 사회에서는 이러한 관습이 점차 완화되어 갔다. 특히 제2차 세계대전 이후 미국이 마셜플랜Marshall Plan을 실시해 유럽의 전후 부흥을 강력히 지원하자, 미국 형태의 소비문화도 본격적으로 침투해 갔다. 이렇게 해서 인간관계에서 전통적인 인격을 중시하게 되고, 완고한 예절을 엄격하게 지키기보다 개인적인 친분을 넓혀가는 사교형태가 호응을 얻게 되자 시민사회가 한층 발전하게 되었다.[34] 일본에서도 제1차 세계대전 이후 다이쇼大正 데모크라시[35]가 일어나 영화와 블루스가 유행하게 된 것도 잘 알려진 얘기이다.

패권의 네 가지 형태

현대사회의 글로벌화로 국가의 존재감이 희미해지는 앞날을 전망하며
'제국'론을 전개한 하트M. Hardt와 네그리A. Negri가 그린 미래상을 보면,
"건국 이래 미국의 헌법체제와 그것을 발전시키는 모든 사회적 세력의 구
도"에 내재적인 프로젝트를 전 지구의 문제에 투영하면 떠오르는 것이라
고 발상의 유래를 설명하고 있다.[36]

　하트와 네그리도 현대의 글로벌화를 앞 절에서 고찰한 연방공화국에서
의 글로벌화 연습과 유사한 현상으로 파악하고 있다. 그러나 역사적으로
보면 미국에서의 글로벌화 연습이 국제적으로 침투한 것은 반드시 자본
주의 경제 활동에 의해서만이 아니라 미국 정부의 정치적인 주도권에 의
한 것도 적지 않았다는 것이 정확하다. 4절에서는 이와 같은 관점에서 미
국의 주도권을 고찰하겠지만, 이미 시사한 바와 같이 그 주도권은 미국
자체의 정치·경제체제를 국제적으로 투영하는 경향이 강하다.

그 때문에 미국 스스로 아이디어뿐만 아니라 인프라infrastructure 형성을 위한 자금 등을 국제공공재로 제공하기도 하므로 길핀의 견해처럼 미국의 주도권을 패권이라고 보고 살펴보겠다. 또한 월러스타인도 자본주의 경제의 지배·종속관계에 초점을 맞춰 패권이라는 말을 사용했듯이 패권이 형성하는 국제질서가 누구에게나 공정한 것은 아니다. 그것은 국제정치에 수반되어온 숙명이기도 하다.

제1장 1절에서도 살펴보았듯이 현재의 미국'제국' 논의에서는 제국, 패권, 제국주의, 글로벌화라는 말이 상당히 다른 의미로 사용되고 있으므로 각각의 의미와 상호관계, 미국의 대외정책과 그 목표의 성격을 정리하는 것으로 시작하겠다.[37]

〈표 1〉은 패권의 형태를 네 가지로 정리한 것이다. 이미 살펴본 것처럼

〈표 1〉 패권의 네 가지 형태

국가의 성격	국제적 주도권의 형태		대외정책	국제관계의 목표
고전적 제국	제국주의		서점운동 베트남전쟁 아프가니스탄전쟁 이라크전쟁	영토 확대 외국의 체제 방어 외국의 체제 변혁
	패권	① 14개조형	국제연맹·자유무역 체제 성립	주권국가 관계의 제도화
		② 뉴딜형	국제연합·브레턴우즈 체제 성립	강대국 간 협조
		③ 냉전형	이데올로기 대립 서방진영의 맹주	군사동맹망 보급과 상호의존
		④ 레이거노믹스형	글로벌화의 가속, 세계무역기구 설립	글로벌화와 제도화

미국은 고전적인 의미의 제국이 갖는 국가로서의 성격을 띠고 있고, 4절에서도 제국이라는 말은 그러한 의미로 사용하고 있다. 그러나 이러한 의미가 일관된다 하더라도 미국이 어떠한 국제관계의 구축을 목표로 했는가는 시대나 정권에 따라 차이가 있다.

근대 주권국가 간의 국제관계를 기본으로 볼 때 군사력을 행사하여 외국의 내정에까지 개입하는 대외정책은 상대국의 자주적인 결정을 망가뜨리는 것이기에 패권과는 구별되어야만 하는 일이다. 이것은 오히려 제국주의라고 부르는 편이 타당할 것이다. 미국의 경우는 19세기의 서점西漸운동, 냉전기의 베트남전쟁, 21세기의 아프가니스탄전쟁과 이라크전쟁이 대표적인 예이다.

이 정의에 따르면 부시 정권이 이라크의 체제 변혁을 위해 개전할 당시 이를 정당화하기 위해 예로 든 제2차 세계대전 후 일본과 서독에 대한 점령도 제국주의에 해당한다.

이러한 제국주의와 구별되는 패권에는 네 가지의 형태가 있고, 이를 14개조형, 뉴딜형, 냉전형, 레이거노믹스[38]형이라고 부르고 싶다.

위에서 말한 제국주의의 예에서 일본과 서독의 점령이 뉴딜형, 베트남전쟁이 냉전형, 아프가니스탄전쟁과 이라크전쟁이 레이거노믹스형의 패권과 필연적 관계가 있는 것은 아니라고 해도 목표로 하는 국제관계의 성격에서는 구조적인 관련이 있다. 서점운동도 연방공화국 자체는 아니라고 해도 제퍼슨의 '자유의 제국'과 마찬가지로 구조적으로 관련되어 있다.

첫 번째 14개조형은 국제연맹과 자유무역체제 창설을 골자로, 민족자결주의가 상징하는 것처럼 각국 주권의 존중을 원칙으로 한다. 국제연맹의 집단안전보장체제는 만장일치에 기반을 두고, 국제관계에서는 주권국가관계를 제도화하는 것을 목표로 한다.

두 번째 뉴딜형은 미국 스스로 필리핀 독립을 약속하고 공식 제국으로서의 성격을 불식시킬 수 있는 방침을 내세웠다. 영국 등 다른 제2차 세계대전 연합국에도 식민지 해방을 촉구하며 14개조형을 계승하고 있다. 그러나 국제연맹과는 달리 국제연합의 집단안전보장체제는 안전보장이사회에서 거부권을 가지는 상임이사국인 강대국 간 협조를 중점으로 한 과두정寡頭政의 성격을 강하게 띠고 있다. 브레턴우즈체제의 IMF와 세계은행에도 출자비율에 맞게 투표권을 배분하고 있고 마찬가지로 강대국 간 협조를 기본으로 하고 있다.

세 번째 냉전형은 동서냉전을 격화시켜 세계를 나눈 점에서 알 수 있듯 국제질서의 형성은 한정적일 수밖에 없었다. 또한 서방진영이 공산권의 다가오는 위협에 주저하는 상황에서 미국이 초강대국으로서 서방진영의 맹주가 되자 비록 동맹국이라고 해도 미국 방침에 거역하여 자주적으로 결정하기는 어려웠다. 그러한 의미에서 미국 단독 우위의 성격이 강했다.

한편 이러한 미국 주도권하에서 서방 선진국 간에는 안전보장관계에 머무르지 않고 정치·경제·사회·문화적으로도 상호관계가 긴밀해지는 상호의존으로 발전해 나갔다.

네 번째 레이거노믹스형은 글로벌화를 가속하여 국제관계에 구조적인 변용을 가져온 것인데, 미국 역사를 살펴보면 뉴딜 이전에 미국 내부에서 발전한 글로벌화 연습을 복원하려는 성격을 지니는 것이었다. 이중 핵심은 미국의 자유무역주의를 견지하며 해외 제품을 흡수하는 대소비시장을 국제공공재로서 제공하는 것이다. 동시에 금융 면에서 채무국이 되고 투자시장으로서도 국제공공재가 되는 것이다. 그런데 미국은 채무국임에도 방대한 무역적자를 계속해서 떠안고 있으므로, 글로벌화한 국제경제는 이러한 부자연스러운 기반 위에 성립되었다고 볼 수 있다.

다음으로 네 가지 패권 형태가 어떠한 역사적 배경 아래에서 나타났는지 살펴보기로 하자. 첫 번째 14개조형은 윌슨이 유럽 여러 나라와 일본이 식민지를 영유하는 공식제국으로서 제국주의를 전개하는 국제정치에 내재한 문제점을 정면으로 응시하고 근본적인 해결을 지향한 것이다. 유럽에서는 세력균형을 통해 국제정세를 안정시키는 것이 전통이었지만, 윌슨은 그것도 결국은 권모술수를 부리는 권력정치에 불과하며 제1차 세계대전이라는 총력전의 대참사를 부르는 원인이 되었다고 판단했던 것이다.

역사학자 카E. H. Carr가 윌슨의 이러한 국제정치관을 순진하다고 비판하며 현실주의자realist의 국제정치학을 낳게 한 것은 유명한 일화다. 그러나 당시 윌슨이 전개한 외교는 신외교로 간주되어, 이를 제창한 미국의 정치·경제체제는 높게 평가되었고 유럽과 일본에서도 민주주의가 싹을 틔웠다.

윌슨의 14개조 제창은 미국의 역사적 경험과 정치·경제체제를 모델로 한 측면이 있다. 실제로 국제기구에 의한 국제평화 달성은 합중국헌법을 제정하여 정치통합을 강화한 미국의 역사와 유사하고, 연방헌법이 창설한 연방의회의 영어명칭도 19세기 전반 나폴레옹전쟁 전후처리를 논의한 빈Wien국제회의와 같은 Congress로 표시해, 주州 사이의 국제기관이었던 당시의 모습이 남아 있다. 자유무역 자체도 자본주의 시장을 형성한 미국의 역사적인 경험에 들어맞고 있다.

제1차 세계대전이 발발했을 때 미국은 이미 세계 제일의 제조업 국가가 되어 있었고 GNP는 영국·프랑스·독일 3개국을 합친 양에 필적했다. 이 전쟁을 계기로 다년간의 채무국에서 벗어나 채권국의 반열에 올라 자유무역주의에서 가장 유리한 위치를 차지하게 된 것이다. 위스콘신학파는 이에 대해 경제적 이익을 추구하는 자유무역 제국주의라고 비판했다.

두 번째 뉴딜형은 14개조형과 달리 1929년 대공황이라는 미국 경제위기 속에서 루스벨트 정권이 자본주의 경제를 구제하기 위해 뉴딜정책을 실시하고 유럽 여러 나라와 같은 수준의 국가기구를 구축한 것이 배경이다. 뉴딜정책이 노동자권리를 보장하면서 산업별조합회의CIO가 단기간에 노동운동의 최대 세력으로 성장하자, 민주당이 유권자들의 계속된 지지를 얻어 다수당의 지위를 차지하며 뉴딜연합이 성립하게 되고 제5차 정당제가 시작되었다. 또한 대량의 실업자를 구제하기 위해 복지국가도 건설했던 것이다.

그러나 루스벨트는 연방정부의 재정을 소홀히 할 수 없다고 생각하여 균형재정에도 고심했다. 이런 점에서 미국식 복지국가에서는 이미 민간 보험제도가 발달했기 때문에 처음부터 건강보험제도를 포함하고 있지 않았다. 또한 여당인 민주당의 전통적 지지기반인 남부가 흑인의 값싼 노동력을 이용하고 있었기 때문에 그들의 기득권을 존중하면서 연방제에 맞게끔 주정부의 대폭적인 재량권을 인정했다. 그리하여 미국식 복지국가는 유럽 여러 나라와 비교해보면 이미 불완전한 것이었다.[39]

연방정부가 관여한 경제정책 면에서도 제2차 세계대전 후 대통령경제 고문위원회가 발족하여 완전고용보다는 인플레이션 억제에 의한 경기부양에 역점을 두었다. 이러한 정책은 완전고용을 목표로 하는 사회민주주의의 사회적 케인즈J. Keynes주의와 대비하여 상업적 케인즈주의라고 불린다.

　뉴딜형은 이러한 국내 경제정책을 배경으로 했으며, 안전보장정책과 경제 양쪽 부분에서 14개조형과 취지를 달리했다. 안전보장에서의 차이점은 이미 서술했고, 경제면에서는 러기J. Ruggie가 완벽하게 해명한 것처럼 브레턴우즈체제가 자유무역체제 수립을 목표로 했다 하더라도 각국에서 대공황 대책으로 수립한 국민 생활을 보장하는 복지국가가 존속할 수 있도록 제조·설계되었다.

　즉 압도적인 경제력을 자랑하는 미국이 거액의 자금을 국제공공재로써 제공하고 달러를 기축통화로 하여 돈金으로 바꿀 수 있는 통화체제를 구축했다. 게다가 자유무역이 국민경제에 직접 영향을 미치는 것을 완화하기 위한 제도적 완충장치도 마련했다. 고정환율제를 채택하여 IMF가 이를 유지하도록 지원하는 역할을 하는 한편, 각국이 관세를 부과하여 자본의 이동을 제한하는 것 등이 대표적 완충장치이다. 러기는 이러한 완충장치가 장착된 자유무역체제를 '고착된 자유주의embedded liberalism'라고 불렀다.[40]

　세 번째 냉전형은 미국이 서방진영의 맹주로서 공산권에 대항하기 위해 동맹국 간의 결속을 강화하도록 주도권을 발휘했다. 이를 위해 일본 자민당에 자금을 원조하는 등 동맹국 내의 보수세력에 잠입하는 한편, 비협조적이거나 적대세력을 억제하기 위해 내정 개입도 했다.[41]

　냉전형이 서방진영 동맹국 간의 국제적인 상호의존을 발전시킬 수 있었던 것도 서방 여러 나라가 국내의 복지정책과 국제적인 브레턴우즈체제를 따랐기 때문이다. 소련과 사회주의 여러 나라는 브레턴우즈체제에 참가하지 않은 가운데, 서방 선진국이 참여한 복지국가와 브레턴우즈체제 두 제도는 국경을 초월하여 사회적 소통이 안정적이고 순조롭도록 하는 역할을 했다.

네 번째 레이거노믹스형은 미국의 글로벌화를 가속했는데, 그 전제가 된 것은 1965년 이민법을 개정하여 서반구西半球와 아시아로부터의 이민이 쉽도록 한 것이다. 또한 1970년 GNP에서 무역이 차지하는 비중은 4.8%였으나, 1980년에는 17.5%로 10년 사이에 배가 넘게 증가했다.

자본과 관련해 살펴보면, 제1차 석유파동으로 국제사회의 통화흐름이 나빠지자 닉슨 정부는 1960년대 초 케네디 정부 이래로 계속되던 달러방어를 해제하고 자본유출을 허가했다. 이에 앞서 1971년에는 미 달러의 금 태환兌換제를 폐지하고, 이를 계기로 변동환율제를 시행했다. 뒤를 이은 카터 정권이 각종 경제규제를 완화하면서 새로운 금융상품이 등장하기 쉬운 환경이 되자 1980년대에는 미국 내에서 부실채권junk bond이 나돌면서 채권발행자가 체포되는 일까지 벌어졌다. 국제적으로도 공격적인 투기를 하는 헤지펀드hedge fund가 기세를 올렸다.

이렇게 국제적인 자금이동이 급속히 증가하고 개발도상국에도 거액의 융자가 이루어지면서 글로벌화가 본격화되었다. 또한 영국의 대처M. Thatcher 총리가 경제재정비를 위해 1986년 런던증권거래소를 대외에 개방하는 대개혁을 단행하자 미국 월스트리트의 금융기관이 대거 진출하여 국제금융계는 점점 하나가 되는 모습으로 변해갔다.

1981년 출범한 레이건 정부가 레이거노믹스를 실시한 목적도 두 번의 석유파동으로 위기에 빠진 미국 경제를 재건하기 위해서다. 레이건 정부는 '작은 정부'를 표방하며 아무런 망설임도 없이 케인즈주의 경제정책을 버리고 강력한 통화주의monetarism로 인플레이션을 일관되게 억제했다.

또한 투자를 활성화하기 위해 공급경제학supply side economics에 따라 대대적인 감세정책도 단행했다. 한편 시장을 활성화한다는 빌미로 환경·노동·안전 관련 각종 규제는 완화하고, 세출歲出 삭감을 위해 복지예산을 축소하기도 했다.

이처럼 레이거노믹스형은 뉴딜정책에 도전하며 시장 활동을 중시하는 신자유주의의 국내정책을 뒷받침했다. 이것은 국제적으로도 시장 우위의 글로벌화를 추진하는 기반이 되었다. 그러나 신냉전을 수행하기 위한 군사예산이 최대 규모로 증가하면서 미국은 재정적자뿐만 아니라 무역적자도 급증하여 두 가지 적자를 떠안아야 했다.

그 결과 미국은 71년 만에 채무국으로 전락했고, 레이건 정부는 무역적자 해소를 위해 무역상대국에 시장개방을 요구하며 일본 등 여러 나라와 무역마찰을 심화시켰다. 레이건 정부는 '무역전쟁'이라고 불린 이러한 마찰에서 벗어나기 위해 더욱더 무역자유화를 요구하며 캐나다·멕시코와 북미자유무역협정NAFTA을 체결하고 우루과이 라운드Uruguay Round를 강력히 추진했다. 결국 레이거노믹스형의 패권은 글로벌화라는 국제관계의 구조적인 변용을 쉽게 변하지 않게 하는 원동력이 되었다.

넓은 의미의 포퓰리슴과 그 유형

미국 연방정부의 삼권분립하에서 대외정책은 주로 대통령의 권리에 속하며, 제2차 세계대전 후 유엔 안전보장이사회가 발전하면서 국제적으로 주도권을 행사했다. 그렇다 하더라도 변함없이 4년마다 대통령선거를 치러야 했고, 대통령선거에서 대외정책이 쟁점이 되는 경우는 적었지만, 막상 쟁점이 되면 국내정치에 의해 크게 좌우되는 것은 피할 수 없었다. 여기에 글로벌화한 세계에서 미국의 영향력이 확대되어가는 것과는 반대로 엽관제라는 미국 내 사정이 대통령뿐 아니라 그 밖의 정권담당자 인사에도 그림자를 드리워 대내외 논리가 맞지 않는 상황이 뚜렷해지고 있었다.

실제 정치적 민주화가 진행될수록 대통령 후보는 유권자의 동정에 조심하지 않으면 안 되고 국민의 의사民意를 따르려고 하는 포퓰리슴[42] 경향이 높아진다. 따라서 미국의 대외정책을 이해하기 위해서도 내정의 동향, 특히 대통령 정치의 실태를 파악하는 것이 중요하다고 할 수 있다.

미국에서 포퓰리스트populist라 불리는 지도자에 의한 개혁을 빈번하게 볼 수 있게 된 것은 최근 40년 정도의 일이다. 미국은 포퓰리슴이라는 말의 발상지인데, 원래 이 말은 19세기 말 농민운동을 기반으로 하여 결성된 인민당을 가리키는 고유명사로 사용되었다. 그러나 그 후 정치적인 관용구가 되어 의미가 분명하지 않은 채로 모호하게 사용되는 경향이 있다. 인민당의 전통을 계승하는 특정한 수사법(레토릭)을 구사하며 활동하는 정치가나 그 세력을 가리킬 때에도 그 정치적 입장이 본래의 포퓰리슴과 상당히 동떨어져 있는 경우가 많다. 따라서 4절에서는 이러한 유형의 포퓰리슴을 '미국 특유의 포퓰리슴'이라 부르기로 한다.

한편 미국정치에서는 포퓰리슴이라고 부르지 않을 때에도 포퓰리슴에 의한 개혁과 유사한 '개혁정치'가 전개되는 일이 적지 않다. 그러므로 포퓰리슴이라고 불릴 때로 한정하지 않고 다른 유형의 개혁과도 비교하면서 고찰할 것이다.

이러한 경우를 '광의의 포퓰리슴'이라 부르기도 하는데, 이러한 유형이 나타난 것은 미국에서는 포퓰리스트가 아닌 정치가나 그 세력이 주도권을 잡기 위해서는 정당이라는 조직기반만으로는 충분하지 않은 경우가 많고, 좋아하는지와 관계없이 포퓰리스트와 비슷한 스타일을 취하지 않으면 안 되기 때문이다.

일본과 유럽의 정당은 당내 규율에 따른 중앙집권적 통제가 두루 미치지만, 미국정치에서는 민주, 공화 양당이라 할지라도 본부의 주도권이 약한 지방조직의 연합체에 불과하다. 그와 더불어 예비선거 도입 등을 통해 일반당원의 참가를 인정하여 정당을 대외적으로 개방하기도 했다. 이렇게 정당 외부에서 조직된 정치운동도 세력을 확대하면 양대 정당처럼 공인을 획득하여 대통령 후보를 지명하는 것이 가능하다.

미국 정치세력을 분류하면 워싱턴의 연방정계에서 지위를 확립하고 있는 2대 정당의 직업정치가인 정당 주류형이나 도시 및 자치체를 거점으로 하는 머신machine형과는 달리, 일반 유권자에게 호소하여 얻은 지지를 배경으로 정치활동을 전개하는 광의의 포퓰리즘으로 대치할 수 있다. 광의의 포퓰리즘에는 여러 가지 서브타입subtype이 있는데, 레토릭과 담론의 종류의 차이에 착안하면 미국 특유의 포퓰리즘의 담론과 이념·과학을 중시하는 근대의 계몽주의적인 담론과는 대조적이라고 말할 수 있다.

즉 포퓰리즘 담론에는 이데올로기나 그리스도교 복음주의처럼 사상적으로 체계적인 것부터 서민감정, 상식, 이익 등처럼 점차 사상성이 약해져 가는 것까지 단계적 차이가 있다. 이를 좀 더 구체적으로 보면 설교형, 사회운동 활동가형, 사회운동 본부주도형, 포퓰리스트 지도자형 등을 들수 있다.

먼저, 설교형으로는 시어도어 루스벨트Theodore Roosevelt, 윌슨Woodrow

Wilson, 프랭클린 루스벨트Franklin D. Roosevelt 등이 대표적이다. 20세기 초의 혁신주의운동이라는 개혁과 대공황이라는 위기의 시대에는 개인적인 귀족적 가계와 개혁 등에서 정당을 초월한 명성과 덕망德望을 지닌 대통령이 국민의 기대에 부응하여 의욕적으로 개혁을 추진했다. 20세기 미국 정치사상 역사적인 업적을 거둔 정치가가 배출된 유형이고, 국제적으로도 주도권을 발휘했다.

두 번째, 사회운동 활동가형에는 마틴 루터 킹Martin Luther King이 이끈 공민권운동이 대표적인데, 흑인에 대한 인종차별 철폐를 지향하고 민주주의의 이념을 내세우며 많은 활동가가 참가했다. 1972년 민주당 대통령 후보가 된 맥거번G. McGovern, 1988년 대통령선거에서 여성과 여러 소수파 민족을 규합하는 '무지개 연합'을 주창하며 선전한 잭슨J. Jackson도 이 유형이다.

세 번째, 사회운동 본부주도형은 네이더Ralph Nader가 이끈 소비자보호운동이 대표적이다. 광범위한 시민의 지지를 얻었다 하더라도 운동의 실상은 비교적 소수 활동가가 미디어와 재판을 활용해 전개하기 때문에 사회운동이라는 성격은 미미하다. 2004년에는 대통령선거에도 이 유형이 등장했다. 버몬트Vermont 주지사였던 딘H. Dean이 이라크전쟁에 정면으로 반대하는 캠페인을 전개하며 급속히 여론의 지지를 늘리며 인터넷의 위력을 보여 주었다.

네 번째, 포퓰리스트 지도자형에는 1980년 대통령선거에서 레이건 당선에 공헌한 전도사 폴웰J. Falwell을 중심으로 하는 기독교 우파단체인 도덕적 다수파Moral Majority가 대표적이다. 1970년대 이후 정치에 진출한 기독교 신우파New Right 세력으로, 근본주의 가르침에 따라 낙태 등의 사회문제를 포퓰리슴 담론을 통해 비판하는 활동을 전개했다.

기독교연합은 1988년 대통령선거에 출마한 전도사 로버트슨P. Robertson 의 참모를 했던 리드R. Reed가 결성을 주도했다. 그는 로버트슨이 선거전에서 탈락한 후 레이건 정부에 대한 도덕적 다수파의 영향력이 충분하지 않았던 것은 정치적으로 하부조직Grass Roots 기반이 약했기 때문이라고 반성하며 이를 극복하기 위해 기독교연합을 결성했던 것이다. 기독교연합은 각지에 지부支部를 창설하고 지방 지부를 통해 공화당으로의 세력침투를 꾀하는 전략을 취했다. 이렇게 기독교연합은 포퓰리슴에서도 조직적 운동형이 되고, 공화당 내부에 일대 세력으로 대두하여 1990년대 후반 이후 공화당의 방침에 큰 영향을 미치고 있다.[43]

포퓰리스트 지도자형으로는 레이건, 카터 등 최근 대통령이 많다. 두 사람 모두 연방정부에서의 경험이 적은 주지사 출신이고, 선거기간에 유권자를 직접 만나는 정력적인 선거운동을 전개하여 양대 정당의 정식 대통령 후보로 지명되었고, 단기간에 높은 지지도를 구축했다. 이러한 유형은 다른 선진국의 정치와 지극히 다른 미국정치만의 특이한 면을 보여주는 것이다.

다섯 번째, 포퓰리스트 지도자형으로는 일본의 고이즈미小泉純一郎, 호소카와細川護熙 전 총리가 가장 비슷하다. 2001년 9·11테러 후 역사상 최고의 지지율을 기반으로 대담한 개혁을 시행한 부시George W. Bush 대통령도 대표적이다. 1994년 미국 의회선거 때 극적인 역전극을 펼쳐 수년간 소수당이었던 공화당을 단번에 다수당으로 만든 깅그리치N. Gingrich도 들 수 있다. 깅그리치가 이긴 원인은 공화당 원내총무였음에도 반워싱턴 정서라는 포퓰리슴 담론을 활용했기 때문이다.

여섯 번째, 군림형君臨形으로는 매카시즘[44]에 휩쓸려 대립하는 정당들을 무시한 채 골프를 즐기며 정치를 싫어하는 모습을 보인 아이젠하워D. Eisenhower를 들 수 있다. 언뜻 보기에 포퓰리즘과는 관계가 먼 것처럼 보이지만 제2차 세계대전의 영웅인 아이젠하워는 한국전쟁이 해결될 기미가 보이지 않아 트루먼 대통령 지지율이 급감하자, 전쟁 종결을 공약하고 민주당의 아성인 남부까지 파고들어 당선된 것이었다.

일곱 번째, 개혁보다는 공격을 목표로 하는 선동정치가Demagogy가 있다. 매카시즘이 대표적 예로, 이를 제안한 매카시J. McCarthy 의원은 대통령이 '수사학을 구사하는rhetorical' 방법으로 전환할 때 공정한 정치를 왜곡시킴으로써 가장 경계해야 할 선동정치가의 예를 보여주었다. 다른 이론을 인정하지 않는 매카시즘이 일으킨 획일주의는 정치활동의 규제가 적은 미국정치 역사에서 큰 오점이 되었고 대중민주주의의 함정을 보여준 것이었다.

여덟 번째, 반지성주의형은 아이젠하워가 대통령선거에서 민주당의 상대 후보가 강한 지적 이미지를 보여주자 반대로 반지성주의의 모습을 취한 것이 대표적이다. 그 점에서 미국 특유의 포퓰리즘에 해당하며, 공화당 출신 대통령으로 포퓰리스트라 불린 레이건과 부시가 취한 반지성주의의 모습은 인기를 얻는 주요 요인이 되었다.

아이젠하워가 매카시즘에 정면으로 반대하는 태도를 보이지 않았던 것처럼 민중의 자기주장과 감정이 하나로 흘러가고 언론 보도마저 끌려가는 정치의 획일주의가 심각할 때는 반지성주의를 멈추기 어렵다. 이는 미국 민주주의의 심연을 엿보게 하는 것이라고 할 수 있다.[45]

대통령 정치의 변용과 포퓰리즘의 일상화

미국은 대통령제를 표방하는 대표적 국가지만, 헌법상 대통령이 직접 일반 유권자의 마음을 끌기 위한 행동은 경계하는 편이다. 그것은 공익을 실현해야 하는 공화국에서 민중의 변하기 쉬운 감정이나 이익에 좌우되는 것보다는 이성에 기반을 둔 신중함이 근간이 되어야 한다고 생각하기 때문이다. 19세기 들어 민주주의가 급속히 발전하면서 이와 같은 고전적인 공화주의는 잠잠해져 갔다. 그럼에도 링컨을 비롯한 당시의 역대 대통령은 이 전통을 충실히 견지했다.

대통령이 대중에게 직접 호소하는 대통령 정치가 등장한 것은 시어도어 루스벨트 대통령 때이다. 당시는 공업화와 도시화로 사회적 변화에 집중하는 것이 주요 과제였고, 혁신주의 운동을 전개하기 위해서는 보수파가 좌지우지하는 연방의회에 대항하여 대통령이 주도권을 발휘해야 했다. 그러나 루스벨트 대통령도 여전히 선동정치가의 대두를 경계했고, 헌법상 국민에게 직접 호소하는 것이 반드시 정당하다고 생각하지는 않았다.[46]

헌법상 정당함을 주장하며 현재까지 계승되고 있는 '수사학을 구사하는 대통령제'의 전통을 구축한 것은 윌슨이다. 윌슨은 대통령을 '국민의 신임을 얻은 유일한 공직'이라고 성격 규정하고, 대통령의 새로운 책임으로 국민이 막연하게 느끼는 것을 정확하게 간파하여 '진실한 이익'을 명확히 제시하는 계몽적인 역할 수행을 제시했다.[47] 다만 그는 국민을 이성적으로 설득하는 것을 목표로 했다.

1930년대 대공황이 한창일 때 프랭클린 루스벨트는 거실의 '잊혀진 사람들'에게 라디오를 통해 몸소 말을 걸고 생활이 곤궁한 민중의 마음을 파악하고 용기를 북돋았다. 루스벨트의 이러한 노변정담을 미국에서는 포 퓰리슴이라기보다는 윌슨식 사고에 가까운 설교형으로 받아들이고 있다.

이러한 변화의 중요한 배경은, 미국 대통령이 행정수장일 뿐만 아니라 국가원수이기도 하다는 점이다. 원래 미국은 건국이념으로 공화국 건설을 표방했기 때문에 군주제와 유사한 것을 꺼리는 경향이 있다. 그러나 시간이 지나 20세기가 될 무렵에는 대통령을 '국민통합의 상징'으로 간주하는 사고가 차츰 자리 잡게 되었다.

이러한 대통령제의 상징성은 각종 국가의식에 한정되지 않고 종교적인 의미까지도 띠고 있다. 그리스도교에 비유하자면 미국을 '신의 나라'로 간주하는 시민종교가 성립하고, 대통령은 그 시민종교의 성직자로서 목사, 신부, 혹은 예언자 등의 역할을 하도록 기대되고 있기 때문이다. 미국 최대의 국난인 남북전쟁 종료 직후에 암살된 링컨은 이러한 시민종교의 순교자이기도 했다.

대통령제가 상징적인 차원에서 연출되고 대통령 정치가 극장 정치화하는 경향은 대통령 후보자가 소속정당의 조직적인 지지기반 외에 유권자에게 직접 다가가는 선거운동을 전개하면서 가속화되었다. 1952년 공화당의 국제파가 당 내의 유권후보를 꺼려하여 군인 출신의 개인 조직을 중심으로 선거운동을 전개했던 것이다.

대통령이 정당의 조직 기반을 뛰어넘어 개인적인 호소로 주도권을 확립하는 '개인대통령제personal presidency'라는 성격을 굳혀가는 가운데 극장정치를 본격화시킨 사람은 1960년 대통령선거에 출마한 케네디John F. Kennedy이다. 그는 부농 출신으로 민주당 유력자인 아버지의 후원을 받아 연방 상원의원이 되었고, 민주당의 당 조직과는 별개로 개인적인 선거운동 네트워크를 만들었다. 1960년의 대통령선거에서도 해리스Harris사와 계약하여 여론조사를 활용하는 등 예비선거 단계에서부터 선거참모가 선거 전략을 완성했다.

극장정치가 말 그대로 극적 형태로 나타난 것은 민주당 케네디 후보와 공화당 닉슨 후보 간 역사상 최초로 행해진 텔레비전 토론에서였다. 닉슨은 텔레비전 방송과 어울리지 않는 화장으로 침울한 인상을 준 반면 케네디는 정치적 논의는 제쳐놓고 그의 개성과 생활방식 등으로 시청자의 주목을 받았다. '엘비스 프레슬리와 프랭클린 루스벨트의 가장 좋은 점'을 겸비하고 있다고 평가된 케네디는 성적인 매력으로 여성 유권자를 매료시켰다.[48]

또한 대통령제에서 언론은 대통령에 대한 민중의 과잉 기대를 배경삼아 정치를 마치 대통령의 모험이야기인 것처럼 보도함으로써 오락처럼 즐기는 대중문화로 몰아갔다.

극장정치는 상징적인 사건이 펼쳐지는 현실정치와는 유리된 표상의 세계이고, 보는 이가 포로가 되어버리는 자기 완결적인 세계이기도 하다. 거기에서는 등장인물과 그 연기가 관심의 대상이 되고, 정치의 본질과는 다르게 개개의 연기를 통해 상징적인 메시지가 전해져 보는 이를 이해시키거나 분개하게 한다. 그러나 대통령이 연기하는 배우와 국민은 정연하게 구별되기 때문에 국민이 들어갈 여지는 거의 없다. 민주적인 정치 참여와는 걸맞지 않은, 대중적인 기분 발산의 기회일 뿐이다.[49]

포퓰리즘의 대통령선거 진출

대통령은 항상 여론의 지지가 필요하므로 극장정치에서 높은 여론 지지를 얻기 위해 쉬운 이미지를 줄 수 있도록 간결하고 호감 받는 행동을 하려고 한다. 텔레비전은 복잡한 사정이나 문맥은 생략한 채 이야기를 알기 쉽도록 단순한 인간관계로 보도하는 경향이 있다. 따라서 텔레비전은 극장정치를 증폭시키는 하나의 매개체다.[50]

대통령 정치에서 미국 특유의 포퓰리즘을 빈번히 볼 수 있게 된 원인 중 하나는 담론이 극장정치로 기울고 있기 때문이다. 미국은 건국 이래 인민주권에 기반을 둔 공화국 존속이 국시였고, 19세기에는 민중의 정치 참여를 정당한 것이라 여기는 자유민주주의 사상이 발달했다. 이러한 사상의 창시자였던 제퍼슨, 잭슨, 링컨이라는 세 명의 위대한 대통령을 배출한 점이나 포퓰리즘의 어원이 인민당의 담론에서도 나왔다는 점도 미국 민주주의가 본류에 위치한다고 자부하게 했다.[51]

포퓰리즘 담론의 역사적인 전개를 연구한 케이진Michael Kazin은 이 담론의 공통된 구성 요소 네 가지를 예로 들었다.

첫째, 아메리카니즘Americanism은 애국주의이고 인민주권과 인간평등의 공화주의 원리를 근간으로 한다.

둘째, 공화국의 담당자인 인민의 관념으로, 농민과 직인職人, 노동자 등 생산자의 윤리와 결부되어 있다. 한편 흑인과 여성 등은 그 자체로는 포함되어 있지 않다.

셋째, 독특한 엘리트 관념으로, 엘리트를 인민을 착취하는 대상으로 파악하여 대항해야만 하는 존재로 보고 있다. 특히 은행은 불로소득의 상징이며 격렬한 증오로 둘러싸인 곳이다.

넷째, 대중운동의 궐기를 촉구하는 사명감이고 과거의 영광을 되찾아야만 하는 '성전聖戰'이라고도 자리매김하고 있다.[52]

이처럼 선악 이분법적 사고에 기초한 포퓰리슴 담론은 내용뿐만 아니라 문체도 독특하다. "격조 높음과 저속함이 혼합된 중간 수사학"이고, 미국독립에 대한 궐기를 설파한 「상식Common sense」의 저자 페인Thomas Paine의 직설함과 노예제 폐지를 호소한 「톰 아저씨의 오두막Uncle Tom's Cabin」의 저자 스토우Harriet Beecher Stowe 부인의 세밀한 감정이 결합해 있다고도 평가된다.[53] 표현과 문장의 리듬이 짜여 민중의 공감을 불러일으키기 쉽게 완성되어갔다.

미국 특유의 포퓰리스트로 대통령선거에 처음 등장한 것은 1968년 대통령 후보였던 월리스George Corley Wallace 앨라배마Alabama 주지사이다. 그는 존슨Lyndon B. Johnson 정권이 흑인 지위 향상을 위해 연방정부 주도의 '위대한 사회Great Society' 계획을 강력히 추진하자 이에 반발하며 출마했다. 인권차별을 용인하고 연방정부 개입을 강력히 규탄한 월리스는 디프사우스[54]의 다섯 개 주에서 대통령선거인단을 획득하는 한편, 인종문제에 민감하던 중서부와 대서양 연안의 중부 여러 주에서도 선전했다.

이 선거에서 승리한 것은 공화당 후보였던 닉슨이었다. 닉슨도 남부의 지지를 얻기 위해 남부전략을 전개했고, 동부의 자유주의적 저널리즘에 대항하여 '법과 질서'를 강조하며 '이야기하지 않는 다수자'의 이익 옹호를 호소하는 등 포퓰리슴 담론을 구사했다. 닉슨은 1972년의 대통령 재선에서도 압승했는데, 처음 재선 승리를 확신할 수 없었던 선거관계자가 민주당 상대 후보의 선거사무실에 침입하는 워터게이트Watergate사건을 일으켰다. 그 결과 연방 정계에 대한 심각한 불신을 가진 포퓰리스트라 불리는 후보들이 잇달아 워싱턴에 진출하는 통로가 열렸다.

사실 제2차 세계대전 후 1972년까지 아이젠하워를 제외하고 트루먼, 케네디, 존슨, 닉슨 모두 상원의원 등의 연방의원을 경험했다. 그러나 워터게이트 사건 이후 1976년 대통령선거에서 오늘날까지 부시George H. W. Bush(이하 부시 시니어)를 제외하고, 카터, 레이건, 클린턴, 부시George W. Bush(이하 부시 주니어)가 모두 주지사 출신이었다. 특히 레이건 이외의 대통령이 모두 남부 출신이라는 점도 주목할 만하다.

이렇게 닉슨 이후 포퓰리슴을 우위로 하는 대통령 정치가 계속되었는데 그 구조적인 조건을 정리하면 다음과 같다.

첫째, 대통령선거에서 후보자의 사적 조직이 중심이 되어 선거본부 역할을 하고 2년여라는 장기간에 걸친 각 당의 예비선거와 본선거를 치르면서 선거운동을 정치활동으로 전개한다. 결국 선거고문consultant과 여론조사 전문가 등으로 구성된 선거참모가 완성한 전략에 따라 선거자금 모금부터 활동가, 자원봉사자volunteer에 이르는 전국적인 네트워크를 구축하여 정당조직과는 별개로 독자적인 활동을 전개한다.

둘째, 존슨 정부의 '위대한 사회' 계획에 대한 반발로 다수당인 민주당을 지지하던 뉴딜연합이 붕괴하고, 민주당에서 탈당하는 일이 벌어지면서 무당파無黨派가 40% 가까이 증가했다. 그 결과 대통령선거에서 무당파의 지지를 어떻게 얻느냐가 선거 전략의 핵심이 되었다. 이후 득표의 열쇠가 되는 유권자층으로 대상을 좁혀 이들에게 어떤 쟁점과 정책을 보여주는 것이 가장 유효한지를 산출하기 위해 표적집단Focus group 면접법을 활용했고, 텔레비전 광고를 이용하는 선거전략이 개발되었다.

이와 같은 전략 결과 대통령 후보와 연방의원 후보를 각기 다른 정당에서 뽑는 분열투표가 1992년 대통령선거까지 20%를 넘었고, 현직의원의 우위로 구성되는 연방의회는 1994년까지 민주당이 다수당을 유지했다. 그 결과 제6차 정당제로 이행하면서 대통령은 공화당이 우위, 연방의회는 민주당이 우위인 분할정부의 상태가 지속되었다.

셋째, 현재의 대통령 정치는 포퓰리슘 담론에 좌우되는 극장정치의 성격이 강하고 미디어에 의해 이미지가 증폭되고 있다. 특히 선거전략에 텔레비전광고가 활용되면서 이러한 점이 더욱 두드러지고 있고, 네거티브 캠페인과 부엌에서 부부가 대화하는 장면의 방송광고가 투표결과를 좌우한다.

또한 포퓰리슘이 원래 사회운동에서 시작되었듯이 정치캠페인에서 민중의 공감을 일으키고 지지를 확대하기 쉬운 포퓰리슘 담론은 효과적인 수단으로 가치 있게 여겨진다.[55]

넷째, 베트남전쟁의 전비戰費 부담과 석유파동으로 1970년대 인플레이션과 실업률 증가라는 스태그플레이션stagflation을 겪으면서 미국 경제 재건이 긴급한 과제로 부상했다. 이 위기와 더불어 워터게이트사건이 발생하면서 연방정계에 대한 신뢰가 급격히 무너졌다.

다섯째, 워싱턴의 연방정계에 대한 국민들의 불신이 높아지면서 1976년 카터 대통령 이후 연방정계에는 경험이 없는 후보자가 이 점을 역이용하여 연방정계를 공격하는 포퓰리슘 담론을 구사해 대통령선거에서도 유리한 입장에 서게 되었다. 카터가 미국의 정신적인 재생을 호소하며 남부 침례교파, 즉 전국적으로 보면 남북전쟁에서 패한 지역의 특이한 교파를 버젓이 말한 것을 구실삼아 1980년에는 레이건이 정부 자체가 문제라고 주장하는 캠페인을 벌였다.

1992년 클린턴이 대통령에 당선될 수 있었던 요인 중 하나는 무소속 후보였던 페로Henry Ross Perot가 연방정부가 재정적자를 무책임하게 내버려두고 있다며 포퓰리슴의 담론에서 워싱턴 정계를 날카롭게 비판하며 전대미문의 선풍을 일으켰기 때문이다. 이 선풍의 충격을 받고 당시 역대 최고의 지지율을 기록한 부시 시니어조차 여당인 공화당의 지지층을 확보할 수 없게 되었다. 클린턴도 미국 경제의 재생을 주장하고 특히 공화당 정권이 소홀히 해온 중산층Middle Class의 이익을 지키겠다며 포퓰리슴 담론을 구사했다.

현재의 오바마 대통령도 연방 상원의원 경력은 2년이 채 못 되지만 일리노이Illinois주 상원의원 시기가 길었던 점에서 카터 이후의 대통령과 비슷한 성격의 대통령 후보였다. 또한 그도 연방정계 자체를 비난하는 캠페인을 벌인 점에서 많든 적든 포퓰리스트의 성격을 띠고 있다. 이러한 오바마 정권이 선거운동과는 다른 현재의 위기에서 어떠한 주도권을 발휘하느냐에 따라 미국뿐만 아니라 세계정세 전반에 큰 변혁을 가져올 수 있다고 하겠다.

1   Andrew J. Bacevich, *The New American Militarism : How Americans Are Seduced By War* (New York : Oxford University Press, 2005); 藤原歸一, 『デモクラシーの帝国 ― アメリカ・戦争・現代世界』(岩波書店, 2003).

2   Naill Ferguson, *Colossus : The Price of America's Empire* (New York : Penguin Press, 2004), pp. 6~7.

3   위스콘신학파(The Wisconsin school) : 20세기 전반 미국 경제에 큰 영향을 미친 위스콘신대학교의 위스콘신 학파는 미국의 조직주의(institutionalism)를 주장했으며, 노동경제학과 뉴딜정책 발전에 주요한 역할을 했다. 위스콘신학파의 대표적인 인물은 엘리(Richard T. Ely)와 그의 제자 커먼스(John R. Commons)가 있다.(역자 주)

4   Max Boot, *The Savage Wars of Peace : Small Wars and the Rise of American Power* (New York : Basic Books, 2002); 松尾文夫, 「ブッシュ政權と新帝國主義者の臺頭 ― 傳統的保守派との「綱引き」」, 『國際問題』 2003年 2月號, pp. 2~17.

5   신보수주의자(Neo-conservative) : 1960년대 미국 정치운동의 일환으로 생겨나 2000년대까지 역대 공화당 정부 시절 많은 지지층이 생겼다. 부시 주니어 정권에서는 이들이 이라크전쟁에 주도적인 역할을 했다.(역자 주)

6   Mark Danner, "'The Secret Way to War' : An Exchange," *The New York Review of Books* (June 9, 2005), p. 73.

7   Ferguson, op. cit; John Gray, "The Mirage of Empire," *The New York Review of Books* (January 12, 2006), pp. 4~8.

8   ウォラースティンがアメリカ自体を論じたものとして(丸山勝譯), 『ポスト・アメリカ ― 世界システムにおける地政學と地政文化』(藤原書店, 1991).

9   Robert Gilpin, *War and Change in World Politics* (New York : Cambridge University Press, 1981).

10 ウルリッヒ・ベック, アンソニー・ギデンズ, スコット・ラッシュ(松尾精文・小幡正敏・叶堂隆三譯), 『再歸的近代化 ― 近現代における政治, 伝統, 美的原理』(而立書房, 1997); マーティン・オルブロウ(曾田彰・佐藤康行譯), 『グローバル化の社会学 ― グローバリズムの誤診 ― グローバル化への應答』(國文社, 2005).

11 アメリカ人のアイデンティティについては, ジョン・ハイアム(齋藤眞・阿部齊・古矢旬譯), 『自由の女神のもとへ ― 移民とエスニシティ』(平凡社, 1994).

12 브레턴우즈체제 : 미국 달러를 기축통화로 삼고 고정환율제를 골격으로 하는 제2차 세계 대전 이후의 국제 금융질서를 말한다. 미국 달러만이 금과 일정한 비율로 바꿀 수 있고, 각국 통화가치는 미국 달러와 비율을 정하는 체제다.(역자 주)

13 공포의 균형 : 상대에게 치명적인 피해를 줄 수 있는 무기체계를 보유함으로써 양국이 공 포라는 심리적 부담감 때문에 전쟁 등을 상호 억제하는 국제관계를 의미한다.(역자 주)

14 아메리칸 드림 : 가난한 나라에서 미국으로 건너와 이민자 사회의 일원이 되어 열심히 일 해 단란한 가정을 이루고 아이들을 잘 양육해서 사회의 일군으로 내보낸 뒤 은퇴해 안정 되게 살다가 생을 마감한다는 믿음과 꿈이다.(역자 주)

15 Dominic Lieven, *Empire : The Russian Empire and its Rivals* (New Haven : Yale University Press, 2000).

16 Charles S. Maier, *Among Empires : American Ascendancy and Predecessors* (Cambridge, MA : Harvard University Press, 2006); 山本吉宣, 『帝國の國際政治學 ― 冷 戰後の國際システムとアメリカ』(東信堂, 2006).

17 五十嵐武士·福井憲彦, 『アメリカとフランスの革命』(中公文庫, 2008), pp. 172~180.

18 잭슨 민주주의(Jacksonian Democracy) : 잭슨 대통령과 그의 지지자들이 실천한 평등주 의 정치사상을 의미한다. 미국은 잭슨의 임기 동안 여러 가지 변화를 겪었는데, 의회의 권한이 축소되고 대통령과 행정부의 권한이 대폭 강화되었다. 그리고 그동안 지주에게만 허락되었던 선거권이 모든 백인 남성에게 부여되는 등 대중의 권한이 크게 신장되었으 며, 정부 활동에 대한 시민의 참여폭도 넓어졌다.(역자 주)

19 엽관제(獵官制, spoils system) : 공무원의 임면 및 승진을 당파적 정실에 의하여 행하는 정치관습에서 나온 제도로, 능력과 성적체제에 반대되는 개념이다. 정권을 획득한 정당 이 관직을 분배하는 정치적 관행에서 발생한 것으로서, 이러한 관행은 정당정치가 발달 한 영·미에서 시작되었고, 특히 19세기 초 미국에서 성행했다. 이 제도로 인해 행정 능률 저하, 행정 질서 교란 등의 폐단이 발생했고, 이러한 폐단을 제거하기 위해 공개 경쟁채 용 및 성적제가 대두했다.(역자 주)

20 서진운동(西進運動) : 독립 초기 미국의 영토는 13개 주 및 미시시피강에 이르는 지역에 불과했다. 이후 유럽의 이민자 유입, 산업혁명으로 영토 확장이 시작되었다. 프랑스로 부터 루이지애나를 구입하고 영국으로부터는 애팔라치아산맥과 미시시피강 사이의 땅 을 양도받으면서 국경이 서쪽으로 확대되었다. 그리고 19세기 중반에 이르자 현재와 같 이 서쪽으로는 캘리포니아주, 남쪽으로는 플로리다반도와 텍사스까지 영토가 확장되었 다.(역자 주)

21 Bernard Porter, *Empire and Superempire : Britain, America and the World* (New Haven : Yale University Press, 2006), pp. 7, 80.

22 브라운판결 : 미국 캔자스주 토피카에 살고 있던 여덟 살 흑인 소녀 린다 브라운은 집에서 가까운 백인들만이 다니는 섬너초등학교로 전학을 신청했으나 피부색이 다르다는 이유로 교장이 이를 거절했다. 그래서 본인의 집에서 가까운 학교를 놔두고 1마일이나 떨어진 흑 인들만 다니는 학교를 매일 걸어서 가야했다. 이에 대해 린다 아버지 올리브 브라운은 그

가 살고 있던 '토피카 교육위원회'를 상대로 소송을 제기했다. 1954년 5월 17일 대법원이 '공립학교의 인종 차별은 위헌'이라는 결정을 내려 3년 간의 긴 소송은 끝을 맺게 된다. 이 사건은 결국 연방대법원에까지 올라갔는데, 아무리 평등한 시설과 교육을 제공한다고 해도 인종을 분리시켜서 운영한다는 것 자체가 인종을 차별한다는 것이다.(역자 주)

23 짐 크로 법(Jim Crow Laws) : 1876년부터 1965년까지 시행됐던 미국의 주법이다. 이 법으로 인해 흑인들은 백인들보다 경제적 후원, 주거지 등에서 열등한 대우를 받았으며, 경제·교육·사회 등에서 불평등을 낳았다. 특히 공립학교, 공공장소, 대중교통에서의 인종 분리, 화장실·식당·식수대에서의 백인과 흑인 격리 등이 있다. 심지어는 군대에서도 백인과 흑인은 분리됐다. 그러나 이 법은 1954년 연방대법원에서 공립학교에서의 차별은 위헌이라는 판결을 내린 브라운판결로 폐지가 가속화되어 1964년 시민권법과 1965년 선거권법으로 인해 효력을 상실했다.(역자 주)

24 Alan Elsner, *Gates of Injustice : The Crisis in America's Prison* (Upper Saddle River, NJ : Prentice Hall, 2004), p. 14 ; "Report : 1 percent of US adults behind bars," (28 February, 2008, CNN.com/crime, http://edition.cnn.com/2008/CRIME/02/2008/prison.population.ap/index.html, 2008. 2. 9. 검색.

25 고립주의 : 외교정책에서 미국이 독립 이후 취한 외교정책의 근간을 지칭한다. 고립주의는 영국과의 독립전쟁에서 승리한 후 유럽 강대국이 아메리카대륙에 미치는 영향력을 최소화하고 아메리카대륙을 미국의 세력권으로 확보하기 위한 전략의 일환으로 나왔다. 따라서 미국은 유럽문제에 관여하지 않는 대신에, 유럽은 미국의 세력권에 개입하지 말라는 뜻이 내포되어 있다.(역자 주)

26 David Reynolds, "Expansion and Integration : Reflections on the History of America's Approach to Globalization," Bruce Mazlish et al. eds., *The Paradox of a Global USA* (Stanford : Stanford University Press, 2007), pp. 49~63.

27 五十嵐武士, 「アメリカ型「國家」の形成」, 『覇權國アメリカの再編 — 冷戰後の變革と政治的傳統』(東京大學出版會, 2001), pp. 229~273.

28 Joseph S. Nye, Jr., *Soft Power : The Means to Sucess in World Politics* (New York : Public Affairs, 2004) ; 山岡洋一譯, 『ソフト·パワー —— 二一世紀國際政治を制する見えざる力』(日本經濟新聞社, 2004).

29 デーヴィッド·A·ハウンシェル, 和田一夫·金井光太郎·藤原道夫譯, 『アメリカン·システムから大量生産へ1800-1932』(名古屋大學出版會, 1998), pp. 37~39.

30 アルフレッド·D·チャンドラー, Jr., 鳥羽欽一郎·小林裟婆治 譯, 『經營者の時代 —— アメリカ産業における近代企業の成立』上(東洋經濟新聞社, [1979]1995), pp. 151~210.

31 秋元英一, 『アメリカ経済の歷史1492-1993』(東京大學出版會, 1995), pp. 148~170.

32 Richard Hofstadter, *Social Darwinism in American Thought* (Boston : Beacon Press, [1944]1955), p. 10 ; 後藤昭次 譯, 『アメリカの社會進化思想』(研究社叢書, 1973).

33 Olivier Zunz, *Why the American Century?* (Chicago : The University of Chicago Press, 1998), pp. 32 ; Richard Hofstadter, *Social Darwinism in American Thought*

(Boston : Beacon Press, [1944]1955), p. 10; 後藤昭次 譯, 『アメリカの社會進化思想』(硏究社叢書, 1973); 有賀貞·西崎文子 譯, 『アメリカの世紀 — それはいかにして創られたか?』(刀水書房, 2005), pp. 52~59.

34 Victoria de Grazia, *Irresistible Empire : America's Advance through 20th Century Europe* (Cambridge, MA : Harvard University Press, 2005).

35 다이쇼 데모크라시 : 1911년부터 1925년까지로, 중국의 신해혁명 발발에서 치안유지법 시행 이전까지 일본에서 정치·사회·문화 각 방면에서 일어난 일련의 민주주의, 자유주의적인 운동을 통틀어 말한다.(역자 주)

36 Michael Hardt and Antonio Negri, *Empire* (Cambridge, MA : Harvard University Press, 2000), p. 6; (水嶋一憲·酒井隆史·浜邦彦·吉田俊實譯), 『帝國 — グローバル化の世界秩序とマルチチュードの可能性』(以文社, 2003), pp. 6~7.

37 帝國等の概念については, 山本, 앞의 책, p. 150.

38 레이거노믹스(Reaganomics) : 는 미국 대통령 레이건이 1981년부터 1989년까지 임기 동안 수행한 시장 중심적 경제정책 혹은 이와 유사한 정책을 가리킨다. 라디오 진행자 하비(P. Harvey)가 레이건(Reagan)과 이코노믹스(economics, 경제학)를 합쳐서 만든 말이다. 레이거노믹스의 중심 내용은 ① 정부 지출 축소, ② 노동과 자본에 대한 소득세 한계 세율 인하, ③ 정부 규제 축소, ④ 인플레이션 감소를 위한 화폐 공급량 조절, 즉 세금을 낮추고 국내 지출을 줄였다는 점에서 레이건의 경제정책은 전임자들과 큰 차이를 보였다.(역자 주)

39 Jacob S. Hacker, *The Divided Welfare State : The Battle over Public and Social Benefits in the United States* (New York : Cambridge University Press, 2002).

40 John G. Ruggie, *Winning the Peace; America and World Order in the New Era* (New York : Cambridge University Press, 1996), pp. 35~38; (小野塚佳光·前田幸男 譯), 『平和を勝ち取る―アメリカはどのように戰後秩序を築いたか』(岩波書店, 2009), pp. 59~62.

41 Daniel H. Nexon and Thomas Wright, "What's at Stake in the American Empire Debate," *American Political Science Review*, Vol. 101 No. 2 (February 2007), pp. 253~271.

42 포퓰리즘(populism) : 이데올로기 혹은 정치철학으로써 '대중'과 '엘리트'를 동등하게 놓고 정치 및 사회체제의 변화를 주장하는 수사법, 또는 그런 변화를 말한다. 포퓰리즘은 라틴어 '포퓰루스(populus)'에서 유래했는데, 이는 '대중', '민중'이라는 뜻이다.(역자 주)

43 Ralph Reed, *Active Faith : How Christians are Changing the Soul of American Political* (New York : Free Press, 1996), pp. 122~123; Justin Watson, *The Christian Coalition : Dreams of Restoration*, Demands for Recognition (New York : St. Martin's Griffin, 1997).

44 매카시즘(McCarthyism) : 1950~1954년 미국을 휩쓴 일련의 반공산주의 선풍으로, 위스콘신주 출신의 공화당 상원의원인 매카시의 이름에서 나온 말이다. 1950년 2월 "국무성 안에는 205명의 공산주의자가 있다"는 매카시의 연설이 발단이 되었다. 1949년 이래 수

년 동안 매카시가 상원의 비미(非美)활동특별조사위원회를 무대로 하여 행한 공산주의자 적발 추방의 선풍을 의미하는 것이지만, 제2차 세계대전 후 냉전이 심각해지던 상황에서 전통적인 미국 자본의 시장이던 중국 공산화와 연이은 한국전쟁 등 공산세력의 급격한 팽창에 위협을 느낀 미국 국민으로부터 광범위한 지지를 받았다.(역자 주)

45 Colleen Shogan, "Anti-Intellectualism in the Modern Presidency : A Republican Populism," *Perspectives on Politics*, Vol. 5 No. 288 (June 2007), pp. 295~303.

46 Jeffrey K. Tulis, *The Rhetorical Presidency* (Princeton, NJ : Princeton University Press, 1987), pp. 111~112. Th・ロズヴェルトは、ポピュウリストの代表的な政治家と評されるウィリアム・J・ブライアンなどを社会を混乱させるデマゴーグとみなして、それに対抗するための手段としてのみ、国民に直接アッピールすることを正當化したのであった。

47 Ibid., pp. 121, 125, 128~129.

48 James Macgregor Burns, *Running Alone : Presidential Leadership/JFK to BUSH II* (New York : Basic Books, 2006), pp. 23, 40~41.

49 Bruce Miroff, "The Presidential Spectacle," Michael Nelson, ed., *The Presidency and Political System*, Seventh Edition (Washington, DC : CQ Press, 2003), pp. 279~280.

50 Ibid., p. 301.

51 Michael Kazin, *The Populist Persuasion : An American History* (New York : Basic Books, 1995), p. 17.

52 Ibid., pp. 12~16.

53 Ibid., p. 11; Kenneth Cmiel, *Democratic Eloquence : The Fight over Popular Speech in Nineteenth Century America* (Berkeley : University of California Press, 1990), pp. 12~13.

54 디프사우스(Deep South) : 미국 최남동부 지역(특히 조지아, 앨라배마, 미시시피, 루이지애나, 사우스캐롤라이나 주)(역자 주)

55 Mark Halperin and John F. Harris, *The Way to Win : Taking the White House in 2008* (New York : Random House, 2006).

제2장

태평양세계의 형성과
동아시아의 민주화

1절

태평양세계의 형성

미국의 국가적 변용

냉전기에는 동서대립으로 세계가 양분되었다면, 냉전 후에는 세계 지역마다 국제정세가 다르기는 하지만 유럽연합EU을 창설해 통합을 본격화한 유럽이나 여타 지역이 왜 각기 다른 전개를 보이는 것일까. 그 이유는 냉전기 동서대립이 정치·경제체제를 둘러싼 이데올로기 차이를 기본적 대립축으로 했기 때문이다. 그러한 의미에서 비역사적 성격이 강하다고 할 수 있다. 냉전 후 세계를 나누던 동서대립이 사라지면서 국제관계는 각 지역의 독자적 역사, 민족, 종교 등을 배경으로 한 다양한 쟁점이 생겨나고 있다. 헌팅턴Samuel P. Huntington의 「문명의 충돌The Clash of Civilizations and the Remaking of World Order」론이 큰 반향을 일으킨 것도 국제정치학적 관점에서 볼 때 이러한 현상을 재빠르게 포착했기 때문이다.

그러나 유럽의 예는 이와 달리 냉전하에서 각 지역이 어떻게 서로 다른 국가관계를 발전시켰는가를 재확인시켜주는 것이라 하겠다. 유럽연합 창설이나 북대서양조약기구NATO의 동유럽 확대도 냉전 종결과 함께 하루 아침에 이루어진 것이 아니다. 이미 1951년 유럽석탄철강공동체ECSC가 창설되었고, 이후 75년간 세 번이나 전쟁을 치른 프랑스와 독일이 역사적인 적대관계를 청산하고 통합을 위한 실적을 40년 이상 쌓아온 것이다.

동북아시아 및 동남아시아(이하 동아시아로 통합 사용)지역도 냉전 후 유럽을 모델로 한 지역안전보장체제 구축이 중요 관심사가 되었다. 동아시아, 유럽, 북미, 캐나다를 포함한 지역을 태평양세계로, 유럽과 북미·캐나다를 대서양세계라 부르기로 한다. 태평양세계를 대서양세계와 비교하면 다음과 같은 특징이 있다. 먼저 지리적으로 대서양세계는 대서양을 끼고 확대되어 북반구에 한정되지만, 태평양세계는 태평양이 대서양보다도 클 뿐만 아니라 남반구까지 확대되어 해당 지역의 면적이 상당히 넓다.

게다가 민족이나 종교적으로 보았을 때 터키를 제외한 대서양세계의 국가는 모두 그리스도교권 내에 속하지만 태평양세계는 불교, 유교, 이슬람교 등을 포함해 매우 다양하다. 또한 정치·경제 면에서 대서양세계는 민주주의체제의 선진국이 대부분인 데 비해 태평양세계는 사회주의 국가도 있고 경제발전단계도 차이가 있다. 안전보장 면에서 대서양세계는 북대서양조약기구를 비롯해 유럽안보협력기구OSCE라는 전 지역을 대상으로 하는 국제기구가 중심인 데 비해 태평양세계는 미국과의 양자 간 동맹 이외에 동남아시아국가연합ASEAN, 아세안지역안보포럼ARF, 아시아·태평양경제협력체APEC 등이 중심이다.

냉전 후에도 남북한이나 중국-대만 사이에 심각한 대립이 계속되고 있는 것에서 태평양지역 국제관계는 대서양지역과 비교하면 매우 불안정하다. 2002년 부시 대통령이 연두교서에서 지명하면서 비판한 '악의 축'에 북한이 포함되었는데 이것은 부정할 수 없는 사실이다. 또한 필리핀, 인도네시아, 말레이시아 등에는 미국이 경계하는 국제테러리스트나 게릴라들이 활동하고 있다.

그렇지만 여타 지역 즉 중동, 인도와 파키스탄이 대립하고 있는 동남아시아, 내전이 빈번한 아프리카 등과 비교하면 태평양세계는 상대적으로 안정적이라고 말할 수 있다. 그 이유는 냉전 후 안정을 찾은 대서양세계가 1970년부터 1990년대까지 겪은 변화와 비교해 보면 태평양세계는 냉전 후 커다란 변화를 경험했지만 이는 상대적인 안정을 획득했기 때문이라고 말할 수 있다.

1970년의 태평양세계는 아직 현재와 같은 지역적인 통합이 성립되지 않았다. 베트남전쟁이 계속되었고, 미국과 중국의 관계도 소원했다. 일본만 보더라도 1965년에 한국과 국교를 정상화했지만 중·일관계는 비공식적인 민간교류에만 한정되어 있었다.

그러나 이처럼 분열되었던 국제관계도 독일에서 이민을 온 유대계 키신저Henry A. Kissinger 대통령보좌관 겸 미국국가안전보장회의 사무국장이 1971년 7월 비밀리에 북경을 방문하면서 극적으로 변화했다. 닉슨 정권 하에서 미국은 베트남전쟁을 종결시키고 중국과 국교회복을 위한 발판을 만드는 동시에 소련과도 1970년대 긴장을 완화했다. 이렇게 동아시아는 유럽보다 먼저 긴장완화에 들어섰다.

이후 오늘날까지 동아시아의 국제정세에서 눈에 띄는 것은 공식적인 국제관계 변화뿐만 아니라 이와 궤를 같이하면서 그 이상으로 경제발전과 민주화를 이루었다는 것이다. 그리고 지역적인 통합도 착실하게 수행해 나갔다. 이러한 진전이 1980년대 신냉전이 다시 도래하면서 긴장감이 높아졌지만, 현재의 지역적 안정의 기초를 구축했다고 할 수 있다. 1절에서 태평양세계의 구조라는 것은 국제관계의 형태를 말하는 것으로, 이처럼 분열되었던 국제관계가 긴밀해지고 지역적인 통합을 이루게 된 것은 구조적 변동이라고 할 수 있다.

본 절에서는 동아시아의 경제발전과 민주화운동이 어떻게 진전되었는가를 다음과 같은 관점에서 밝히고자 한다. 다시 말해 경제발전이나 민주화를 가속화한 주요 요건으로 동아시아 국가 내부의 자생적 발전은 물론이고, 이 지역의 사람, 물자, 자본, 정보, 사상 등 사회적 소통의 증대, 즉 글로벌적 관점에서 동아시아 국가들과 미국의 공식적인 국제관계나 그외의 초국가적인 현상이 어떠한 역할을 했는지에 초점을 맞추려고 한다.

그것은 미국과의 관계가 자기완결적인 국가와 국가라는 일반적으로 상정한 국제관계를 훨씬 넘어 국제관계 자체를 뒤흔드는 상호의존이라고 할 수 있듯이 미국과 동아시아 국가들 사이를 깊게 연결시키는 것만은 아니었다. 그와 함께 동아시아 국가들 내부에도 깊게 침투해 가는 영향력을 동반하면서도 동아시아 국가들의 내외관계에 구조적인 변동을 가져온 것이다.

동아시아 국가들의 경제발전은 그 전형적인 예이기는 하지만, 태평양세계 형성의 수반현상으로서 1980년대 중반 이후에 달성된 필리핀, 한국, 대만 3개국의 민주화가 미국과의 정부 간 관계나 초국가적 관계에서 매개적인 역할을 했다. 다시 말해서 미국은 패권국이나 초강대국으로서 국제정세 동향을 좌우하는 주도권을 발휘했을 뿐만 아니라 그러한 구조적인 변동 발원지이기도 한 자기장磁氣場과 같은 역할을 담당했다.

이 중에서 민주화와 관련해 유의해야 하는 것은 미국에서 세계제국의 경향이 나타났지만, 그것이 군사력이나 경제력만을 기반으로 해서 된 것은 아니라는 점이다. 앞으로 살펴보겠지만 미국은 자기장에 비유될만한 유연한 존재감 속에서도 국제정세의 판도를 결정할 수 있는 영향력이 있다. 실제 이 점이야말로 국제질서 구축을 추진하는 패권국 미국에 독특한 성격이 존재한다는 것을 보여주는 것이다.

이것을 이라크전쟁에 비유해 간단하게 살펴보겠다. 부시 정권은 당초 이라크가 유엔의 대량살상무기 사찰을 방해한다는 이유로 전쟁을 개시했는데, 결과적으로는 전쟁목적을 확대하여 이라크 민주화를 내걸었고, 나아가 이를 통해 중동지역의 안정화를 실현할 수 있다고까지 주장했다. 이 주장은 클린턴 정권의 '민주주의 확대' 방침을 계승한 측면이 있었다. 그러나 수단적 측면에서 보면, 클린턴 정권이 각종 원조를 했던 것과는 달리 이라크라는 강한 국가를 상대로 무력행사도 서슴지 않았다는 점에서 달랐다.

필리핀, 한국, 대만 3개국의 민주화는 이라크의 경우와 달리 미국의 무력행사로 실현된 것이 아니다. 그러한 의미에서 미국과 이들 3개국의 관계는 세계제국이라는 말로 연상되는 '공식적인' 것이 아니라, 국제적이면서 사회적인 소통의 비중이 높은 '비공식적인' 성격이 강하다. 게다가 민주화 경험이 적은 한국이나 대만이 민주화를 달성할 수 있었던 원인은 무엇이었는지 다른 각도에서 살펴볼 필요가 있다.

게다가 양국의 민주화가 실현된 1980년대 중반은 미·소대립이 다시 격해진 신냉전의 전성기를 지나고는 있었지만 여전히 국제적인 긴장감이 높았던 시기였다. 그러한 국제정세에서는 민주화보다도 군사적인 동맹관계가 더 중시되는 것이 일반적이었다. 따라서 국제정세가 유리하지 않았음에도 어떻게 민주화를 실현할 수 있었는가를 살펴보지 않으면 안 될 것이다.

종래 연구에서는 각 나라가 가진 민주화의 내부 발전적 조건이 중시되었고, 이 책도 그러한 의견에 이의를 제기하는 것은 아니다. 1980년대 중반 한국이나 대만은 제2차 세계대전 후의 일본이나 서독 이상으로 민주화를 위한 조건이 성숙해있었다. 그러나 문제는 그것만으로 실현되었다고 볼 수는 없다는 점이다. 한국과 대만은 일본이나 독일처럼 점령정책으로 민주개혁이 단행된 것이 아니어서 말 그대로 외국이 국가에 조직적으로 개입한 것이 아니다. 그러나 본 장에서 살펴보듯이 한국이나 대만도 내부의 발전을 저해하는 조건을 제거하거나 완화하는 외부세력이나 국제관계가 촉매작용을 했다. 그 점을 명확하게 하기 위해 같은 시기의 필리핀혁명과 비교하면서 위와 같은 관점에서 고찰해 보겠다.

본 장에서는 필리핀, 한국, 대만 3개국의 민주화 달성이 가능할 수 있었던 것은 내부 발전 조건과 함께 미국, 캐나다와 동아시아 국가들이 형성한 태평양세계의 다국적 정치공간이 성립했기 때문이다. 그리고 이 점에 관해서는 다음과 같은 순서로 검토하고자 한다. 먼저 1절에서는 태평양세계 형성을 촉진한 주요한 조건으로서 동아시아 국가들과 미국 간의 사회적 소통 증대에 착안하여, 미국의 국가적 변용이 정부 간 관계나 초국가적 현상을 진흥시키기 위해 어떠한 역할을 했는지를 고찰하고자 한다. 2절에서는 이러한 태평양세계에 조성된 다국적 정치공간이 필리핀, 한국, 대만 3개국의 민주화에 어떠한 작용을 했는지를 검토하고자 한다.

미국이 태평양세계의 형성을 촉진할 수 있었던 것은 다른 나라와는 달리 시대의 변화에 맞춰 국가 양상을 대담하게 변형시킨 역동적인 성격을 갖고 있었기 때문이다. 제1장 1절에서 고찰한 것처럼 미국이라는 국가의 성격은 다음과 같은 여섯 가지로 이루어졌다. 첫째 공화국, 둘째 세계 최대의 경제 대국, 셋째 '내부의 제국', 넷째 현대문명의 발신지, 다섯째 국제적 초강대국 혹은 패권국, 그리고 마지막이 본 장에서 주목하는 초국가적인 국가이다.

이러한 초국가적인 성격은 미국이 패권국이라는 것과 함께 글로벌화를 발전시키는 가장 기본적인 요소이며, 식민지시대 이래 대량의 이민이 자발적으로 혹은 강제적으로 흘러들어 온 미국의 전통이기도 하다. 본 장에서 살펴보듯 초국가적인 성격은 1970년대 이후 동아시아와의 관계로도 확대 심화했고[1] 태평양세계 형성과 발전을 촉진하는 자기장으로 작동했다.

미국의 경우 초국가적인 성격이 국적이라는 국민국가의 근간을 이루는 요소에서도 독특한 형태로 나타났다. 미국은 국적 취득 조건으로 속지주의를 채택하고 있다. 즉 미국에서 태어나면 외국인이라 하더라도 국적을 인정받아 이중국적을 가지고 있다가, 성인이 되었을 때 국적을 선택할 수가 있다. 이것은 불법이민인 경우도 마찬가지이며 미국에서 태어난 자녀는 모두 미국국적을 취득할 수 있다.

게다가 특이한 점은 이민자 출신국의 조치이다. 카리브해 주변 국가에서 이민 온 경우는 지리적으로도 가깝다는 이유로 출신국과 미국에서 이중생활을 하는 경우가 적지 않고, 출신국에서도 이중국적을 인정하는 경우가 많다.[2] 동아시아 국가들과의 관련성에서도 1990년대에는 한국계나 필리핀계 미국인이 출신국에 이중국적 인정을 요구하는 운동을 일으키기도 했다.

미국의 이러한 여섯 가지 국가 성격은 상호 간에 긴장감을 가지면서도 상호보완적으로 작용하여 시대에 따라 관계구조가 변화하는 한편, 세계

각 지역과의 관계에서도 반드시 동일하지 않다. 따라서 각 시대와 지역별로 구체적으로 검토해야 한다. 본 장에서는 주로 1970년대에서 1990년대까지 동아시아 관계에서 어떠한 양상이 나타나고 있었는가를 살펴보기로 한다.

동아시아 정책의 전개

제2차 세계대전에 참전한 미국이 전후 세계평화를 실현하기 위해 국제질서를 수립하려고 패권국으로서 나선 것은 이미 기술했다.

그러나 전후 얼마되지 않아 1947년 트루먼독트린을 선언하고, 소련 등 사회주의 세력과 정면으로 대결하는 냉전 상황을 만들어 뉴딜형태에서 냉전형태로 패권형태가 변했다. 이는 소련에 대항하는 냉전 형태의 초강대국이라는 성격을 심화시켰다. 북대서양조약기구나 미·일안보체제 등과 같은 동맹망 형성으로 미국은 서방진영의 핵심이었고, 일본이나 서독 등에 군대를 계속 주둔시켰다. 그리고 오키나와 미군기지를 비롯하여 해외에 많은 군사기지를 보유하게 되었다. 이는 미국이 군사제국이 되었음을 뜻한다. 이후 미국은 동아시아와 관련하여 1950년 한국전쟁이 발발하자 한국뿐만 아니라 대만이나 인도차이나 문제에 더욱 깊이 개입했고, 1960년대에는 베트남전쟁에까지 참여하게 되었다.

냉전 중에도 미국이 국제질서를 형성하는 패권국 성격을 유지할 수 있었던 것은 공산진영에 대항하여 서방진영의 결속을 꾀하기 위해 마셜플랜이나 대일경제원조 등을 실시하여 경제부흥을 적극 지원했기 때문이다. 전

후 초경제대국으로 등장한 미국은 경제지원을 통해 자금원조뿐 아니라 기술이전, 국내시장 개방 등을 동시에 진행하여 국제 자본주의 경제 재건을 도왔다. 그러한 의미에서 미국은 서방진영에 한정되기는 했지만 국제질서를 구축하는 패권국의 역할을 담당하고 있었다.

동아시아에 대해서는 그 연장선상에서 경제권을 재편하는 구상으로 이어졌다. 그 구상은 일본의 공업생산력과 동남아시아의 자원·시장을 연결하여 자립경제권으로 재편하는 것이었다. 그러나 일본이나 동남아시아 국가의 경제력이 이러한 구상을 지탱할만한 수준에 이르지 못했기 때문에 일본은 오히려 미국과의 관계를 중시했다. 게다가 다워John W. Dower가 지적한 것처럼 이 구상은 경제적 측면과 아울러 안전보장 측면에서도 동아시아 반공정책의 거점을 일본으로 삼는 도미노게임에서 슈퍼도미노로 간주했다. 미국은 동남아시아 국가의 공산화가 일본의 공산화로 연결될지 모른다는 위험성을 경계하면서 동남아시아 국가의 공산화를 막기 위해 개입하는 것이 정당하다는 이른바 도미노이론을 전제로 동아시아정책을 전개했다. 이는 미국이 베트남전쟁에 개입하는 논리적 근거가 된 것은 두말할 필요조차 없다.[3]

그 후 1960년대에 들어서자 달러의 해외유출을 걱정한 케네디 정권은 브레턴우즈체제를 출범하여 미국 달러에 기준을 둔 금본위제를 마련하고 달러 방어라는 이름으로 자본유출 규제를 단행했다. 이리하여 재정적으로 여유가 없어진 미국 정부는 이 이후 일본이 동아시아 지역의 경제발전에 공헌하기를 이전보다 훨씬 기대하게 되었다. 그 일환으로 한·일 양국의 국교정상화를 부추기고 1965년 한·일기본조약 체결도 중재했다.[4]

1970년대 미국과 동아시아 국가 간 관계를 보면 유럽에서 긴장완화가 먼저 시작되었지만, 1980년대 소련이 오호츠크해에 탄도미사일잠수함 SSBN을 배치하면서 신냉전에 돌입했다. 이처럼 안전보장이 여전히 중대한 문제로 남아있기는 했지만, 1970년대 이후 새로운 분야나 차원이 생겨나면서 다층적인 관계가 형성되었다. 먼저 안전보장 문제를 보면, 1970년대 중요 관심의 표적이 된 것은 베트남전쟁이다. 그러나 닉슨 정권은 이미 베트남에서 철수방침을 세웠고, 닉슨독트린 아래 동아시아에서의 군사적 계획 그 자체를 재고하는 방침으로 급속하게 전환했다.

이러한 미군 축소는 동아시아 국가의 안전보장에 대한 미국의 공약 변화를 의미했다. 일본은 새로운 정세에 맞추어 1978년 미·일방위협력지침(가이드라인)을 채택했다. 그다음 해 소련이 아프가니스탄을 침공하면서 긴장완화는 깨졌고, 1980년 1월 미국의 방위선을 페르시아만까지 연장한다는 카터독트린을 선언함으로써 신냉전이 시작되었다. 일본은 이에 편승하여 기존의 방침에서 전환하여 방위역할도 분담하겠다고 한 것이다.

한국이나 대만은 긴장완화가 도래했다 하더라도 국제적인 긴장이 완화된 것은 아니었고 미국의 공약은 여전히 사활을 건 문제로 받아들여졌다. 그러한 와중에 1976년 미국 대통령선거에서 주한미군의 전면 철수를 공약으로 내건 카터가 당선되자 박정희 정권은 궁지에 몰렸다. 한국이 이 고민에서 벗어나게 된 것은 초강대국으로서 소련에 대한 강경책을 내놓고 신냉전을 강력하게 추진한 레이건 정권이 1981년 들어서자 한국도 신냉전시대의 동맹국으로 중요시되기 시작했기 때문이다. 그러나 이때는 박정희 정권이 이미 붕괴하고 전두환 정권이 탄생할 때였다.

대만은 어떤 의미에서는 더 심각했다. 1971년 유엔총회에서 중국대표권문제를 둘러싼 결의문이 채택되어 중국은 안전보장이사회 상임이사국 자격을 얻은 반면, 대만은 국제연합회원국 자격을 박탈당했다. 게다가 같은 해 미국과 중국의 접촉이 실현되면서, 1978년에는 일본이, 그리고 1979년에는 미국이 연이어 중국과 공식적으로 국교를 정상화했다. 따라서 대만은 이들 두 나라와의 국교도 상실했다. 이리하여 대만은 말 그대로 국가 존망의 위기에 처했다. 그러나 카터 정권이 내건 중국과의 국교 정상화 방침이 중국의 전략적 가치만을 중시하고 대만의 안전보장을 중시하지 않을 것을 걱정한 연방의회가 1979년 초당파적으로 미국이 대만 방위에 관여하는 대만관계법[5]을 제정했다.

그러나 이것으로 대만의 위기감이 해소된 것은 결코 아니었으나, 레이건 대통령이 동맹국을 배신하지 않겠다는 강력한 방침을 세운 뒤에야 겨우 안도했다. 레이건 정권은 이전 정권과는 달리 중국의 전략적 가치를 과대평가하지 않았고 중국의 반대에도 대만에 무기 수출을 지속했다. 또한 중국이 홍콩처럼 대만에도 '1국 2체제'를 적용하려고 한 것도 용인하지 않았다.[6]

반면 동아시아 국가 중 타이에서는 1973년 학생들이 봉기하여 군사정권을 붕괴시켰고, 새롭게 등장한 문민정권이 중국 및 북베트남과의 관계 개선 방침을 취하자 미국은 1년 이내에 군대를 철수시킨다는 것에 동의했다. 그리고 1975년 사이공이 함락되고 미국이 패하면서 베트남전쟁은 종결되었다. 1975년 이후 필리핀을 제외한 동남아시아에는 더 이상 미군이 주둔하지 않게 되었다. 미국이 타이에 다시 군사적으로 관여한 것은 1978년 베트남이 캄보디아를 공격하고, 다음 해 중국이 그 보복조치로 베트남을 공격하여 캄보디아내전이 혼란에 빠져들었기 때문이다.

1970년대 미국과 동아시아 국가의 관계는 안전보장 이외의 분야에서도 새로운 전개를 보였다. 특히 태평양세계 형성과 관련하여 주목되는 것은 세계 제2의 경제대국으로 약진한 일본과 미국 사이에 무역마찰이 발생한 일이다. 이 문제는 섬유에 이어 가전제품, 철강, 자동차, 반도체 문제로 전개되었다. 게다가 미국 경제는 제1, 2차 석유파동의 직격탄을 맞아 침체에 빠지지만 일본 경제가 순조로운 신장을 보이자 미국에 대한 '위협'으로 간주했다. 1979년 보겔Ezra Feivel Vogel이 「세계 제일 일본Japan As Number One」을 발간하여 일본 경제를 칭송한 것은 순간이었고, 1980년대에 들어서면 미국에서는 '앵글로아메리카형 자본주의'라는 '이질적'인 국가주도형 자본주의가 대두했다. 게다가 미국과의 무역마찰은 일본뿐만이 아니라 일본을 모델로 경제발전을 달성한 한국이나 대만과도 발생했다.

미국 연방의회는 경쟁력에서 열세에 놓인 국내산업의 이익을 옹호하기 위해 무역적자에 강한 관심을 보였다. 연방의회는 무역문제에 관해 정부에 대항하고 외국과의 무역교섭에 관한 발언권을 확보하기 위해 1974년 통상법에서 무역교섭특별대표부(1979년에 미국무역대표부USTR로 바뀜) 대표를 장관급으로 격상시켰고, 대통령과 나란히 연방의회에서도 보고의무를 갖게 되었다.

미국 무역정책에서 가장 중요한 점은 자유무역체제가 형식적으로 유지되었다는 것이다. 일본과의 교섭에서 전형적으로 나타난 것처럼 불공정무역을 단속한다는 명목으로 덤핑 규제, 가격 안전장치 설정, 시장개방 요구, 수출자주自主 규제 등 보호무역 조치를 취하여 실제로는 자유무역체제가 유지된 것이 아니었다. 그렇다 하더라도 보호주의가 노골적으로 취해진 것도 아니었다. 보호주의에 가장 가까이 갔던 것은 1988년 슈퍼301조라 불리는 무역조항이 채택되었던 때인데, 그때에도 1981년 발족한 레이건 정권은 자유무역체제를 더욱 강화하기 위해 우루과이라운드 교섭을 이미 개시하고 있었다. 실제로 1990년대 들어 미국은 북미자유무역협정 NAFTA, 세계무역기구WTO 창설을 유도했다.

이처럼 미국 역대 정권이 자유무역체제라는 형식을 견지한 것은 자유주의 경제사상 신봉과 같은 이데올로기적 경향에 의해서나 재계의 기득권을 존중해서만은 아니다. 세계 경제발전을 강력하게 추진하는 자본주의 경제의 역동성과 그 구조적인 변용을 역사 흐름으로 받아들이는 패권국의 사명감이 자리 잡고 있었기 때문이다.

이러한 관점에서 본다면 미국 내 기업이라 하더라도 국제질서 구축의 기반인 경제적 번영을 나눌 논리에 맞게 국제적 규칙에 따라 경쟁에서 승리하지 못한다면 미국 내에서 어느 정도 희생이 나오는 것은 어쩔 수 없다. 그러나 소득격차는 미국 내뿐만 아니라 국제적으로도 확대되었다.

이 같은 국제 자본주의의 구조적 변용을 가져온 주요 요인 중 하나는 미국의 대외정책이다. 1960년대 말이 되면 미국은 베트남전쟁에서 사용한 거액의 전쟁비용으로 인해 인플레이션이 진행되었고, 프랑스 등 유럽에서 기준통화인 달러 가격에 대한 신용이 흔들리기 시작했다. 이 때문에 1971년 닉슨 정권은 마침내 달러를 금과 교환하는 것을 일시적으로 정지시키는 조치를 단행하게 되었다. 이 조치는 브레턴우즈체제의 근간이었던 외국환율 고정상장제 붕괴를 가져와 변동환율제로 이행하게 되었다. 이미 유럽 국가에 유출된 달러가 유럽은행 달러로 변환되어 미국 정부의 규제가 미치지 못하는 자금이 되어 국제적으로 유통되던 중에 변동환율제로의 이행은 새로운 국제금융시장을 낳는 계기가 되었다.

제1차 석유파동으로 국제금융이 불안한 가운데 1974년 미국이 자본유출 규제를 철폐한 것을 시작으로 1979년에는 영국이, 1980년에는 일본이 각각 외환관리를 철폐했고, 1980년에 들어서자 다른 선진국들도 자본이동 자유화에 동조했다. 그 결과 국제적으로 유통하는 자금량이 급속도로 증가하면서 개발도상국에도 융자를 해 주게 되었다. 그러나 1980년대 초 멕시코에서 채무불이행 문제가 발생하는 등 개발도상국에서는 심각한 누적 채무문제가 발생하게 되었다.

1970년대 미국의 대외정책에는 각국의 국정까지 파고들어가 민주화를 촉진하는 인권외교도 새롭게 추가되었다. 그 공로자는 공화국이념을 내걸고 미네소타주에서 선출된 민주당 하원의원 프레이저Donald MacKay Fraser를 비롯한 진보적인 의원들이었다. 프레이저가 위원장을 맡은 미 하원 외교위원회 국제조직·운동소위원회가 1974년 발표한 「세계 공동체 속의 인권-미국의 지도력 발휘 요청Human Rights in the world Community : A Call for U.S. Leadership」이라는 제목의 보고서를 보면, 미국의 대외정책이 세계인권을 옹호하는 방침을 추진하지 않는다고 비판하고 있다. 이러한 관점에서 인권문제는 각 나라의 내정문제이지만, 인권침해를 내버려둘 수는 없으므로 외국인이라 하더라도 미국 정부나 국제기관을 통해 인권향상에 공헌할 책임이 있다고 주장한다. 이 주장과 함께 미국의 국내외 원조 조건으로 인권존중을 제시할 것을 제안한다. 이 제안에 근거하여 1974년 제정된 대외원조법에서는 인권옹호가 하나의 목적이 되었고, 원조수혜국의 인권상황 정도에 따라서는 군사적 원조를 하지 않는다는 방침이 채택되었다.[7]

인권외교가 미 정부의 기본방침으로 본격적으로 다루어지게 된 것은 1976년에 있었던 대통령선거에서 카터가 당선되면서부터이다. 연방정계에서 경험이 없던 카터의 당선은 카터 개인의 역량은 물론, 의기소침해 있던 미국 국민에게 호감을 주었다. 미국 국민은 워터게이트사건으로 연방정계를 불신하게 되었고, 베트남전쟁에서 패하면서 초강대국으로서의 자존심에 상처를 입었다. 게다가 미국 경제는 제1차 석유파동을 겪으면면서 자신감을 잃고 있었다.

이어 등장한 레이건 정권도 민주화 진흥방침을 내세웠다. 그러나 니카라과나 아프가니스탄 등지의 반정부세력 지원에 주안점을 두는 등 카터 정권과는 달리 반공색이 강했다. 그러다 1983년 이후 연방의회가 예산을 인정하고 국제개발청이 본격적으로 구성되면서 점차로 반공색이 적은 프로그램도 개시되었다. 주로 라틴아메리카 나라들을 대상으로 하기는 했지만, 선거 시행이나 법 지배 확립 등을 꾀하는 원조도 하게 되었다.

이상 살펴본 것처럼 이러한 관계 변용은 정부 차원에 머무르지 않고, 민간 차원에도 미쳤다.

민족 정체성 재편의 움직임

미국에서는 20세기 초부터 국민통합의 상징으로 '인종의 도가니'라는 말을 사용하고 있는데 이미 살펴보았듯이 1924년의 이민제한법은 유럽 북방민족의 우월성을 설파하는 이데올로기 하에서 일본인과 아시아인뿐만 아니라 남동유럽과 러시아로부터의 대량 이민도 제한하는 방침이었다. 이와 같은 미국의 이민정책도 미국이 패권국 또는 초강대국으로서 국제적 주도권을 발휘하게 되자 국제관계를 배려하여 변경하지 않으면 안 되게 되었다. 존슨 대통령이 1965년에 이민법 개정을 결단하게 된 것도 미국이 서방진영의 맹주로 자유민주주의 이념을 내걸고 있음에도 출신국가를 선별하여 이민을 제한하는 것은 아무리 생각해도 어울리지 않는다고 느꼈기 때문이다.

그러나 이 이민법 개정은 존슨 정권과 연방의원의 예상을 훨씬 뛰어넘는 대량의 이민을 초래했다. 이민자 수가 개정 이전인 1950년대에 250만 명이었던 것이 2002년 조사에서는 전 인구 중 1970년대에 이주해온 사람이 460만 명, 1980년대가 800만 명, 1990년대가 1,120만 명으로 꾸준히 증가했다. 그에 따라 전체 인구 중에 외국 태생이 차지하는 비율도 1960년 5.4%였던 것이 2000년에는 2배에 가까운 10.4%에 달한 것이다.

또한 1965년 이민법 개정 이후의 이민 특징은 기존의 유럽 출신자와는 문화적·역사적으로 다른 배경을 가진 중남미와 아시아 출신 이민자가 대다수를 차지했다는 점이다. 이 점을 구체적으로 살펴보면 2002년 조사에서 1970년 이전 이민자 중 유럽 출신자 비율이 41.3%였던 것에 비해 1970년대에는 11.7%로 급격히 감소했다. 반면 중남미 출신 이민자는 1970년 이전에는 36.6%였으나, 1970년대 이후에는 계속해서 과반수를 넘었다. 아시아 출신 이민자도 1970년 이전에는 12.3%에 불과했으나, 1970년대에는 30%, 1990년대에 25.4%를 차지했다.

동아시아 중에서는 대만이 1960년대 3만 5,000명이 좀 안 되던 것에서 1980년대에는 34만 6,000명으로 증가했고, 한국도 같은 시기에 3만 5,000명에서 33만 4,000명으로 증가해 두 나라 모두 10배 가까운 비약적인 신장을 보였다. 미국의 식민지였던 필리핀도 같은 시기에 10만 명 좀 안 되던 것에서 55만 명으로 급증했다. 그 결과 2000년 미국 내 아시아 출신 인구 중 25.5%가 외국 태생이었다.

이처럼 민족구성이 점점 다양하고 복잡해지면서 미국이라는 '내부의 제국' 안에서 국민을 어떻게 통합할 것이냐는 미국 역사상 오래되고 새로운 문제가 다시 주목을 받게 되었다. 미국인이 떠안은 '인종의 도가니'라는 국민적 일체감National Identity에는 이민자들을 미국의 자유민주주의적 가치관과 신조뿐만 아니라 주류사회의 문화와 습관으로 동화시킨다는 상정이 들어있다. 미국에 있어서 출신국과 민족에 따른 전통문화는 이질적이므로 동화과정을 통해 청산되어 결국에는 앵글로색슨계적인 미국인이 되어야 한다. 따라서 이를 위해 교육과 사회적 지원도 활발히 행해지고 있었다.

1965년 이민법 개정 후 대량으로 이주해온 신이민자들도 '인종의 도가니'라는 가치관 아래에서 마찬가지의 동화과정을 경험했다. 그러나 실제 상황은 매우 달랐다. 이상하게도 그 전년도인 1964년에 흑인 공민권운동의 성과로서 새로운 공민권법이 제정되었기 때문이다. 그 결과 그때까지 미국 사회의 주변적 입장이라고 불만을 품고 있었던 여성과 이탈리아계, 폴란드계 등의 신이민자들도 흑인 공민권운동에 촉발되어 단번에 이의를 신청하고 공화국의 이념을 내세우며 자신의 지위 향상을 위해 미국 사회 일원으로서 정당하게 평가할 것을 요구했다. 따라서 그들은 미국 사회에 동화했다고는 해도 완전히 과거를 불식시킨 것이 아니라 출신국과 민족의 전통문화도 여전히 계승하고 있으며, 미국 사회는 다양한 민족의 출신자가 공존하며 발전시켜온 '다문화주의salad bowl'라고 주장했다. 동아시아로부터 대량 이민이 들어온 것도 틀림없이 이 시기였다.

동아시아 지역의 이민자와 그 후손의 경우는 '아시아계 미국인'이라는 말로 지칭되었고, 소수인종그룹으로 인지해 달라는 요구의 움직임이 전개되었다. 이때까지 아시아계 미국인이란 일본인계, 중국계 등을 모두 포괄하는 것이다. 역사, 종교, 문화가 다른 나라와 민족의 출신자 및 그 자손에게서 공통의 정체성identity을 이끌어내려 한 것은 미국 사회 특유의 사정에서 유래한 것이다. 그 이유는 동아시아 출신자는 신체적인 공통적인 특징이 있어 중국계가 일본인계로 오인받아 살인사건을 겪은 것처럼, 백인과 다른 소수인종이 구별되어 서로 비슷한 상황에 봉착하게 되는 경우도 적지 않았기 때문이다.

이민 2세대와 3세대의 경우는 조상의 출신국이나 민족과의 문화적·사회적 연대가 약한 편이다. 그러나 공민권운동 이후 흑인과 여성 등 사회적 약자의 지위 향상을 위해 소수집단 우대정책affirmative action(적극적 고용개선 조치) 등의 조치를 하면서 내적으로는 어쨌든 미국의 국세 조사 분류에 걸맞은 형태로 소수인종 연대를 구축하는 것이 실제적으로도 유리하다고 판단하게 되었다. 이러한 의미에서 소수집단 우대정책은 상당히 정치적인 성격이 강하다고 말할 수 있다.[8]

이런 점은 전통의 무게감이 약한 미국 사회의 미미한 민족의식이 잘 드러난 것이다. 반면 가볍고도 자유로운 상황에서 동아시아 출신의 이민자가 미국 사회에 동화되도록 강하게 압박을 받지 않으면서도 출신국의 습관과 문화를 유지하기 쉽게 된 것이다. 이것은 미국이 태평양세계와의 관계에서도 초국가적인 성격이 점점 높아지고 있음을 의미한다.

이러한 상황과 연계하여 미국에서는 다양한 민족과 문화를 강조하는 다문화주의 운동이 전개되었다. 이 다문화주의는 미국의 국가적 정체성을 백인남성 우위의 와스프WASP; White Anglo-Saxon Protestant적인 것에서 벗어나 여성이나 소수인종도 자신의 존엄을 정당하게 인정받을 수 있도록 재편하자는 주장이다. 확실히 이러한 주장은 말 그대로 세계의 축소판으로써 다양한 민족구성을 가진 미국 사회의 현실을 반영하는 것이라 말할 수 있다.

그렇다 하더라도 현실정치에서 보면 1980년대 레이건 정부 이후 경제성장을 중시하며 여성과 소수인종의 지위 향상을 지원해온 복지정책 축소를 주장하는 뉴라이트와 낙태, 동성애를 격렬하게 비판하는 그리스도교 복음파가 세력을 확대하며 전통적인 '그리스도교 국가'로서의 국가 정체성을 고집하고 있다. 그 결과 국가 정체성을 둘러싸고 전통파와 개혁파 사이에 문화전쟁이 전개되고 있다. 이러한 대립에도 시대적 변화와 함께 미국 사회에는 '내부의 제국'이라는 활력이 나타나고 있다.

동아시아 국가와의 관계 다변화

서유럽과 더불어 동아시아 지역의 경제권도 재편하려는 미국의 구상은 영토적 측면에서 보더라도 경제활동을 통해 국경과 지역을 초월해 스스로 잠입해가는 것을 의미한다. 이러한 구상은 세계 구조적으로 볼 때 미국을 중심으로 하면서 주변과 반주변을 형성하는 것이기도 하다. 그러나 여기서 중요한 점은 이것이 결코 미국의 대외정책으로 추진되거나 경제활동이 저절로 만들어진 것은 아니라는 것이다. 오히려 인프라를 정비하면서 미국의 수출 초과가 지속했고 그 결과 사회적 소통은 일방적인 방향으로 진행되었다고 할 수 있다.

사실 1970년 일본을 제외한 동아시아 국가와 미국의 관계를 살펴보면 경제보다는 오히려 안전보장에 기초하고 있다. 당시 미국의 초국가적 성격이 현재와 비교했을 때 상당히 약했던 것과도 관계가 있다. 특히 1929년 대공황 이후 대외무역의 비중이 높지 않은 채 발전했던 사실을 반영한 것이기도 하다. GNP에서 차지하는 무역의존도를 보면 1970년에는 8.4%에 불과하던 것이 30년 이후 뚜렷한 오름세의 경향으로 바뀌었다 하더라도 대공황 이전 시기가 13~15%였던 것을 고려할 때 대공황 이전의 수준으로는 회복하지 못했다.

미국이 초국가라는 성격을 굳히는 데 중요한 요인이 된 것은 미국기업의 다국적화를 가속한 해외 직접투자의 증가이다. 전 세계적으로 해외 직접투자는 제1차 석유파동으로 잠시 주춤했지만, 그 후 공업제품의 수출량에 비해서도 높은 상승률을 보이며 1985년에 급증하고, 1995년 이후 다시 급증하는 추세이다. 이러한 해외 직접투자의 주역이 1970년대 미국이었는데, 1975년에는 전 세계 투자의 44%를 차지했다. 덧붙여 1985년에는 미국의 비율이 36.6%로 상대적으로 저하되었는데, 일본이 6.5%로 1980년보다도 2배 가까이 증가하는 것이 눈에 띈다.

이처럼 해외 직접투자가 미국의 초국가적 성격을 굳히도록 작용한 것은 다국적 미국기업이 생산거점을 해외로 분산시키고, 로제크란스Richard Rosecrance의 말처럼 '가상국가virtual state'화함으로써 해외 공장에서 부품을 조달하는 기업 내 무역액이 완전품의 무역액을 능가했기 때문이다. 동아시아에 대한 해외 직접투자액도 1980년 10.7%였던 것이 1985년 14.8%로 증가했다. 아시아 지역 투자의 대부분이 동아시아에 집중되는 상황에서 미국의 아시아 지역 해외 직접투자 총액은 1975년에 비해 1980

년에는 1.6배, 1990년에는 5.1배, 1995년에는 10.3배로 매해 신장했다. 1990년 중국투자는 대만투자의 5분의 1에 불과했지만 1997년에는 중국 투자가 대만을 앞지르기에 이르렀다.

일본을 제외한 동아시아 국가의 대미수출도 이러한 경향이 반영되면서 1970년대가 되면 순조롭게 발전했다. 말하자면 경제대국인 미국이 국제 공공재로 제공하는 거대한 시장에서 일본을 제외한 동아시아 국가의 수 출액은 1970년 30억 달러 정도로 무역적자였지만, 이듬해 1971년 수출 액은 100억 달러를 넘겨 3배 이상 증가했고 1980년에는 235억 달러에 달 하면서 71억 달러의 흑자를 기록했다.

일본을 추적하며 경제발전의 궤도에 오른 신흥경제공업국NICS; Newly Industrializing Countries인 한국, 대만, 홍콩, 싱가포르는 아시아의 '네 마리 의 작은 용'이라 불리며 1980년대 이후에도 눈부신 경제발전을 지속했다. 이러한 경제발전은 수출지향공업화 전략에 기반을 둔 것으로 이들 나라 의 미국 수출 증가는 1970년대 27.8%였다가 레이건 정부가 재정적자를 방치한 1980년대 초반에는 56.4%까지 증가했다.[9]

이와 같은 동아시아 여러 나라의 경제발전은 냉전 후 현재의 글로벌화 를 만드는 선구가 되었고, 무역의 글로벌화는 국제적으로 경쟁력이 약한 산업에 직격탄을 날림으로써 각국 산업구조를 변화시키는 강력한 외적 요인으로 작용했다. 이 점은 미국도 예외가 아니어서 전체 산업 중 제조 업 취업자 비율이 1970년에 26.4%였던 것이 1990년에 16.2%, 2000년에 는 13.0%로 급감했다. 그 결과 미국의 소득계층은 최첨단 기술을 다루는 고소득층과 단순 서비스 노동의 저소득층으로 양극화되었고, 소득격차도 확대되면서 노동자가 중산층이 될 수 있다는 소위 '아메리칸 드림'은 이제한낱 꿈에 불과하다는 비관적인 전망도 나오고 있다.

미국의 연방의회가 무역문제에 중대한 관심을 보인 것도 이러한 사회적인 배경에 기인한다. GDP에서의 무역수지 비율이 1970년에 0.3%의 흑자였으나, 1985년 2.8%로 적자가 급격히 증가하고 그 이후 높은 수준을 유지하고 있으며, 국내의 고용률도 심각한 상황에 이르렀기 때문이다. 이 같은 많은 부담을 안고도 자유주의 무역을 견지하던 레이건 정부는 1982년에 미국과 동아시아 국가와의 무역총액이 사상 처음으로 유럽 여러 나라와의 무역총액을 웃돌자 유럽과의 전통적인 관계에서 벗어나 새로운 역사적 추세로 들어섰다고 적극 평가했다. 1984년에는 슐츠 미 국무장관이 이러한 경향을 반영하여 '태평양공동체' 건설을 주장하기에 이르렀다.

동아시아에서는 NIEs[10]에 이어 필리핀을 제외한 ASEAN[11] 여러 나라가 1980년대 후반 이후 경제발전의 궤도에 올랐고 1990년대에 들어서면 중국이 그 뒤를 이었다. 그중 중국은 미국시장에 수출하는 비중이 높은 데 비해, ASEAN은 미국보다 일본이나 NIEs에 수출하는 비중이 높다. 결국 미국시장이 일본과 NIEs의 수출에 공헌함으로써 이들 나라의 경제발전을 촉진했고, 일본과 NIEs가 ASEAN의 경제발전을 이끌면서 동아시아 내부로 경제발전이 미치는 연쇄작용이 일어나 미국을 포함한 태평양세계가 통합되어 갔다.[12] 그 결과 동아시아의 여러 나라에도 미국문명이 창출해낸 생활습관과 대중문화가 보급되게 되었다.

한편 해외에서 미국으로의 직접투자액도 비약적으로 늘어 미국은 71년만에 채무국이 되었다. 동아시아에서는 일본의 투자액이 대부분이어서 1980년에는 1975년에 비해 8배, 1985년에는 15.8배가 많은 액수를 투자하면서 영국, 네덜란드에 이서 세 번째 투자국으로 약진했다. 미국에서도 이에 걸맞은 변화가 나타나 1993년 "아시아 태평양과 유럽 중 어느 쪽이 중요한가"라는 여론조사에 대해 유럽이라도 답한 사람이 51%로 가장 많았지만, 아시아 태평양이라고 답한 사람도 41%로 나타나 미국인의 의식에서 태평양세계와 관계가 깊은 것으로 인식되고 있다고 할 수 있다.[13]

동아시아의 경제발전은 개발도상국이 선진국과의 관계에서 발전가능성이 차단되고 반영구적인 종속적 지위에 있다는 종속론의 주장을 반박하는 실례로 평가받는다. 반면 한국과 대만 등의 성공은 개발독재의 성과로 인식되어 경제발전을 달성하기 위해서는 민주화를 억제하는 편이 낫다는 주장도 있다. 그러나 여기서 민주화 억제는 단순한 억제를 넘어 인권유린과 다수의 희생을 동반한 것이다. 다음에서 살펴보겠지만, 미국과의 관계는 이 같은 억압체제를 흔드는 작용을 했다.

초국가적 정치공간과 민주화세력의 대두

초국가적 정치공간의 형성과 전개

앞서 언급했듯이 태평양세계에는 정치적으로도 정부 간의 공식적인 관계를 넘어 초국가적인 정치공간이 창출되었다. 이 정치공간은 공식적인 정부 간 관계에 의해 크게 좌우되면서도 상대적으로 자율적인 활동을 전개했고 이후 살펴보겠지만, 필리핀, 한국, 대만 3개국이 권위주의 체제에서 민주주의 정치체제로 이행하도록 촉진하는 작용을 했다. 각각의 사례에 대해서는 단원을 달리하여 다시 검토하기로 하고, 여기서는 그 전제가 되는 초국가적 정치공간이 어떠한 구조로 이루어지게 되는지를 살펴보고자 한다.

〈그림 1〉은 미국과 1980년대까지 동아시아 지역에서 일본 이외의 몇몇 국가에서 볼 수 있는 정치공간을 나타낸 것이다. 두 개의 국가로 구성된 이 정치공간의 첫 번째 구조적 특징은 각국의 정치체제나 정치·경제체제의 성격이 서로 다르다는 점이다. 이 구조에서 눈에 띄는 점은 미국

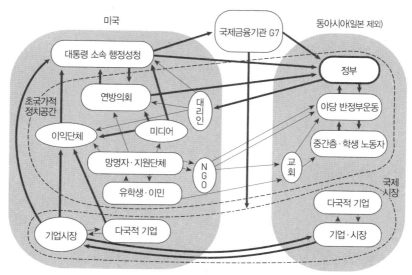

미국　　　　　　　　국제금융기관 G7　　　동아시아(일본 제외)

〈그림 1〉 태평양세계의 정치공간　　　　　　　영향력 방향 : 약 ⟶　강 ⟶

의 정치체제는 정치와 언론활동이 자유롭고 정치과정이 개방적일 뿐만 아니라 외국에 대해서도 매우 개방적인 구조이다. 이에 비해 일본 이외의 동아시아 국가의 정치체제, 특히 여기서 고찰 대상으로 하는 필리핀, 한국, 대만 3개국은 모두 권위주의 체제이고, 국가통제가 엄격하며, 정치 및 언론활동을 제한하여 국내는 물론 국제정보도 자유롭게 보도할 수 없는 상태였다.

그에 따라 정치체제를 구성하는 행위자에 대해 우선 살펴보면 〈그림 1〉에서 나타나듯이 동아시아 여러 나라는 정부가 큰 비중을 차지한다. 그 이외의 반체제나 야당세력은 정치활동을 현저하게 제한받는다. 반면 미국에서는 정부나 연방의회가 아니라도 정치 및 언론활동이 자유로워 이익단체나 기업, 민간단체나 그 대리인인 로비스트들이 가담한 신문과 텔레비전, 잡지 등의 미디어가 정치과정을 구성하고 있다.

두 번째 구조적 특징은 미국과 동아시아 국가의 정치체제가 공간적으로는 멀리 떨어져 있음에도 정부 간의 관계 이외에도 각각의 정치체제 내부 인사들이 국경을 넘어 협력·제휴하거나 적대하는 등 서로에게 영향을 미치고 있는 점이다. 특히 미국은 정치과정이 대외적으로 개방적이어서 외국인이나 외국 정부·단체와 그 대리인의 정치참여가 비교적 쉬웠다. 망명자, 유학생, 이민자, 특파원들도 단순히 미국에서 머물 장소만을 찾는 것이 아니라 미국을 거점으로 삼아 미국뿐만 아니라 자신의 출신 국가를 향해 정치 및 언론활동을 전개했다. 〈그림 1〉의 화살표는 이러한 활동의 방향과 강약을 나타낸 것이며, 그 화살표가 국경을 넘어 미국이나 자신의 출신 국가에 이르고 있다는 점에서 초국가적 정치공간이다.

다음으로 문제가 되는 것은 이러한 초국가적인 정치공간에서 어떠한 유형의 정치과정이 나타나는가 하는 점이다. 가장 대표적인 것은 공식적인 정부관계가 아닌 그것을 보완하거나 미국의 권위와 연방의회의 방침에 대항하기 위해 동아시아 여러 정부가 미국의 내정에 들어와 정치결정에 영향을 미치려는 경우이다. 첫 번째 유형으로 한국의 박정희 정권이 1970년대에 연방의원을 매수하여 미국의 대한(對韓) 정책을 변화시키려 한 '코리아게이트'[14] 사건이 대표적이다. 일본의 주미대사가 통상문제 등으로 연방의원에게 손을 쓰는 것 등도 이 같은 유형의 예다.

두 번째 유형은 행위자가 외국 정부가 아니라 미국에 거주하는 외국인이나 다국적기업이라는 점에서 첫 번째 유형보다 초국가적인 성격이 더 강하다. 이 유형 중에서 경제제재를 풀기 위해 1987년부터 1988년까지 연방의회에 대대적인 로비활동을 전개하여 빈축을 산 도시바東芝가 그 예이다.

세 번째 유형도 마찬가지로 행위자가 외국 정부가 아닌 미국에 거주하는 외국인과 단체라는 점에서 초국가적인 성격이 강하지만 두 번째 유형과 달리 목적이 외교에 있다는 점이 특징이다. 이 유형의 행위자는 미국에 거주하는 이민자와 망명자, 소위 말하는 디아스포라diaspora이다. 이들은 미국 정부에 손을 씀으로써 출신국과 출신 지역에 영향을 주려고 한다. 1970년대 이후, 특히 냉전이 종결된 1990년대부터는 소련과 동구東歐 여러 나라에서의 분리 독립을 바라는 우크라이나인, 리투아니아인, 슬로바키아인, 크로아티아인의 운동을 볼 수 있다.

그와 더불어 세 번째 유형 중에서도 출신국의 민주화와 깊이 관련되는 다양한 형태에 대해 간단히 살펴보기로 하겠다. 이러한 형태는 미국 정부에 손을 쓰는 것이 주요 목적이 아니라 오히려 동아시아 여러 나라의 모든 세력이나 단체와 직접적인 관계를 설정하고 있다는 점에서 공통점을 찾을 수 있고 확실한 초국가적 성격을 갖고 있다.

이들 중 첫 번째 형태는 미국에 활동 거점을 두는 동아시아 여러 나라의 반정부세력이 출신국 반정부세력의 활동을 지원하기 위해 자금조달과 정보선전을 하는 등 지지기반을 확대하는 것으로, 미국 정부에 손을 쓰는 것도 그 일환이다.

두 번째 형태는 미국 교회 등의 민간단체와 재단 혹은 각종 사회운동 등이 민주화, 인권, 환경을 비롯한 여러 특정한 목적에 관해 동아시아 여러 나라의 상황을 개선하기 위해 현지에 진출하여 현지인을 지원·활동하는 경우이다. 해당 국가의 정부와 기업들에 대한 비판활동도 함께 전개하고 있어 미국의 미디어도 중요한 역할을 담당한다.

세 번째 형태는 권위주의 체제하의 동아시아 나라에서는 국정조사나 언론 보도가 엄격하게 제한되어 있지만 미국은 활발하므로 미국에서 폭로된 사실이 외신에서 보도되고 동아시아 여러 나라의 정치적 쟁점으로 창출되는 경우이다. 1970년대에 일본에서 일어난 다나카 가쿠에이田中角榮 총리의 체포로 이어진 록히드사건[15]은 이에 가까운 예이지만 한국에서도 1970년대 후반에 코리아게이트사건이 보도되어 정치적으로 물의를 일으켰다.

네 번째 형태는 위에서 언급한 세 번째 형태보다 좀 더 근본적인 문제와 관련된다. 동아시아 국가에서 기존의 정치체제에 의문을 품으면서 가치의식의 변화로 새로운 흐름을 촉진하고 사상과 아이디어를 전파하는 차원이다. 미국 등 외국에서 나오는 서적과 영화 등의 대중문화는 그 이전부터 이러한 점에서 중요한 역할을 수행해왔다. 그리고 1970년대 이후는 통신·운송수단의 발달로 그 역할이 가속화되었다. 그와 더불어 동아시아 여러 나라와의 관계에서 간과해서는 안 되는 것은 미국에 거주하는 동아시아인의 경험이 비약적으로 증가한 점일 것이다.

국제기구의 직원이나 다국적기업의 관계자를 제외하고 미국을 여행한 아시아인은 1966년부터 1970년대까지의 연평균 29만 명이었으나 1975년에는 126만 명으로 4배나 증가했고, 1981년에는 229만 명, 1990년에는 436만 명으로 10년마다 두 배씩 증가하는 추세를 보였다.

더욱 중요한 것은 이미 살펴보았듯이 이민자 수의 증가이다. 그런데 이에 못지않게 중요한 것은 유학생 수의 지속적 증가일 것이다. 〈표 2〉는 미국 내 동아시아 나라별 유학생 수를 나타낸 것으로, 1970년대 이후 유학

〈표 2〉 미국 내 동아시아 나라별 유학생 수

연도	1954 ~1955	1964 ~1965	1974 ~1975	1984 ~1985	1994 ~1995	2000 ~2001
일본	④ 1,572	⑤ 3,386	⑧ 5,930	⑨ 10,290	① 45,280	④ 46,497
중국				⑪ 10,100	② 39,400	① 59,939
홍콩		⑥ 3,279	② 11,060	① 22,590	⑧ 12,940	⑮ 7,627
대만	② 2,553	③ 6,780	③ 10,250	⑥ 15,370	③ 36,410	⑤ 28,566
한국	⑧ 1,197	⑦ 2,604	⑩ 3,390		④ 33,600	③ 48,685
필리핀	⑤ 1,476	⑧ 2,473				
인도네시아					⑨ 11,870	⑦ 11,625
말레이시아				② 21,720	⑦ 13,620	⑭ 7,795
타이		⑩ 1,630	⑦ 6,250	⑬ 7,220	⑩ 10,890	⑧ 11,187

출전 : IIE, Open Doors (New York : IIE, 2002)
주 : ○의 숫자는 해당 연도의 나라별 순위

생이 얼마나 증가했는지 보여준다. 아시아 출신 유학생은 원래부터 많았
지만, 1970년 이후에는 다른 지역 유학생 수와 비교하면 상당히 높았고,
특히 1980년대 이후 더욱 급상승하여 다른 지역을 압도하기에 이른다.

　미국 유학이 출신국가의 민주화에 대한 강한 요구로 나타난 가장 전형
적인 예가 1980년대 중국인 유학생이다. 1987년에 1,000명 정도의 중국
인 유학생이 중국 정부에 연명連名으로 후야오방胡耀邦 총서기의 해임 요구
와 개혁파 지식인들을 공산당에서 추방하는 것은 민주화에 반하는 것이
라고 항의하는 내용의 공개서한을 보냈다. 그 후 1989년 톈안먼사건이 일
어나자 귀국하여 참가하는 사람도 나타났다. 귀국하지 않은 사람들은 이
들을 지원하여 3만 번에 달하는 전화와 팩스공세를 퍼부었다.[16]

　이상으로 태평양세계의 초국가적인 정치공간의 구조와 정치과정의 유

형을 살펴보았다. 지금부터는 이를 토대로 필리핀, 한국, 대만 3개국의 민주화가 이와 같은 정치공간을 활용하여 어떻게 달성되었는지를 검토해보자.

반체제 및 야당세력의 확대와 미국

여기서는 필리핀, 한국, 대만 3개국 특유의 사정을 고려하면서 상호비교를 통해 다음과 같은 관점에서 고찰하고자 한다. 우선 처음에는 미국과 3개국 사이에 초국가적인 정치공간이 성립되어 있었음에 착안하여 민주화에 관한 다음의 4가지 구체적 조건이 정치공간에 어떻게 작용하고 있는지를 살펴보고자 한다.

첫째, 민주화가 추진될 당시 각국의 민주화를 위한 초기 조건

둘째, 권위주의 체제에 대한 불신과 민주화의 지지기반

셋째, 반체제 또는 야당세력의 확대

넷째, 체제세력의 후퇴와 민주화로의 전환 등

새삼스럽게 말할 것도 없이 이와 같은 접근은 민주화에 관한 각국의 국내 여건을 직접 검토하지 않았다는 점에서 민주화의 결정적인 조건과 요인을 밝힐 수 없다는 한계가 있다. 반면 내부의 조건만으로는 민주화를 달성할 수 없는 경우 민주화를 가로막는 장애를 제거·완화하는 촉매제가 어떻게 작용하는지를 분명히 밝힐 수 있다. 전후 일본이 전형적인 경우로, 민주화의 촉매제는 내부적 조건을 보완하는 것이기도 하면서 때때로 필요불가결하기도 했다.

각국의 민주화 과정은 민주화를 위한 어떠한 초기 조건을 갖고 있었는지에 따라 다르다. 필리핀, 한국, 대만 3개국의 민주화를 위한 초기 조건을 각각 살펴보겠다. 필리핀은 1972년 마르코스Ferdinand Marcos 대통령이 계엄령을 선포하긴 했지만, 1945년 독립 이후 그때까지 25년간 대통령을 선거로 선출한 민주주의의 경험이 있었다. 한국도 제2차 세계대전 종전 후 미군점령 하에서 대통령·국회의원 선거를 치렀고, 1961년 군사쿠데타로 선거가 일시 중단되기는 했지만 미국 정부의 압력을 받아 1963년 민정이관民政移管을 실시하고 1971년 국가비상사태를 선언하기까지 세 차례 대통령선거를 하였다. 1971년 이후에는 엄중한 탄압에서도 야당세력의 정치활동은 계속되었다. 그에 반해 대만의 계엄령 시작은 1949년으로 거슬러 올라가며, 지방선거 시행이나 야당의 국정國政 진출도 있었지만 극히 소수에 불과했다. 특히 대만의 민주주의 실적은 한국과 비교해도 매우 초라했다.

이처럼 각국의 민주화를 위한 초기 조건을 살펴보았고, 다음으로 두 번째 구조적 조건인 기존 권위주의 체제의 정당성에 대한 불신 고조와 민주주의 지지층의 확대에 대해 살펴보겠다. 보통 민주주의 지지기반으로 중산층을 상정하는데, 이를 위해 1970년 이후 동아시아 각국의 경제발전, 특히 1인당 국내총생산GDP; Gross Domestic Product을 통해 개관하겠다. 앞서 살펴보았듯이 대미對美 수출은 동아시아 각국 경제발전의 주요 원동력이 되었고, 〈표 3〉에서 보듯 미국 수출이 거의 없는 북한과 비교하면 한눈에 알 수 있다.

여기서 고찰 대상인 필리핀, 한국, 대만 3개국을 살펴보면, 1970년대 1인당 GDP의 성장은 각각 1.3배, 2.1배, 2배이고, 1980년대 초반은

<표 3> 동아시아 국가의 1인당 GDP 변화　　　　　　　　　　　　　　　(단위 : 달러)

연도	일본	대만	한국	중국	필리핀	인도네시아	말레이시아	타이	북한
1950	1,926	936	770	439	1,070	840	1,559	817	770
1960	3,988	1,499	1,105	673	1,475	1,019	1,530	1,078	1,105
1970	9,715	2,987	1,954	783	1,761	1,194	2,079	1,694	1,954
1980	13,429	5,938	4,114	1,067	2,369	1,870	3,657	2,554	2,841
1985	15,332	8,198	5,670	1,552	1,964	1,972	4,157	3,054	2,841
1990	18,789	9,910	8,704	1,858	2,199	2,516	5,131	4,645	2,841
1995	19,857	13,028	11,873	2,653	2,185	3,329	6,941	6,620	1,520
1998	20,431	15,720	13,317	3,259	2,291	3,031	7,328	6,398	1,183

출처 : Angus Maddison, *The World Economy : A Millennial Perspective* (OECD, 2001) pp. 304~306.

－17%, 38%, 38%로 나타나 필리핀만 마이너스 성장을 보였다. 이와 더불어 필리핀의 중산층은 쇠퇴 위기에 직면하지만 한국과 대만에서는 꾸준히 증가하는 경향을 보였다.

　민주화운동의 첨병이라 할 수 있는 학생과 관련해서도 한국은 전문학교를 포함하여 고등교육기관 진학률이 1970년 26.9%, 1980년 27.2%, 1985년 36.4%로 나타나 1980년대에 급속하게 증가했다.[17] 대만은 6세 이상의 인구 중 고등교육을 받은 사람의 비율이 1970년 3.7%, 1980년 7.1%, 1985년 9.1%로 나타나 1970년대에 배로 증가하며 1980년대 초까지 순조롭게 증가하고 있음을 알 수 있다.[18] 이러한 두 나라의 경향은 같은 시기 일본의 단기대학(2년제 전문대학)을 포함한 대학진학률이 각각 23.6%, 37.7%로 변하고 있는 것과 비교해보면 1980년대 초에는 차이가 있었지만 1980년 중반부터는 이를 따라잡고 있다. 따라서 민주화 초기 조건은 필리핀이 유리했지만, 지지층의 확대라는 점에서 보면 오히려 한국

　　　　　　　　　　　　　　　　　　　　　　　　　　세계 제국, 미국

과 대만의 조건이 좋았다고 할 수 있다.

반체제·야당세력의 확대와 미국과의 관계에서 필리핀은 한국이나 대만보다 모든 면에서 미국과의 초국가적 관계가 깊었고, 이는 필리핀이 미국의 과거 식민지였기 때문이다. 1965년 미국의 이민법 개정으로 동아시아 지역에서의 이민이 급증하기 이전인 1960년부터 필리핀 출신 이민자 수는 일본계 45만 4,000명, 중국계 23만 8,000명에 이어서 세 번째로 많은 17만 6,000명이었다.

이 점은 필리핀의 반체제·야당세력의 확대와 관련해서도 중요하며, 마르코스 대통령이 아무리 국내 지배체제를 강화했다 해도 미국과의 초국가적인 관계에서 받는 영향을 피할 수는 없었다. 1972년 9월 필리핀에서 계엄령이 선포되자, 즉시 미국 내에 반계엄령운동이 조직되었다. 필리핀 내에서는 반대 목소리를 높일 수 없는 상황에서 때마침 샌프란시스코에 있었던 필리핀계 커뮤니티, 학생, 정치가로 구성된 여러 단체가 '필리핀에서 공민권 회복을 위한 전국위원회'를 결성하고 미국 전역에서 필리핀의 인권침해를 비판하는 시위를 전개했다. 다만 이 위원회는 원래 규모가 작았고, 이듬해에는 내부 이데올로기의 대립으로 분열했다.

그 결과 위원회는 크게 세 조직으로 나뉘었다. 첫 번째 조직은 1973년에 결성된 '민주적 필리핀인의 연맹KDP'으로, 필리핀의 민주적 혁명과 미국 내 사회주의 개혁의 실현이라는 두 가지 주요 목표를 내걸었다. 미국에서의 사회주의화 요구는 민족차별 철폐 운동의 일환이기도 했다. KDP는 얼마 안 되어 필리핀의 전국민주화운동ND 산하로 들어가 초국가적인 관계를 만들어냈으며, 레닌주의적 민주집중제를 위한 전위前衛조직의 성격을 지녔다.[19]

두 번째 조직은 필리핀 출신 망명자 그룹으로, 망글라푸스Raul Manglapus 전 상원의원을 중심으로 하는 정치가와 전 정부 고위관료와 그 지지자들로 이루어졌다. 그들은 1973년 워싱턴에서 '자유 필리핀을 목표로 하는 운동MFP'을 결성하고 전통적인 지도자를 존경하는 새로운 이민자들의 지지를 모았다. 그러나 이들의 목표는 미국 내 자신들의 지위 개선보다는 필리핀의 계엄령 반대였다는 점에서 필리핀계의 운동이라기보다는 디아스포라적 성격이 강했다.

세 번째 조직은 앞의 두 조직과 달리 필리핀인 외의 사람들이 참가하여 반전운동을 펼쳤고, 이들과 교회 관련 미국인이 중심이 되어 1973년에 '필리핀 사람들의 친구FFR'를 결성했다. FFR은 필리핀의 정치적 미래상에 대해 명확한 태도를 보이지는 않았지만, 마르코스체제에 대한 미국 정부의 지지에 반대하는 입장을 명확히 밝히고 필리핀 내 미군기지 철수도 주장했다. FFR은 워싱턴에 사무소를 차리고 홍보활동을 펼치며 연방의회와 접촉하는 채널 역할을 했다. 이와는 별개로 교회 관련 인사 중에는 마르코스에 의해 국외 추방된 프란체스코 수도회의 힉스Bruno Hicks 신부가 있었는데, 미국으로 귀국한 후 마르코스체제에 반대하는 운동을 전개했다.[20]

이 중 필리핀 민주화와 관련하여 반체제·야당세력이 확대되도록 주도적 역할을 완수한 것은 두 번째의 디아스포라운동이다. 이 운동은 1980년 정치범이었던 아키노Benigno Aquino 전 상원의원이 심장수술 명목으로 미국 방문 도중 망명하면서 미국 내 필리핀 민주화 운동은 새로운 전기를 맞이한다. 아키노는 하버드대학 객원연구원으로 있으면서 마르코스체제에 대항하기 위한 지원자를 조직하여 '니노 아키노 운동NAM; Ninoy Aquino

Movement'을 결성했다. NAM은 MFP의 회원 대부분이 모여 창설한 것으로 유럽식 사회민주주의를 표방한 MFP의 결속은 한층 강화되었다.[21]

이러한 지지세력을 기반으로 1983년 8월 아키노가 고국에 귀국하였으나, 귀국 즉시 마닐라공항에서 마르코스의 지령으로 암살당한 것은 유명한 사건이다. 이 암살사건은 필리핀 국내외에 큰 충격을 주어, 국내에서는 반마르코스운동이 고양되었고, 국제적으로는 마르코스체제가 큰 관심을 받게 되었다.

필리핀의 민주화는 '민주주의의 회복'이라는 측면이었다면, 한국과 대만의 민주화는 조기에 좌절되거나 혹은 경험이 전혀 없었다. 그것만으로도 두 나라의 민주화를 위해서는 민주화의 구조적 조건 중 하나인 민주주의를 지향하는 반체제·야당세력의 출현이 필요했다. 그러나 이러한 세력의 확대는 오랜 세월 탄압을 견뎌내는 시련을 동반하는 것이기 때문에 지도자의 불굴의 의지와 신념이 필요했다.

먼저 한국을 살펴보면, 1970년대 경제 고도성장 이전인 1960년대부터 학생혁명을 이미 경험했고 그 후에도 대학생이 민주화운동의 주요한 담당자였다. 또한 대학생과 함께 교회나 인권단체가 주요 세력이다. 한국은 동아시아 나라 중 스페인 식민지 때 가톨릭이 보급된 필리핀을 제외하고 그리스도교도가 제일 많다. 1994년 통계를 보면, 개신교도가 807만 명으로 전인구의 18.2%, 가톨릭교도가 262만 명으로 5.9%를 차지한다.

그 이외에도 장년층 교회관계자를 중심으로 도시산업선교회UIM; Urban-Industrial Mission를 조직하여 노동자의 권리 옹호와 지위 향상을 전개했다. 감리교 선교사 오거George Ogre도 1974년에 추방되기 전까지 12년간 한국에서 이 운동을 펼쳤다. 1970년대 이후에도 목사와 신부가 노동운동 발전을 위해 지도적인 역할을 했고, 노동계도 1970년대부터 1980년대에 걸친 민주화운동에서 중요한 역할을 담당했다.

개신교계는 박정희 정권이 1972년에 시작한 유신체제에 정면으로 반대하며, 1973년 '기독교인 선언'을 발표했다. 연이어 1976년에는 가톨릭계의 상징인 명동대성당에서 박정희 정권의 퇴진을 요구하는 '민주구국선언'[22]을 발표했다. 이 중 '기독교인 선언'은 "박정희 정권이 정치적 비판을 막기 위해 비인간적이고 냉혹한 수단을 쓰고 있다"고 비난했듯이 교회는 정치범 지원의 거점이 되었다. 이러한 활동은 일본과 미국 등 국제적 네트워크에 의해서도 지지를 받았다. 일본의 이와나미岩波 서점에서 발행한 「세카이世界」에 15년간 T·K(지명관)가 쓴 「한국으로부터의 통신」이 연재된 것이 대표적 예이다.

미국과의 관계에서 볼 때 김대중은 박정희 정권의 탄압을 상징하는 존재였다. 미국 건국의 아버지인 제퍼슨의 말을 인용하여 정치를 시작했고, 가톨릭교도이기도 했던 김대중은 1971년 대통령선거에서 박정희 정권의 방해공작에도 불구하고 540만 표, 36%의 득표를 보이며 실제로는 박정희를 이긴 것으로 여겨지기도 했다. 이 선거에서 약진한 야당세력을 배경으로 김대중은 박정희의 장기집권을 가로막는 장애물로 비쳤다. 이 때문에 박정희 정권은 망명해 일본정치가의 후원을 받으며 유신체제에 대항하는 김대중 납치[23]를 기획했다. 당시 도쿄 그랜드팔레스호텔에 머물던 김대중을 국내로 납치한 것이다. 이 사건에 대해 일본 정부는 주권 침해라고 분노했고 미국 닉슨 정부도 인도적 차원에서 도저히 간과할 수 없었다.

이 사건에서 김대중이 죽음을 피할 수 있었던 것은 키신저Kissinger 보좌관이 개입하여 박정희 정권에 압력을 가했기 때문이다. 키신저는 사건 당일 하버드대학의 전 동료이자 동아시아 연구자인 코헨Jerome Cohen과 라이샤워Edwin Reischauer로부터 구명 전화를 받고 이 일을 알게 되었다. 그리고 그 두 사람은 일본에 머물던 한국인 반체제운동가로부터 소식을 전해 들은 한반도문제 전문가인 앤더슨Gregory Henderson으로부터 연락을 받고, 이 사건이 한국중앙정보부KCIA가 벌인 일이며 긴급한 상황이라고 판단했다.[24] 즉 여기서도 미국과의 초국가적인 관계가 작용하고 있었다.

그 후 김대중은 1980년 7월 내란음모죄로 사형을 선고받았다. 이는 명백한 누명이었지만, 박정희 대통령 암살되자 12·12군사정변을 일으켜 권력을 장악한 전두환은 5·18광주민주화운동에 참가한 광주시민 약 2,500명(추정)을 살해하고, 박정희와 마찬가지로 민주화운동을 탄압하기 위해 그 주모자로 의심되는 김대중 말살을 기도했다.

1980년 미국 대통령선거에서 승리한 레이건 당선자의 인수위원회에서는 김대중을 어떻게 구제할지가 신냉전 하에서 동맹국인 한국과의 관계 회복을 위한 중요 관심 대상일 수밖에 없었다. 당시 카터 대통령이 이 문제를 배려하도록 요청한 것에 대해 레이건 자신은 내정간섭을 하지 않겠다는 자세를 보였다.

그러나 백악관 안보보좌관으로 내정된 앨런Richard Allan은 이를 적극적으로 받아들여, 1980년 12월 전두환 측근을 설득하여 전두환의 백악관 방문을 허가해 한·미관계를 개선하는 대신 김대중 감형을 성사시켰다. 이리하여 1981년 1월 레이건이 대통령에 취임한 다음 날 전두환의 미국 방문이 발표되었고, 전두환은 그로부터 3일 후 계엄령 해제와 김대중 감형을 발표했다.

레이건 정부가 미국 전통에 따라 정치범 석방을 계속해서 요구한 결과 김대중은 1982년 12월 1,200명의 정치범과 함께 석방되었고, 치료를 위해 미국으로 건너갔다. 김대중은 미국에서도 한국의 민주화를 위해 각지에서 강연했고, 그의 강연을 듣기 위해 모인 교포가 만 명에 이를 때도 있었다. 또한 1983년에는 한국의 민주화를 추진할 거점으로 미국에 한국인권문제연구소를 설립했다. 그 사이 김대중은 개신교도이며 야당 지도자인 김영삼의 단식투쟁을 지원하기 위해 1,000여 명의 재미교포와 함께 워싱턴, 뉴욕 등지에서 시위행진을 했다. 그리고 이것이 계기가 되어 김영삼과 함께 공동의장을 맡아 민주화추진협의회(민추협)[25]를 창설했다.[26] 이러한 김대중의 활동도 디아스포라적 입장이라고 할 수 있다.

다음으로 대만을 살펴보면, 상대적으로 경제는 발전하고 있었지만, 필리핀이나 한국보다 민주주의 경험이 부족하여 민주화를 위한 악조건을 극복하지 않으면 안 되었다. 여기서는 주로 와카바야시若林政丈의 연구를 토대로 미국과의 관계에 초점을 맞춰 민주화 과정을 살펴보겠다.[27]

대만에는 일본 식민지시대부터 거주한 본성인本省人, 즉 대만인에게 전후 국민당과 함께 중국에서 넘어온 외성인外省人은 새로운 정복자로 비쳤다. 1945년 제2차 세계대전이 끝난 이후 식민지 지배 해방의 기쁨도 잠시, 1947년 2월 수만 명의 대만인이 국민당의 폭정에 항거하다 참혹하게 살해된 2·28사건은 국민당에 의한 정복을 상징하는 것으로 대만인의 의식이 깊이 새겨졌다. 1949년 시행된 계엄령하에서 1980년대까지 대만인의 언론·출판·집회의 자유 등 기본적 인권은 엄격히 제한되었고, 지방선거에 한해서만 참정권이 부여되었다. 중국에서 건너온 국민당 주류파인 비개선非改選파 만년의원이 좌우하던 국정國政시기에는 1969년 결원보충선거에서 국민대회대표 15명, 입법위원 51명 만을 뽑았을 뿐이다.

　　　　　　　　　　　　　　　　　　　　　　　　세계 제국, 미국

이처럼 민주화의 구조적 조건인 반체제·야당세력의 확대는 외성인의 지배에 대항하는 대만인의 운동이라는 인종적 성격이 있다. 그러므로 민주주의를 위한 잠재적 지지기반이 강력하다 해도 국민당의 전체주의에 가까운 권위주의 체제하에서 민주주의 운동을 전개하기는 매우 어려웠다. 그러나 대만에서는 일본 식민지시대에도 지방선거를 했다. 게다가 대만인이 국정 참여를 위해 오랫동안 참정권을 요구한 결과 1945년에 인정받은 경험이 있다. 제2차 세계대전 종전으로 실제 행사되지는 않았지만, 이러한 경험은 국민당 지배에 대한 반체제운동으로 나타났다. 그중에서도 대만 독립운동은 대만 내에서뿐만 아니라 해외 망명자에 의해서도 전개되어 일본과 미국에 거점이 마련됨과 동시에 그 외곽단체로서 대만동향회同鄕會 등이 각지에서 조직되었다.

그러나 이후 민주주의와의 관련에서는 독립 그 자체보다도 대만인의 지위 향상을 지향하고 '당외인사黨外人士'라고 불리게 되는 야당세력의 활동이 무엇보다도 중요했다. 그중 미국에 거점을 두고 디아스포라로서 해외에서 민주화운동을 전개한 대표적 지도자가 전 대만대학 교수 펑밍민彭明敏이다. 대대로 장로교였던 집안에서 자란 펑밍민은 일본 식민지시대에 제3고등학교를 거쳐 동경제국대학 법학부에 진학했고, 종전과 함께 대만대학에 편입해 졸업했다. 후에 국민당 총통으로 민주화를 추진하게 되는 리덩후이李登輝와는 같은 해에 태어난 대만대학 동기생이기도 하다.

대학 졸업 후 국제법을 전공한 펑밍민은 캐나다 맥길McGill대학에서 석사학위, 파리대학에서 박사학위를 받고, 1954년 귀국하여 모교인 대만대학에서 교편을 잡았다. 하버드대학 교수였던 키신저 등 저명한 연구자들의 도움을 받아 미국, 일본 등에서 개최된 국제회의에 초빙되는 등 국제적으로도 활약했다. 그러나 1964년에 대만의 민주화를 요구하는 반정부 선전물을 뿌린 것이 발각되어 체포되었다. 1년 후 특사로 석방됐지만, 곧 자택연금 됐고, 1970년 국제사면위원회Amnesty International의 노력으로 간신히 스웨덴으로 망명할 수 있었다.[28]

미국과 일본 정부가 호의적 반응을 보이지 않았지만 펑밍민은 친구의 주선으로 미국으로 건너가 미국, 캐나다 주재 대만인을 모아 조직을 구성하고 정치활동을 전개했다. 1971년 유엔총회에서 중국의 대표권을 인정하고 대만을 추방했을 때 뉴욕에서 북미 주재 대만인 1,200명이 모여 집회를 열고 대만인에게는 각자의 장래를 결정할 권리가 있음을 주장하는 선언을 공표했다. 이는 전후 대만인이 열은 최대 규모의 정치집회였다.[29]

와카바야시의 연구에 의하면 1979년 미 연방의회가 초당超黨적으로 대만관계법을 제정할 때, 펑밍민을 비롯한 재미 대만지식인이 중심이 되어 민주당 자유주의파인 본Clair Bourne 상원의원에게 "미국은 대만인의 인권 보장을 외교 목적으로 한다"는 조항을 삽입해 달라고 요청했고 받아들여졌다고 한다. 이들 지식인은 유학 후 국민당 정권에 의해 귀국을 금지당하여 미국 국적을 취득한 사람들이었고, 그 후에도 미 연방의회를 비롯한 미국 정부에 손을 쓰기 위해 1982년 대만인 공공사무회를 결성했다.[30]

같은 해인 1979년 12월 대만에서는 1978년의 중앙 민의民意 대표 증가 정원선거를 목표로 하여 결성된 당외黨外세력이 선거 중지 후 사실상 정당 결성을 시도한 정치집단 '미려도美麗島' 조직에 대해 국민당이 탄압하는 소위 '미려도 사건'이 일어났다.

1979년 초 당의잡지가 잇달아 발매금지되자 이에 항의하는 수십 명의 시위가 가오슝高雄에서 일어났고, 그 책임이 타오위안현의 수장 쉬신량許信

良에게 있다고 하여 쉬신량은 현장에서 해임되고, 어쩔 수 없이 미국으로 망명할 수밖에 없었다. 그리고 8월에 쉬신량이 사장으로 있던 미려도사美麗島社가 잡지 「미려도美麗島」를 발행하자 대만의 고학력화가 진행되는 가운데 10만 부라는 기록적인 판매를 보였다.

미려도사는 이 여세를 몰아 판매를 목적으로 각지에서 집회를 열고, 12월 세계인권의 날에도 가오슝 시내에서 무허가 집회와 시위를 벌였다. 경찰은 이를 저지했고, 며칠 후에는 이 사건을 미려도사의 음모로 간주하여 당외인사를 일제 검거했다. 이 검거에서 린이슝林義雄 등 8명이 반란죄 혐의로 군사재판에 넘겨졌고, 일반재판에 부쳐진 32명 중 유죄를 선고받은 장로파 교회 관계자도 10명이나 있었다. 린이슝의 경우 재판 직전에 자택이 습격당해 어머니와 두 딸이 살해되기도 했다.[31]

이상 살펴본 것처럼 필리핀, 한국, 대만의 반체제세력과 야당의 주요 지도자인 아키노, 김대중, 펑밍민은 모두 그리스도교도로 민주주의를 받아들이기 쉬운 조건을 갖고 있었기 때문에 본국에서 도망쳐 미국을 거점으로 디아스포라로서 활약한 공통점이 있다. 이는 미국의 전통과 자유민주주의 정치체제가 이들에게 활약할 수 있는 장을 제공했고, 이들을 지지하는 사람들이 미국에 있었기 때문에 가능했다. 즉 미국의 '내적 제국'이 이들의 활동을 가능하게 했던 것이고, 이들은 그것을 배경으로 태평양세계의 초국가적인 정치공간을 활용했다.

미국 언론의 역할

미국 언론의 역할이 각국 민주화를 위한 구조적 조건 자체는 아닐지 몰라도 민주화를 촉진하는 촉매제 작용을 했다는 점에서 초국가적 요소로 주목할 만하다. 필리핀, 한국, 대만의 민주화 과정에서 미국 언론은 카터 정권이 인권외교를 강조한 것에 맞춰 국제적인 인권문제에 높은 관심을 두고 적극적으로 취재했기 때문에 중요한 역할을 담당했다. 한편 이들 3개국 정부도 신냉전 속에서 미국과의 동맹관계를 중시하고 자국에 대한 미국의 평판을 신경 쓰지 않을 수 없었다.

필리핀의 경우 미국 언론이 마르코스체제의 부정부패에 큰 관심이 있었다. 미 캘리포니아의 지역신문인 「산호세 머큐리 뉴스San Jose Mercury News」가 1985년 6월부터 6개월에 걸쳐 마르코스와 그의 측근이 캘리포니아 및 뉴욕에서 사들인 부동산 매수를 대대적으로 폭로하는 연재 기사를 실어 퓰리처상을 받았다. 이 기사를 본 미 연방의회의 케네디Edward Kennedy 상원의원은 11월 미국에서 받은 원조를 조사해 1억 달러가 넘는 용도 불명의 자금이 있음을 밝혀냈다.[32]

마르코스 대통령이 미국의 3대 방송사 중 하나인 ABC의 유명한 앵커 코펠Ted Koppel과 가진 인터뷰에서 대통령선거 시행의 취지를 발언한 것은 당시 마르코스가 미국으로부터 견제받는 상황이었기 때문이다. 코펠은 오랜 친구이자 ABC의 베테랑 기자인 가시와하라 겐이 아키노의 처남일 뿐만 아니라 아키노 귀국 때 동행하여 암살현장에 있었다는 점에서 이 사건에 깊은 관심을 기울이고 있었다. 코펠은 1985년 11월 자신이 진행하는 '나이트라인night line'에서 마르코스 인터뷰를 하면서 마르코스 자신의 입으로 필리핀 국민의 신임을 얻기 위해 '재빨리 선거snap election'를 실시한다는 발언을 하도록 하는 데 성공했다.[33]

이후 11월 3일 마르코스가 계엄령 해제 5주년을 맞아 1986년 1월 17일 선거를 한다고 밝히자 미 국무성은 즉시 "마르코스가 대통령으로서의 신임을 획득하기 위해서는 필리핀 국민이 신뢰할 수 있는 선거가 되지 않으면 안 된다"는 성명을 발표했다. 연방의회는 이미 탄압적인 마르코스체제에 반발하여 1984년과 1985년 두 차례에 걸쳐 군사원조를 삭감했고, 이때에도 상·하 양원 모두 마르코스에게 공정한 선거 실시를 요구하는 결의를 만장일치로 채택했다.[34]

이처럼 인터뷰에서 표명한 말이 공약이 되어 마르코스는 국내외의 주목을 받으며 선거를 해야 했다.

한편 1986년 2월 대통령선거가 벌어지자 CNN을 비롯한 미국의 방송들이 대대적으로 마닐라 선거전을 보도했다. 직접 보도가 금지되어 있던 필리핀의 텔레비전과 라디오는 미국의 언론 보도를 국내에 방송함으로써 마르코스체제의 규제를 피해 미디어 분야에서 미국과의 초국가적인 관계를 잘 활용했다. 슐츠George Schultz 전 국무장관도 미국 언론과의 인터뷰를 통해 필리핀 대통령선거에서 마르코스의 상대 후보인 고 베니그노 아키노의 미망인 코라손 아키노Corazon Aquino가 이겼지만, 마르코스는 승복하지 않으려는 상황이었다고 회상했다.[35]

한국도 필리핀에 비하면 간접적 영향을 받았지만 미국 언론이 민주화운동을 지원하는 역할을 했다. 김대중이 미국으로 건너간 다음 해인 1983년 5월 가택연금에서 풀려난 김영삼은 민주화를 위해 단식농성에 들어갔다. 김영삼은 정치범 석방, 해직인사의 복직, 언론 통제의 전면 해제, 정치활동 규제의 해제, 대통령 직선제를 통한 개헌이라는 '민주화 5개항'을 요구하는 성명을 발표하고 단식에 들어갔다. 그러나 이 성명은 한국 언론이 아닌 미국의 AP통신이 입수하여 보도했다. 또한 한국에서는 단식투쟁 자체가 보도되지 않았고, 김영삼의 부인이 외국 언론에 전화로 사실을 알리고 미국과 영국 언론이 단식투쟁이 민주화 운동을 고조시키는 촉매 역할을 했다고 높이 평가하면서 한국 야당세력의 호응을 이끌어내고 미국·유럽·일본의 인권운동가들로부터도 지원을 받았다.[36]

김대중도 하버드대학에 만난 아키노가 1983년 8월 귀국하여 암살당한 지 1년 정도 지나자 귀국 준비에 착수했다. 「뉴욕타임스」가 김대중의 귀국 의사를 보도하자 미국 내에서는 아키노의 전철을 밟게 해서는 안 된다는 여론이 형성되었고 레이건 정부도 전두환 대통령에게 김대중의 생명을 보장하라고 요구하는 가운데 김대중은 1985년 2월 귀국했다. 귀국 당시 미 하원의원 두 명과 전 국무부 차관보를 비롯하여 익스프레스Express 사장, 여성가수, 목사, 연구자 등 20명의 미국인이 김대중과 동행했다.[37]

김대중은 국회의원 선거에 맞추기 위해 이 시기에 귀국했고, 그의 귀국은 민주화의 가능성을 여는데 크게 공헌했다. 왜냐하면 김대중은 미국에 머무는 동안 김영삼과 함께 신민당을 조직하고, 신민당은 제13대 국회의원 선거에서 제1야당으로 약진했기 때문이다. 그리고 신민당은 1년 후 대통령 직선제를 골자로 하는 헌법 개정을 요구하는 운동을 전개해 1986년 4월 전두환 대통령으로부터 대통령 재임 중이라도 여·야 간의 합의만 있으면 헌법을 개정할 수 있다는 답을 얻어냈다.[38]

민주화가 가장 늦었던 대만에서는 잔혹한 암살사건이 계속됐는데, 이것이 민주화의 길을 여는 발단이 되었다. 1981년 7월 대만 출신 카네기멜

런대학 천원청陳文成 교수가 고국 방문 후 시체로 발견된 사건이 일어났다. 이 사건은 대만 경비총사령부가 천 교수가 미국대학으로 추방된 간첩이라는 잘못된 정보에 기반을 두고 자행한 것인데, 이것이 사실로 판명되자「뉴욕타임스」와「워싱턴포스트」등 미국 유력 언론이 강하게 반발했다. 미 하원 외교위원회 아시아·태평양문제 소위원회는 즉시 공청회를 열어 미국 시민에게 협박과 박해를 하는 나라에는 대통령이 무기 수출을 금지할 수 있다는 수정조항을 제안했고, 이듬해 무기수출통제법이 채택되었다.[39]

이어서 1984년 10월에는 장난江南 사건이 일어났다. 이것은『장징궈전蔣經國傳』을 출판한 미국 국적의 대만인 작가 장난이 출판 직후에 샌프란시스코 자택에서 살해당한 일이다. 이 사건의 용의자인 폭력단 간부 두 명은 대만에서 파견했고, 대만정보국 왕시링汪希苓의 지령에 의한 것임이 밝혀졌다. 게다가 이 사건에는 장징궈蔣經國 총통의 차남 장샤오우蔣孝武도 관련되어 있다는 소문도 나돌았다. 미 연방의회가 이 사건에 큰 관심을 드러낸 것은 말할 필요도 없다. 솔라즈Stephen Solarz가 위원장으로 있던 미 하원 외교위원회에서는 즉시 공청회를 열고, 앞서 말한 무기수출통제법의 수정조항을 즉시 적용해야 한다고 강력히 주장했다. 수정조항이 적용되지는 않았지만, 범인 인도를 요구하는 결의가 하원 본회의에서 채택되었다.[40]

이 사건은 민주화의 구체적 조건 중 하나인 기존 체제세력의 후퇴로 이어졌다. 1979년 미·중 국교정상화 이후 장징궈는 국민당 정부의 존속을 위해 미국 지원에 의존하지 않으면 안 되었고, 그 때문에 대만의 국제적인 이미지 특히 미국의 평판에 신경 써야 했다.[41] 1984년 장난사건은 대만에 대한 평판에 악영향을 끼쳤고, 병상에 있던 장징궈는 이듬해 용의자를 재판에 회부시켰을 뿐만 아니라 왕시링 등을 군사재판에 넘겨 단죄했다.

이와 더불어 대만에 대한 전 세계 특히 미국의 이미지 개선이 필요하다고 판단한 장징궈는 1986년 12월 「타임」지 기자와의 인터뷰에서 장씨 집안에서 더는 후계자를 내놓지 않겠다고 말했다.[42] 이는 필리핀의 마르코스가 코펠과의 인터뷰에서 선거 실시를 밝힌 지 한 달 보름만의 일이었다. 그 결과 장징궈의 후계자가 누구일지는 확실치 않게 되었다.

1986년 9월 민주진보당이 결성되었을 때에도 장징궈는 미국 여론을 의식해서인지 후계자에 대한 변함없는 태도를 유지했다. 그는 신당 결성 9일 후인 10월 7일 「워싱턴포스트」의 그레이엄Katharine Meyer Graham 회장과의 회견에서 '장징궈 3조건'을 밝혔다. 즉, 신당 결성의 조건으로 첫째 중화민국법의 준수, 둘째 반공정책 지지, 셋째 대만 독립의 부정이다.[43]

이처럼 미국 언론은 필리핀, 한국, 대만 3개국의 권위주의 체제가 지배를 완화해 민주화의 실마리를 찾는데 기여했고, 민주화의 진전을 촉진하는 역할을 했다.

체제세력의 후퇴와 양보

1985년에는 미국 연방의회뿐만 아니라 미 국무부의 필리핀 담당자도 마르코스체제의 인권 유린에 강한 혐오감을 갖고 있었고, 이쯤 되자 레이건 정부도 마르코스 정권의 장래에 불안감을 느끼게 되었다. 소련과의 신냉전 중이었던 레이건 정부에게 필리핀에 있는 미군기지는 아시아 지역의 군사 전략 요충지였다. 따라서 레이건 대통령은 마르코스 대통령을 냉전의 동맹자로 보고 개인적으로도 친근감을 느끼고 있었다. 그러나 미국의 군부와 정보기관에서는 마르코스체제에 대항하는 공산주의 세력의 대두를 보면서 마르코스 정권의 수명은 겨우 3~5년에 불과하다고 예측하게 되었다.[44]

마르코스는 미국의 이러한 비판을 불쾌하게 여겼고, 미국에 대항하기 위해 필리핀의 해군시설을 소련에 대여할 수 있다고 넌지시 비추기까지 하자 레이건 정권은 필리핀에 위기감을 품게 된다. 레이건 대통령은 이러한 우려를 마르코스 대통령에서 명확히 전달하기 위해 1985년 10월 개인적 신뢰가 두터웠던 공화당 상원의원 렉설트를 마닐라에 특사로 파견했다. 렉설트가 건넨 레이건의 친서에는 마르코스에게 정권 붕괴를 피하려면 필리핀을 개혁해야 한다고 촉구하는 내용이 담겨 있었다. 그러나 마르코스는 레이건이 필리핀 정세를 종합적으로 이해하지 못했다고 반론을 제기한 후, 아키노 암살 혐의로 재판 중인 장군이 무죄판결을 받으면 육군참모총장으로 복직시킬 것이라고 말하는 등 레이건 정권을 실망하게 했다. 마르코스가 코펠과의 인터뷰에서 선거실시를 언급한 데는 이러한 배경이 있었다.[45]

1986년 2월에 대통령선거를 한다는 결정이 난 후 미국에 망명 중이던 베니그노 아키노의 미망인 코라손 아키노가 대통령 후보로 나서자 1981년 계엄령 해제 후에 귀국한 NAM과 MFP의 여러 회원도 선거운동을 전개했다.[46] 여기서도 미국과의 초국가적인 관계가 마르코스체제 변혁을 위해 작용하긴 했는데, 그에 못지않게 중요한 것은 라틴아메리카 여러 나라처럼 공정한 선거를 실시하기 위해 미국을 중심으로 한 국제감시단이 필리핀으로 파견된 것이다.

미국 내 비판을 의식한 마르코스는 국제감시단을 초빙할 의향을 보였다. 그러나 미국은 공정한 선거에 대해 의심하고 있었고, 공화당 상원의원 르가Richard G. Lugar가 위원장으로 있던 연방의회 상원 외교위원회에서는 마르코스의 발언에도 불구하고 1985년 12월 독자적으로 전문조사단을 필리핀으로 파견하여 선거에 대해 조사했다. 조사 완료 후 전문조사단은 '중대한 현안'을 보고하여, 필리핀이 1984년 국회의원 선거를 공정히 치르게 하는 데에 공헌했다. '자유선거를 위한 국민운동NAMFREL'이라는

선거감시기관의 재설치를 포함하여 공정한 선거인지 아닌지를 인정하는 기준을 제안했다.[47]

필리핀의 공정한 선거에 대해 슐츠 미 국무장관도 코라손 아키노 등 다른 후보가 텔레비전에 출연할 수 없음을 우려했다. 그래서 마르코스로부터 정식 초청을 받자 미 연방의회는 레이건 대통령이 요청하는 형태로 선거감시단을 필리핀에 정식 파견했다. 그 사이 필리핀 주재 보스워스 Stephen Warren Bosworth 미국대사가 마르코스체제를 비판하는 발언을 반복하면서 마르코스와 미국의 관계는 악화 일로를 걷게 된다.[48]

미 연방의회가 파견한 필리핀 선거감시단은 르가 위원장 외에 5명의 상원 외교위원과 외교위원장 등 하원의원으로 구성되었다. 이 감시단은 1986년 2월 7일 투표 당일을 포함 마닐라에서 5일간 머물렀다. 그 사이 슐츠 국무장관은 부정 선거가 확실하므로 필리핀 내 공화세력에 대항하여 미 군사기지를 유지하기 위해서라도 마르코스 정권의 퇴출을 촉구해야만 한다고 생각했다. 그러나 레이건 대통령은 카터 정권이 이란의 팔레비를 버린 것은 동맹자에 대한 배신행위라고 비판하고 있었고, 2월 10일에는 대통령 보도관이 부정선거를 문제로 삼지 않고 마르코스의 승리를 확인하는 성명을 발표했다.

이에 대해 필리핀에 모인 19개국 44명의 국제감시단과 20명의 미국감시단은 부정선거가 확실하다고 지적하고, 마닐라에서 귀국한 르가 등 초당파 의원들도 대규모 부정선거가 있었음을 레이건과 슐츠 등에게 직접 증언했다.[49] 또한 레이건이 마르코스를 지지한 것에 충격을 받은 다른 연방의원들도 마르코스 비판을 강화하며, 레이건에게 마르코스 퇴진을 촉구하도록 진언했다.[50]

이처럼 레이건이 마르코스 지지 태도를 유지했던 것과는 반대로 슐츠를 비롯한 정부 고위관료와 연방의원들은 마르코스 퇴진을 요구하는 방향으로 의견을 모았다. 이런 상황에서 2월 15일 필리핀 국회는 마르코스의 승리를 공표했다. 그러나 가톨릭 사제들은 이에 반발하며 비폭력 저항을 주창했다. 이처럼 필리핀 내 반마르코스 기운이 고조되자 미국에서도 17일에 르가의 마르코스 퇴진 요구를 시작으로 19일에는 연방 상원의원이 필리핀 부정선거를 규탄하는 결의를 단행했다.[51]

필리핀에서는 22일 엔릴레Juan Ponce Enrile 국방장관과 라모스Fidel Valdez Ramos 중장이 마르코스의 퇴진을 요구하며 사임했고, 23일에는 이른 아침부터 사람들이 거리로 나와 군대 출동을 저지했다. 마르코스는 텔레비전에 출연해 여전히 사임하지 않겠다고 주장하고 있었고, 엔릴레와 라모스를 지지하는 미국 측에서는 보즈워스 대사가 레이건만이 마르코스에게 퇴진하도록 설득할 수 있다고 진언했다. 이와 더불어 필리핀에 파견되었던 하비브Phil Habib 특사도 귀국 후 마르코스는 고립되어 있지만, 아키노는 교회를 비롯한 확고한 지지 세력이 있다고 보고했다.

이후 사태가 악화하자 마르코스를 지지했던 레이건도 마르코스에게 군대 출동을 자제하도록 요구함에 동시에 퇴진을 촉구하는 메시지를 보냈다. 24일에 렉설트가 레이건 대통령을 대신해서 마르코스에게 전화를 걸어 마르코스 부부의 안전을 보장할 테니 사임을 결단하라고 재촉했다. 그 결과 마침내 마르코스도 설득에 응하여, 25일 코라손 아키노의 대통령 취임식에 참석한 후 그날 밤 미국 항공기를 타고 하와이로 망명했다.[52]

이상 살펴본 것처럼 필리핀의 민주화는 4개월여의 과정에서 달성되었다. 그 과정에서는 미국과 필리핀 현지의 공식적·비공식적인 관계가 크게 영향을 미쳤다.

한국은 민주화의 구조적 조건 중 체제세력의 후퇴는 야당세력의 격렬한 투쟁으로 가능했다. 그렇지만 이 경우에도 미국과의 관계가 중요한 역할을 했다. 신냉전 중이던 레이건 정부는 한국을 동맹국으로서 중시하고 전두환 대통령을 우대한 것은 사실이다. 그러나 레이건 정부가 전두환과 우호적인 관계를 쌓은 만큼 한국의 민주화에 대해 카터 정권보다 영향력을 발휘하기 쉬운 입장이었다. 1981년 1월 전두환의 미국 방문은 김대중의 구명을 위한 것이었고, 이때 전두환은 민주화와 관련해서 레이건 대통령에게 중대한 약속을 했다.

전두환은 1988년 2월에 대통령 임기가 끝나면 선거에서 뽑힌 후계자에게 평화적으로 정권을 넘겨주겠다고 약속한 것이다. 이 약속에 대해 1983년 11월 방한한 레이건과 슐츠가 재차 전두환에게 직접 명확한 다짐을 받았고, 전두환도 확실히 확인했다.[53] 전두환은 그 약속에 따라 이듬해인 1984년 1월 국회에서 민주주의 정착과 평화적인 정권 교체를 지향하는 방침을 표명했다. 1988년 서울에서 올림픽 개최가 결정되면서 이전보다 안전보장의 중요성을 느낀 전두환은 1985년 4월 방미 때도 평화적 정권 교체를 재차 약속했다. 그러한 가운데 1986년 2월 필리핀혁명이 일어나자 레이건 정부가 마르코스를 저버린 것을 보고 이번에는 전두환을 어떻게 대우할 것인가에 국제적인 관심이 집중되었다.

한국에서는 필리핀혁명에 촉발되어 이듬해 3월부터 대규모 반정부운동이 일어났다. 슐츠가 5월 방한했을 때에는 반정부운동이 폭동으로 변해 릴리James Lily 주한 미국대사가 슐츠에게 정치적인 발언을 만류했을 정도였다. 이때 슐츠는 레이건 정부가 한국의 민주화를 지지하고 있음을 드러냈다. 그것은 필리핀의 전철을 밟지 않으려는 것이며, 한국이 필리핀과는 달리 좋은 방향으로 나아가고 있다는 연설도 하여 신냉전기에 동맹국을 보호하려 했다. 그와 동시에 다른 한편으로 필리핀과 마찬가지로 한국의 정치적 안정을 위해서는 반공만으로는 불충분하고, 민주화 추진이 불가결함으로 김대중과 김영삼 등 야당지도자와도 회담했다.[54]

한국의 긴장 상태가 계속되는 가운데 동아시아 연구자 출신인 가스톤 미 국무차관보가 1987년 2월 뉴욕에서 "미국 정부는 군부 지배에서 한국 정치를 보호하기 위한 이행조치로써 헌법 개정을 통한 '새로운 정치적 구조' 구축을 지지해야 한다"는 취지의 강연을 했다. 이 강연에 대해 워싱턴의 보수파인 시글은 물론 슐츠도 비판했다. 그러나 3월 한국을 방문한 슐츠는 한국의 현실을 보고 가스톤의 주장을 지지하게 된다. 이는 슐츠가 한국에서 한 연설 내용을 보면, 1988년 전두환이 평화적으로 정권을 이양해 한국 정치의 새로운 장을 여는 것이 얼마나 중요한지를 역설한 점에서 알 수 있다.[55]

그럼에도 전두환은 1987년 4월에 갑자기 지난해 4월에 한 헌법 개정 약속을 깨뜨리고 서울올림픽이 끝날 때까지 헌법 개정에 대한 논의를 금지한다고 선언했다. 그것은 실질적으로 전두환이 후계 대통령을 지명할 수 있음을 의미했고, 6월 2일 여당은 전두환의 오랜 친구인 노태우를 대통령 후보로 지명했다. 그러나 몇 시간 후에 180만 명이 참가한 최대 규모의 시위가 전국 각지에서 일어나 험악한 상황에 이르게 되었다.[56]

워싱턴의 레이건 정부는 한국에서 중산층까지 데모에 참가했다는 사실에 경악을 감추지 못했고, 시위대 진압을 위해 군대가 출동하는 것을 막기 위해 필리핀처럼 대통령 특사를 파견하여 전두환 대통령을 설득하는 것도 검토했다. 결국 주미 한국대사의 요청으로 특사 대신 레이건의 친서를 보냈는데, 한국의 사태 전개를 우려한 레이건 정부는 이례적으로 CIA 직원에서 대사로 발탁한 릴리에게 친서를 전달하게 했다.

릴리는 군대의 출동으로 다수의 희생자가 발생했던 광주민주화운동의 재현을 우려하며 좀처럼 만나려 하지 않는 전두환을 위압적으로 설득해 회견을 여는 데 성공했다. 19일 회견에서 릴리는 주한 미군 사령관의 사전 동의를 얻어 미국이 한국의 안전을 보장하는 한편, '낡은 정치'를 타파하여 민주화를 추진할 것을 촉구하는 레이건의 친서를 건넸다. 또한 미국 정부는 계엄령을 단호하게 반대한다고 구두로 명확히 경고했다. 전두환도 레이건의 친서와 릴리의 경고를 심각하게 받아들이지 않을 수 없었다. 전두환이 군대 동원명령을 중지했다는 소식이 릴리 앞으로 도착한 것은 회담 1시간 후의 일이었다.[57]

레이건 정부는 25일에 가스톤과 시글을 급거 방한시켜 전두환과 회견하도록 했다. 이 회견에서도 시글은 군사 개입이 이루어지지 않도록 강하게 설득했는데, 이에 대해 전두환은 대통령 재임기간에 계엄령으로 자신의 업적을 더럽힐 의사는 없다고 확약했다.[58] 이 회견에 앞서 사태수습을 위해 전두환은 5월에 신민당에서 나와 새로운 정당 창당을 준비 중이던 김영삼과 24일에 만났다. 또한 군 수뇌부가 군대 출동에 소극적인 가운데 여당의 대통령 후보였던 노태우도 대폭적인 양보의 필요성을 말했다. 가스톤과 시글의 회견은 그와 같은 정세 속에서 이루어졌고, 계엄령 선포를 결단하기 어려운 입장에 있던 전두환은 레이건의 친서로 다짐을 받은 것이다. 말하자면 마지막 경고와 같은 형태로 결단을 강요받은 것이다. 따라서 한국도 필리핀과 마찬가지로 레이건 정부의 개입으로 군대 출동 없이 정치적 해결이 이루어질 수 있었다고 말할 수 있다.

1987년 6월 29일 노태우는 대통령 직선제, 김대중 사면복권, 언론의
자유 보장, 교육 자치 실시 등의 여덟 개 항목을 골자로 하는 '6·29민주
화선언'을 발표했다. 이틀 후 전두환도 이 선언을 승인함으로써 12월에
대통령선거가 실시되고 노태우가 대통령으로 당선되었다.[59]

이렇게 필리핀에 이어 한국도 어렵게 민주화가 달성되어 가는 단계였
다. 이 과정에서 필리핀만큼은 아니었다고 해도 초국가적인 면에서나 정
부 간 관계에서도 미국과의 관계가 중요한 역할을 했다고 할 수 있다.

국민당의 민주화 노선 전환

미국 정부는 1979년 미려도사건에서 체포자의 인권이 존중되지 않고 군
법회의에 넘겨지는 것을 염려하여, 장징궈에게 미국 내 대만 평판이 좋지
않다고 경고하며 일반 재판을 하도록 요청했다. 그 후 1981년 천원청이
암살되자 미국은 대만 정부가 이 일에 관여하고 있다고 판단했다. 이후
그토록 대담했던 장징궈도 미국과의 관계가 악화되는 것을 염려하여 민
주화와 대만 정부의 '대만화' 등 4개 항목의 개혁 계획을 미국의 대만 사
무소장으로 취임예정인 릴리에게 전달했다.[60]

장난사건이 있었던 1984년 12월, 중국은 영국과 협상을 맺고 염원하던
홍콩반환을 실현하게 되었다. 중국은 이 협상에서 홍콩에 적용하기로 한
'1국 2제도'를 대만에도 적용하려고 레이건 정부를 움직였고, 정부 내에
서도 이를 용인하려는 움직임이 생겨났다. 그러나 중국의 전략적 가치를

과대평가하는 것에 반대한 울포위츠Paul Dundes Wolfowitz 국무차관보가 이를 저지했다.[61] 이처럼 국민당 정부의 존속 여부는 미국에 의지해야만 했고, 레이건 정부는 연방의회의 결정에 반해 니카라과의 반정부세력인 콘트라contra 반군에 자금을 지원했다.

그러나 1985년 8월에는 레이건 정부도 국민당 정부에 민주화를 요구했다고 전해진다.[62] 장징궈가 그 해 12월에 「타임」지 기자에게 장씨 집안에서 후계자가 나오지 않을 것이라고 말한 것에는 그와 같은 배경이 작용한 것이다.

필리핀혁명이 일어난 1986년은 대만의 민주화에서도 큰 진전이 있던 해이다. 장징궈는 필리핀혁명이 일어난 다음 달에 국민당 12기 3중 전당대회를 소집하여 '정치혁신'을 결의했다. 이 결의를 실행하기 위해 4월에는 중앙상부위원회에 '정치혁신 12명 소조직'을 개편했다. 또한 5월에는 직접 지령을 내려 당외黨外세력과의 융화를 도모하기 위한 대화를 시작했다.

이러한 정세를 민감하게 파악하며 망명 중이었던 쉬신량 등 재미 대만인은 5월 대만민주당 결성을 위한 준비위원회를 뉴욕에 설치하고, 리치James Richey, 토리첼리Robert Torricelli 하원의원도 대만인공동사무회의 요청으로 대만의 계엄령 해제와 민주화를 목표로 하는 대만민주화촉진위원회를 결성했다. 이어 6월에는 하원 외교위원회 아시아태평양문제소위원회와 인권위원회가 합동으로 대만민주화결의를 채택했다. 결의 내용은 새로운 정당의 결성 및 언론·집회·결사의 자유 보장, 의회제 민주주의의 실현을 국민당 정부에 요구하는 것이었다. 특히 8월에는 민주당 의원이 연명으로 슐츠 국무장관에게 국민당 정부가 신당 결성을 용인하게 해 달

라고 요청했다.[63]

이 시점에서 대만사회에서도 미국과의 관계에 새로운 경향이 생겨나고 있었다. 그것은 정치세력으로서, 비록 얼마나 강력한지는 제쳐놓더라도 1980년대 들어오면 미국을 중심으로 많은 유학생이 귀국했다. 1970년 귀국자가 407명이었던 것이 1980년에는 640명, 1985년에는 1,350명으로 급증해, 최고조였던 1995년에는 6,272명에 육박했다. 1960년대와 1970년대의 유학생은 주로 공학이나 자연과학을 전공했고, 민주화에 직접 관련이 있는 사회과학 전공자의 증가는 1980년대까지 기다려야 했다. 그러나 전공과 관계없이 미국을 비롯한 선진국의 자유로운 분위기를 접한 후 1980년대 초반에 귀국한 사람들은 국민당 지배 대신 대만의 민주주의를 요구하게 되었다. 그들은 귀국 후 오피니언 리더로서 민주주의 사상을 확산시키는데 계몽적인 역할을 했다.[64]

이 같은 정세 속에서 야당인 민주진보당 결성을 준비하여 1986년 9월 28일 페이시핑費希平 등 135명의 입법위원을 중심으로 신당을 창설했다. 여기서 중요한 것은 이러한 야당 세력의 움직임을 장징궈가 허용하는 태도를 보인 것이다. 국민당 중앙상무위원회는 10월 15일 '정치혁신 12명 소조직'의 제안을 토대로 첫 번째로 새로운 국가안전법령을 제정하고 계엄령을 해제했다. 두 번째로 기존의 법령을 개정하여 신당 창당을 인정한다는 방침을 채택했다.

국민당의 이러한 결정을 받아들인 민주진보당은 11월에 1,200명의 당원을 데리고 제1회 당원대표대회를 열어 강령과 당규약을 채택하고 동시에 중앙집행위원을 선출했다. 민주진보당은 강령으로 계엄령 해제, 정당 결성의 자유화, 직접 선거에 따른 총통 선출, 중국과 비정치적인 분야의 통신 및 가족 재회의 자유를 내걸었다. 한편 미국에서 대만민주당 창당을 준비하고 있던 쉬신량許信良도 민주진보당의 결정을 지지하며 대만민주당 창당을 중단하고 대신 민주진보당의 해외 진보당으로 변경했다. 이렇게 민주진보당은 12월 중앙민의 개표선거에 42명의 후보를 내세웠고, 선거 직전 쉬신량이 귀국을 시도했으나 거부되면서 잠시 혼란도 있었지만 당외세력이었을 때보다 약 50%나 늘어난 득표율을 보이며 선전했다.[65]

대만의 민주화는 1987년 계엄령이 해제되고, 1988년 1월 장징궈가 사망하면서 리덩후이가 새로운 총통에 오르자 새롭게 전개됐다. 야당 세력이 확대되며 기존 체제도 후퇴했을 뿐 아니라 기존 체제가 민주화를 추진하는 방침으로 전환되면서 민주화는 가속화되었다. 이렇게 될 수 있었던 이유는 민주화가 대만인의 지위 향상을 목표로 하고 있었고, 그 과정에는 특유의 원동력이 수반되었기 때문이다.

총통이 된 리덩후이는 원래 국민당이 국가 주도로 경제발전을 이루기 위해 채용한 고위관료였다. 장로파 신자로, 교토京都제국대학에서 공부하다 종전과 함께 대만대학에 편입하여 농업경제를 배운 후 중국농촌부흥위원회에 취직했다. 그 후 미국의 고위관료 양성 지원 프로그램을 활용하여 1952년 미국의 아이오와주립대학에서 석사학위를 받았다. 그 후 1965년에는 다시 코넬대학에서 박사학위를 받고 1970년에 귀국하여 복직했다.

이러한 경력의 리덩후이가 정치적으로도 중요한 지위에 오르게 된 것은 1972년 행정원장에 취임한 장징궈가 적극적으로 대만인을 등용하는 방침을 취했기 때문이다. 그 해 각료급 정무위원으로 기용된 리덩후이는 실력을 인정받아 1978년에 대북(타이뻬이)시장이 되었고, 1984년에는 천원청 암살사건 이후 장징궈가 미국 측에게 제시했던 개혁안에 따라 부총통으로 발탁되었다. 그 해 일어난 장난사건의 책임을 지고 장징궈의 차남 장이우蔣孝武가 좌천되며 장징궈가 장씨 일가를 후계자로 세우지 않겠다는 방침을 세우자 리덩후이에게도 총통이 될 기회가 생겼다. 리덩후이는 병상의 장징궈를 잘 보좌하고 그의 민주화 방침에도 적절히 조언하면서 장징궈의 신임을 얻었다. 그 결과 장징궈 사망 이후 1988년 리덩후이가 총통이 되었을 때 국민당 내에서 리덩후이의 총통 취임에 반대하는 사람이 거의 없었다.[66]

1989년 복수정당제를 도입하면서 정원선거와 지방선거가 동시에 실시되었다. 이 선거에서도 민주진보당이 입법원(국회) 의석 21석을 획득하며, 27%의 득표율을 올리는 등 선전했으며, 6현縣 1시市의 행정 수장도 장악했다. 이 선거에서도 미국의 대만인공동사무회는 미려도파에게 협력하여 망명했던 유력한 정치가들을 민주진보당이 옹립할 수 있도록 귀국하는 것을 지원했다. 또한 대만독립연맹도 그 해 본부를 대만으로 이전하고 블랙리스트에 올라 귀국이 허용되지 않던 간부를 잇달아 대만으로 잠입시켰다. 이처럼 민주화를 요구하는 목소리가 야당 세력화되어 대만정치로 점점 스며들었다.

반면 1990년 리덩후이 총통이 장징궈의 잔여기간을 채우고 재선거시기가 다가오자 1989년 선거의 책임문제로 내부 조직이 삐걱대더니 부총통 후보 선출을 두고 대립이 격화되었다. 원로들의 조정으로 사태는 일단 수습되었지만, 당내 대립으로 반주류파가 형성되게 되었다. 이처럼 리덩후이의 업적은 당내 권력기반이 취약했음에도 민주화를 추진했다는 점을 들 수 있다.

한편 국민당 내 종신의원이 증가하자 1990년 3월 대만대학 학생들이 이에 항의하는 데모를 벌였고, 정치개혁 추진을 위한 국시國是회의 개최를 요구하며 장개석기념광장에서 투쟁을 시작했다. 며칠 후 이 투쟁을 지지하는 학생들이 전국에서 모여들면서 4,500명으로 급증했고 시민도 합류하여 2만 명 규모로 커졌다.[67] 규모는 작더라도 1년 전 중국에서 있었던 톈안먼사건과 비슷한 상황이 벌어지고 있었다.

이러한 상황에서 리덩후이는 중국공산당과는 달리 학생대표와 직접 회견하고 국시회의를 개최하며 민주화를 추진하겠다는 의지를 표명했고, 국민당의 정식입장도 결정했다. 특히 주목할 점은 민주진보당도 주류파인 미려도파가 독자적인 개혁안을 준비하여 국시회의에 참석한 점이다. 미국 망명을 끝내고 돌아와 미려도파의 지도자로 복귀한 쉬신량도 참가했다.

국시회의가 명확한 개혁을 추진하는 중에도 민주화에 대한 리덩후이의 주도권은 줄어들지 않았다. 오히려 그 과정에서 리덩후이는 민주주의가 중국의 전통사상과 쑨원孫文의 삼민주의三民主義와도 상통하며, "인류문명이 발전하는 데 필요한 과정"이며, "대만이 경제를 발전시키고 민주주의를 추진하기 위한 본보기는 미국이라는 것은 말할 필요가 없다"는 확신이 더 강해졌다.[68] 이러한 확신은 젊은 날을 미국에서 보낸 즐거운 추억이 반영된 것이기도 하다.

이처럼 리덩후이가 민주화를 주도적으로 추진할 수 있었던 것은 국민당의 대폭적 지지를 받았기 때문이다. 사실 1989년에 열린 중앙위원회는 세대교체가 이루어지면서, 180명 회원 중 미국 등의 외국대학에서 박사학위를 취득한 자가 39명, 석사학위를 취득한 자가 25명, 합계 64명으로 전체의 35.6%를 웃돌았다. 중앙상임위원회도 31명 회원 중 해외유학파

박사학위자 7명, 석사학위자 4명으로, 35.5%를 차지했다.[69]

리덩후이의 총통 취임 후 1991년 대만 독립파 간부 이외의 인사들도 귀국이 허가되어 1992년에는 펑밍민 등 망명 중이던 야당세력의 지도자가 귀국하여 민주진보당에 합류했다. 1992년에는 리덩후이가 "야당은 정당정치에 필요한 존재"라고 발언하고, 종신의원의 퇴진과 함께 1991년 국민대회대표와 입법위원이 전면 개선되었다. 또한 형법 100조 개정으로 사상범과 음모죄가 폐지되면서, 1995년에는 5만 1,000명의 사상범과 정치범이 공민권을 회복했다. 결국 1996년 국민 직접선거로 총통이 선출되었다.

이처럼 민주화가 진행되는 가운데 민주당의 약진도 눈에 띈다. 1992년 입법위원 선거에서 33%의 득표율을 올렸으며, 1994년에는 천수이볜陳水扁이 타이베이臺北시장으로 당선되었다. 1996년 총통 선거에서는 펑밍민을 후보로 내세웠으나 실패했고, 2000년 선거에서는 천수이볜이 총통으로 당선되었다. 반세기 남짓 지배하고 있었던 국민당 정권의 정권 교체가 실현된 것이다.

1979년 미려도사건 변호를 계기로 정치활동을 시작한 천수이볜은 대만대학 출신의 변호사이다. 그는 미국 유학 경험은 없었지만, 토크빌의 『미국 민주주의Democracy in America』를 읽고 감명을 받아 미국식 정치를 생각했다.[70] 이러한 천수이볜이 당선되는데 결정적 역할을 한 것은, 1986년에 노벨화학상을 받은 리위안저李遠哲 중앙연구원장의 지지였는데, 그 또한 미국 유학파였다.

이상으로 살펴본 것처럼 대만은 필리핀과 한국에 비교해 불리한 조건에서 민주화를 추진하고 한국보다 실현이 늦었지만 평화적으로 민주정치를 이행했다. 그것은 리덩후이라는 걸출한 지도자가 대만인이라는 비애를 견디며, 미국 유학의 경험을 살려 강력한 주도권을 발휘했기 때문이다. 그와 동시에 민주화를 요구하는 민주진보당에 결집한 세력이 대만인이라는 인종적인 연대를 갖고 급속히 세력을 확대해간 점도 중요하다. 미국으로 망명하여 디아스포라로서 활약한 사람들이 세력을 확대하며 미연방의회에 강력히 요구해 태평양세계라는 초국가적인 정치공간을 활용했다. 민주진보당이 2000년에 정권을 장악할 수 있었던 것도 이들이 귀국하여 민주진보당에 합류했기 때문이었다.

3개국의 민주화와 미국과의 초국가적 관계

3절의 결말로서 미국과의 초국가적인 관계가 필리핀, 한국, 대만 3개국의 민주화에 어떠한 매개 조건으로 작용했는지 간략하게 정리하고자 한다.

먼저 민주화의 첫 번째 구조적 조건인 초기 조건에 대해 살펴보자. 미국의 식민지였던 필리핀은 공화국이라는 미국의 전통을 유산으로 계승하고 있었다. 이것이 민주정치의 경험이 되었다는 점에서 필리핀은 한국이나 대만보다 유리한 조건을 가지고 있었다. 반대로 한국과 대만은 민주정치의 경험이 부족했고, 1970년대에 들어서도 민주화 달성을 낙관하기 어려운 상황이었다.

두 번째 구조적 조건인 권위주의 체제에 대한 불신과 민주화의 지지기반에 대해서는 충분한 검토가 어려운데, 한국과 대만은 대미수출 흑자가 계속되면서 경제발전의 원동력이 되었다. 그와 더불어 민주화의 지지기반인 중산층이 증가했다. 또한 경제발전에 맞추어 전체 인구에서 차지하는 대학생 수의 비율도 증가했다. 그러한 의미에서 경제대국인 미국과의 관계가 중요했던 것은 틀림없다. 이들 나라의 중산층은 미국의 생활방식과 대중문화, 그리고 자유민주주의적 가치관 등 현대문명의 영향을 받았다. 특히 미국 등 선진국에서의 유학은 민주정치와 그 혜택을 직접 체험하는 기회가 되었고, 모국의 민주화를 이루겠다는 의욕을 고취시켰다.

민주화의 초기 조건에서 한국과 대만은 필리핀보다 불리했지만, 두 번째 조건에서 필리핀보다 유리한 단계에 있었다. 따라서 두 번째 조건은 첫 번째 조건에서 불리한 점을 만회하게 하는 것을 가능하게 했다고 할 수 있다.

세 번째 조건인 반체제·야당세력의 확대는, 민주화 운동 지도자들이 그리스도교도로 민주주의 사상을 갖고 있었고 동시에 미국으로 망명하여 디아스포라로서 정치활동을 했다는 점이 3개국에서 공통으로 나타난다. 특히 필리핀이 전형적인 경우로, 망명한 정치가들이 미국 거주자들과 이민자들의 지지를 얻어 활동하며 미국 정부와 연방의회에 힘을 썼다. 거기에는 미국의 공화국과 '내부의 제국'이라는 성격이 자국 민주화의 가능성을 열어주었고 동시에 디아스포라들의 활동으로 미국 자체의 초국가적인 성격도 굳혀졌다.

대만에서도 유사한 활동들이 벌어졌다. 특히 공화국의 전통을 등에 업은 미 연방의회를 움직인 일이 유효했다. 한국은 필리핀과 대만에 비교해 미 연방의회에 대한 요청이 강력하지 않았지만, 김대중 귀국 무렵에는 미국인 유력인사와 언론이 지원했고 김대중이 간접적으로 정치활동을 재개하면서 기존 체제로부터 양보를 얻어내는데 공헌했다. 그러한 의미에서 촉매제 역할을 했다고 하겠다.

　네 번째 조건인 기존체제의 양보에서, 레이건 정부가 필리핀의 마르코스와 한국의 전두환에게 민주화를 받아들이도록 설득한 것이 두 나라가 평화적으로 민주화를 달성하도록 하는데 결정적인 역할을 했다. 여기서 주목할 점은 이것이 미·소대립으로 국제적 긴장이 높아졌던 신냉전 시기였다는 점이다. 당연히 미국 정부는 두 나라를 동맹국으로 간주했고, 기존체제와의 제휴를 중시하고 있었다. 그럼에도 민주화의 실현에 왜냐고 묻지 않으면 안 된다.

　말할 것도 없이 가장 중요하면서 큰 이유는 필리핀과 한국의 민주화 운동이 강력했다는 점이다. 이와 함께 미국에서도 민주화 운동에 호응하는 움직임이 생겨났고, 이것이 기존체제를 설득하는 힘으로 작용했다. 그러한 점에서 보면 두 번째 조건은 신냉전으로 동맹국의 중요성이 커지고 있었고 미국과 필리핀, 한국, 대만 3개국 정상 간에 개인적인 신뢰 관계가 성립되고 있었던 점에서 전제조건이 되었다. 사실 레이건은 카터가 이란의 팔레비를 배신했다고 비난하며 개인적으로 마르코스에게 친근감을 품고 있었다. 한국과도 그만큼 개인적인 신뢰관계가 강하지는 않았다 하더라도 전두환은 레이건의 개인적인 신뢰를 확보하기 위해 권력의 평화적인 이양을 서약했다. 레이건은 대만에 대해서도 동맹국을 배신하지 않는 방침을 취하고 있었다.

　또한 세 번째 조건은 레이건 정부에서도 슐츠를 비롯한 고위관료들이 각국에서 벌어지는 민주화 운동을 보고 동맹국 관계를 유지하기 위해서는 민주화가 불가피하다고 판단하여 레이건의 동의를 얻었다는 점이다. 그러한 의미에서 패권국의 입장에서 미국이 민주주의를 반영하는 결단을 내렸던 것이라고 볼 수 있다. 그 밖에도 미국 언론은 필리핀 마르코스로부터 대통령선거 실시 발언을 이끌어 냄으로 민주화의 촉매역할을 했다. 또한 미 연방의회도 선거감시단을 파견하여 마르코스의 부정을 폭로하고 레이건 정권에게 결단을 압박하는 등 미국의 민주주의가 필리핀의 민주화 달성에 한 요인으로 작용했다.

다시 말해 필리핀은 민주주의의 회복이라는 성격이 강했고, 레이건 정부와 미 연방의회, 그리고 언론 등 미국과의 공식 및 초국가적인 관계가 한국이나 대만의 경우보다 강력하게 작동했다. 그 결과 필리핀은 한국, 대만보다 먼저 민주화를 달성하고, 다른 2개국의 민주화 운동을 고무하는 역할을 했다.

한국의 민주화 운동은 필리핀, 대만보다 고조되어 있었고, 김대중과 김영삼이라는 강력한 야당 지도자가 미국과 일본과의 초국가적인 관계에서도 지지를 받아 한국 정부에 대항하면서 미국의 동맹자라는 유력한 선택지가 있었다. 또한 전두환 정권은 정통성에 문제가 많았기 때문에 레이건 정부의 지지를 받지 않으면 안 되었다. 이러한 점에서 사태 악화를 우려해 레이건 정부의 설득을 받아들이기 쉬웠다. 한국의 경우는 한국 정부의 정통성을 미국 정부가 지지한다는 특수한 관계에 있었기 때문에 이 점이 민주화에 대한 가능성을 열어 주었다.

그에 비해 대만은 한층 더 복잡했다. 국민당 정부는 연달아 암살사건을 일으키면서, 미 연방의회와 언론의 심한 반발을 일으켰다. 그러한 점에서 장징궈가 정권을 존속시키기 위해 미국 내 평판을 회복하고자 했고, 후계자 문제에서 양보하고 야당의 활동을 인정하는 등 민주화를 용인하는 방침으로 전환했다. 장징궈를 계승한 리덩후이도 대만인으로 미국 유학 경험이 있었다는 점에서 민주화를 촉진하는 주도권을 발휘했다.

이처럼 대만은 미국 정권의 영향이 필리핀과 한국에 비해 간접적이었다. 그렇다 하더라도 패권국가인 미국에 대한 의존이 강했고 미 공화국과 민주주의를 자신들 개혁의 모델로 삼았다는 점에서 미국의 영향이 매개적인 역할을 했다고 할 수 있다. 총통에 취임한 야당지도자 천수이볜도 사상 면에서 미국식 민주주의에 매혹되었고 정치 모델로 생각하고 있었다.

이상에서 살펴본 것처럼 필리핀, 한국, 대만 3개국의 민주화 과정은 미국과의 정부 간 관계뿐만 아니라 초국가적인 현상이 매개가 되어 촉진하는 작용을 했다.

1980년대 후반 필리핀, 한국, 대만 3개국이 민주화를 달성하거나 이행할 수 있었던 것은 태평양세계의 국제관계에서 어떤 의미가 있는 것일까. 헌팅턴이 말한 '제3의 물결'의 세계적 확산이며, 민주화 흐름의 일환이라 하겠다. 그러나 국제관계에 주목해서 본다면 동아시아의 민주화가 선행되면서 냉전이 종결되었다.

동아시아는 1971년 미국과 중국 간의 긴장완화가 유럽보다 먼저 이루어졌다. 냉전이 끝날 무렵인 1988년에 인도네시아가 동남아시아국가연합과 협력해서 캄보디아 내전을 수습할 실마리를 만들었고, 일본도 적극적 자세를 보여 1989년에 파리회담이 개최되었다. 거기서 베트남이 군대 철수에 응함으로써 평화가 추진되었다. 그 해 소련군도 아프가니스탄에서 철수했다. 또한 1991년 화산폭발을 계기로 미국이 오랫동안 필리핀에 보유했던 군사기지를 포기한 것도 동아시아의 냉전 종식을 상징적으로 보여주는 것이다.

긴장완화가 서로 다른 정치체제의 평화 공존을 의미한 것인데 비해, 1989년 동유럽 국가들의 혁명에 의한 냉전 종결은 옛 사회주의 국가들이 민주화와 시장경제를 목표로 개혁을 추진하게 되었다는 점에서 1970년 대의 긴장완화와 1980년대의 냉전 종결은 질적으로 다르다. 사실 태평양 지역 세계의 형성을 정부 간 뿐만 아니라 비정부 차원에서도 주도하며 유럽의 냉전 종결에 큰 공헌을 한 미국 부시 시니어 정권은 대외정책의 목표를 냉전의 동서대립에서 세계의 민주화와 시장경제 활성화로 바꿨다. 그 뒤를 이은 클린턴Bill Clinton과 부시 주니어 정권 모두 같은 목표를 가졌다. 따라서 냉전 시대와 달리 권위주의 체제 국가들은 반공만으로는 미국의 무조건적인 동맹국이 될 수 없었다. 오히려 미국이 전개하는 인권외교에 어떻게 대응하는 지가 관건이었다.

이 점은 톈안먼사건으로 민주화 운동을 탄압한 중국이 가장 대표적인 경우이다. 중국 정부는 미국의 자유민주주의적 가치관과 대중문화가 중국 사회에 침투하자 구동유럽 국가들처럼 공산당 정권의 존립이 위협당할 것을 경계해, 이를 막고자 '평화연변'[71] 정책을 엄격하게 지켰다. 경제성장을 순조롭게 달성하고 있었던 싱가포르에서도 리콴유 전 총리 등이 이와 비슷한 불안을 품고 아시아적 가치관이라는 문제를 제기하며 미국의 인권외교에 반격을 가하려고 했다. 또한 가치관 문제는 아니더라도 미국과 오세아니아의 여러 나라를 배제한 동아시아 경제권 창설을 제안한 말레이시아의 마하티르Mahathir bin Mohamad 총리도 서구 국가들에 대항하려는 태도를 노골적으로 드러냈다.

그에 비하면 민주화를 달성한 김대중과 리덩후이의 반응은 훨씬 차분했다. 이들은 민주화를 달성함으로써 한국과 대만이 냉전 후 미국의 대외정책 변화에 적응할 수 있는 사전준비가 되어 있었기 때문이다. 이 점은 냉전 후 동아시아에서의 국제관계 변용을 이해하는 중요한 차이였다고 하겠다. 이는 서양 대 아시아라는 '문명의 충돌'은 더는 국제관계의 쟁점이 되기 어려운 상황이었음을 의미했다.

그 배경은 더 말할 필요도 없이 1980년대 동아시아가 글로벌화 하는 세계 경제발전의 중심으로 약진했다는 사실을 들 수 있다. 하지만 냉전 후 처음으로 들어선 클린턴 정권은 미국의 경제 재건을 최우선 과제로 삼아 일본의 위협에 대항하기 위해 강경한 무역교섭을 전개하고, 1995년 타결하기 전까지 '전후 최악의 미·일관계'라고 일컬어졌다. 이 같은 미·일관계를 개선하기 위해 일본은 방위협력을 강화하며 미·일안보에 대한 재정의도 이루어졌다.

다른 한편 냉전 종결 이후에도 동아시아에서는 중국, 북한, 베트남이라는 사회주의 국가가 남아있었다. 그렇다 하더라도 중국과 베트남은 경제발전을 수반한 글로벌화라는 파도에 자주적으로 참여하는 길을 선택하고 발전의 실마리를 잡는 데 성공했다. 이렇게 북한과 미얀마를 제외하고 태평양세계의 지역적인 통합이 한층 깊어가는 가운데, 사회주의 국가들이 존속함에도 동아시아 지역 전체를 종단하는 대립축이 해소되기에 이르렀다.

결국 잔존하는 남·북한과 중국·대만 간의 대립은 지역분쟁이자 국지적 문제로 다루어지면서, 당사국이라 해도 상대국의 지원국과도 국교를 정상화할 수 있게 되었다. 한국이 소련이나 중국과 국교를 정상화한 것은 그 전형적인 예이고, 북한도 늦게나마 2000년에 한국, 2002년에는 일본과 정상회담을 했다. 또한 중국과 대만도 경제교류가 활발하게 이루어지고 있으며, 중국은 바야흐로 미국에 대해 최대의 무역흑자 국가로 약진하고 있다. 이처럼 태평양세계의 통합이 깊어진 것은 냉전 후 동아시아가 상대적으로 안정을 유지하고 있는 것이 최대의 이유다.

1 Daniel T. Rodgers, *Atlantic Crossings : Social Politics in a Progressive Age* (Cambridge, MA : Harvard University Press, [1998]2001).

2 石塚道子, 「世界化する都市とカリブ海系移民」, 五十嵐武士編, 『アメリカの多民族體制 ―「民族」の創出』(東京大學出版會, 2000), pp. 283~284.

3 Michael Schaller, *The American Occupation of Japan : The Origins of the Cold War in Asia* (New York : Oxford University Press, 1985); 五味俊樹監譯, 立川京一・原口幸司・山崎由紀譯, 『アジアにおける冷戰の起源 ― アメリカの對日占領』(木鐸社, 1996).

4 李鍾元, 『東アジア冷戰と韓米日關係』(東京大學出版會, 1996).

5 대만관계법 : 카터 정부 당시 중국과 수교하면서 대만과 맺고 있던 공동방위조약을 폐기하고 이를 대체하기 위해 1979년 4월 제정·발효된 미 국내법이다. (역자 주)

6 James Mann, *About Face : A History of America's Curious Relationship With China From Nixon to Clinton* (New York : Alfred A. Knopt, 1999), pp. 128~129, 154; 鈴木主稅譯, 『米中奔流』(共同通信社, 1999), pp. 198~199, pp. 233~234.

7 有賀貞, 「アメリカ外交における人權」, 有賀編, 『アメリカ外交と人權』(日本國際問題研究所, 1992), p. 718.

8 Yuji Ichioka, "A History by Happenstance," *America Journal*, Vol. 26 NO. 1 (2000), pp. 3~5.

9 渡辺利夫, 『アジア新潮流 ― 西太平洋のダイナミズムと社會主義』(中公新書, 1990), p. 54.

10 NIES(Newly Industrializing Economies) : 당초에는 NICS(Newly Industrializing Countries)라고 했는데, 1988년 캐나다 토론토에서 열린 주요 선진국 정상회의 때 홍콩과 대만이 정상적인 국가가 아니기에 중국을 배려 할 필요가 있다는 일본 다케시타 총리의 주장을 받아들여 NIES라고 부르게 되었다. 아시아의 한국·대만·홍콩·싱가포르, 중남미의 멕시코·브라질·아르헨티나 등이 해당된다.(역자 주)

11 ASEAN(Association of Southeast Asian Nations) : 동남아시아 지역경제 및 사회적 기반 확립을 목적으로, 1967년 8월 8일 설립되었다. 현재 10개 회원국(필리핀, 말레이시아, 싱가포르, 인도네시아, 타이, 브루나이, 베트남, 라오스, 미얀마, 캄보디아)으로, 동남아시아의 지역협력 촉진, 외국으로부터의 간섭을 배제하고 역내 국가의 평화와 안정 수호, 경제·사회·기술·문화 각 분야에서의 상호원조 등을 목적으로 한다.(역자 주)

12 주 9와 같음.

13 五十嵐武士, 「アメリカは世界をどう見ているのか」, 五十嵐·古矢旬·松本札二編, 『アメ
    リカの社會と政治』(有斐閣, 1995), p. 275.

14 코리아게이트(Koreagate) : 1976년 대한민국 중앙정보부가 박동선을 통해 미국 정치인들
    에게 뇌물을 주어 미국 정부에 영향을 끼친 사건이다.(역자 주)

15 록히드(lockheed)사건 : 미국의 록히드사에서 1950년대 후반부터 1970년대까지 항공기
    를 팔기 위해 여러 나라에 뇌물을 뿌린 일이다.(역자 주)

16 Joshua Muravchik, *Exporting Democracy : Fulfilling America's Destiny*, Revised
    Paperback Edition (Washington, DC;AEI Press, 1992), pp. 197~198.

17 한국교육개발연구소, 『2002교육통계분석자료집』(한국어).

18 *Taiwan Statistical Handbook*, 2002, p. 280.

19 Barbara S. Gaerlan, "The Movement in the United Status to Oppose Martial Lsw
    in the Philippines, 1972-1991 : An Overview," *Philipinas*, No.33 (1999), pp. 81,
    83.

20 Ibid., pp. 80, 83~84.

21 Ibid., pp. 86~87.

22 민주구국선언 : 1976년 3월 1일 명동성당에서 개최된 3·1절 기념미사를 빌미로 정부가
    재야의 지도급 인사들을 정부 전복 선동 혐의로 대량 구속한 사건이다.(역자 주)

23 김대중 납치 : 김대중이 1971년 대통령선거에서 신민당 후보로 출마, 민주공화당 후보였
    던 박정희 대통령에게 94만 표 차이로 석패했다. 이후 김대중은 박정희의 부정선거와 독
    재정권을 비판하고 미국과 일본에서 한국 민주화 회복을 위해 박정희 반대 활동을 했다.
    그러던 중 일본에 망명 중이던 김대중이 1973년 8월 8일 오후 1시경 일본 도쿄의 그랜드
    팔레스호텔에서 대한민국 중앙정보부 요원으로 추정되는 사람들에게 납치되어, 8월 13
    일에 서울의 자택 앞에서 발견된 사건이다.(역자 주)

24 김충식, 鶴眞輔譯, 『實錄KCIA ─ 「南山と呼ばれた男たち」』(講談社, 1994), pp.
    166~167.

25 민주화추진협의회 : 1984년에 창설되어 1987년에 해체되었다가 2002년에 다시 만들어
    진 대한민국의 정치단체이다.(역자 주)

26 김대중, 金淳鎬譯, 『金大中自傳 ─ わが人生, わが道』 増補(千早書房, 2000), pp.
    222~224.

27 若林正丈, 『臺灣 ─ 分裂國家と民主化』(東京大學出版會, 1992);『蔣經國と李登輝 ─
    「大陸國家」からの離陸?』(岩波書店, 1997).

28 彭明敏, 鈴木武生·桃井健司譯, 『自由臺灣の道 ─ 新時代の旗手·彭明敏自傳』(社會思
    想社, 1996).

29   위와 같음, pp. 243~244.

30   若林正丈, 앞의 책, pp. 200~202; 伊藤潔, 『李登輝傳』(文藝春秋, 1996), p. 194.

31   若林正丈, 앞의 책, pp. 209~211.

32   ベリンダ·A·アキノ, 伊藤美名子譯, 『略奪の政治體制下のフィリピン)』(동문관출판, 1992), pp. 45~50, p. 91, p. 95.

33   Gaerlan, op. cit., p. 87.

34   *Congressional Quarterly Weekly Report*, Vol. 43 No. 43, p. 2152; Vol. 43 No. 45, p. 2285.

35   George Shultz, *Turmoil and Triumph : My Years As Secretary of State* (New York : Charles Scribner' Sons, 1993), p. 624.

36   金泳三, 『新韓國の創造』(東洋經濟新報社, 1994), pp. 116~121.

37   김대중, 앞의 책, pp. 219~229.

38   위와 같음, pp. 230~231.

39   若林正丈, 앞의 책, p. 211, pp. 214~215.

40   위와 같음, pp. 219~220.

41   Daniel Lynch, "Taiwan's Democratization and the Rise of Taiwanese Nationalism as Socialization to Global Culture," *Pacific Affairs*, Vol. 75 No. 4 (2002-2003), p. 560.

42   伊藤潔, 앞의 책, p. 88.

43   若林正丈, 앞의 책, pp. 223~234.

44   *Congressional Quarterly Weekly Report*, Vol. 43 No. 45, p. 228.

45   Shultz, op. cit., pp. 614~615.

46   Gaerlan, op. cit., p. 88.

47   *Congressional Quarterly Weekly Report*, Vol. 45 No. 51, p. 2695.

48   Shultz, op. cit., p. 618.

49   Ibid., pp. 624~626, 628.

50   *Congressional Quarterly Weekly Report*, Vol. 44 No. 7, p. 301.

51   Shultz, op. cit., pp. 860~861.

52   Ibid., pp. 632~638; 藤原歸一, 「フィリピンにおける「民主主義」の制度と運動」, 『社會科學硏究』 제40권 1호(1988), pp. 1~94.

53 Shultz, op. cit., pp. 975, 977~978.

54 Ibid., p. 979.

55 Don Oberdorfer, *The Two Koreas : A Contemparary History* (New York : Basic Books, 1997), p. 166; 菱本一美譯, 『二つのコリア ― 國際政治の中の朝鮮半島』(共同通信社, 1998), pp. 200~201.

56 森山茂德, 『韓國現代政治』(東京大學出版會, 1998), p. 119.

57 James Lilley with Jeffrey Lilley, *China Hands : Nine Decades of Adventure, Espionage and Diplomacy in Asia* (New York : Public Affairs, 2004), pp. 275~278.

58 Ibid., p. 279.

59 森山茂德, 앞의 책, p. 119.

60 Lilley, op. cit., p. 257.

61 Mann, op. cit., p. 154; 앞의 책, pp. 233~234.

62 伊藤潔, 앞의 책, p. 87.

63 若林正丈, 앞의 책, pp. 232~233. 伊藤潔, 앞의 책, p. 89.

64 Lynch, op.cit., pp. 563~564, 572.

65 若林正丈, 앞의 책, pp. 233~234.

66 伊藤潔, 앞의 책, pp. 95~96.

67 若林正丈, 앞의 책, pp. 248~249, p. 253, p. 270.

68 李登輝, 『臺灣の主張』(PHP연구소, 1999), p. 41, p. 76.

69 Muravchik, op.cit., pp. 197~198.

70 陳水扁, 及川朋子他譯, 『臺灣之子』(매일신문사, 2000), p. 153.

71 평화연변(平和演變) : 중국에서 평화적인 수단으로 구소련이나 동유럽 국가들처럼 사회주의체제를 붕괴시킨다는 것.(역자 주)

제3장

**미국의 글로벌화와
제국주의**

냉전 후 패권과 미국의 글로벌화

냉전 후의 안전보장정책

냉전이 종결되고 동서 간 울타리가 제거되면서 글로벌화가 출현했다. 이와 연계하여 글로벌화를 추진한 미국 내에서도 글로벌화는 더욱 심화했다. 글로벌화 전개의 전제인 냉전 후 미국의 패권 전개를 밝히기 위한 출발점으로 냉전의 결과를 미국이 어떻게 받아들여졌는지 고찰하는 것에서 시작한다. 제2차 세계대전은 루스벨트 대통령 스스로 전시 중에 이미 전후 구상을 빈틈없이 준비했고, 정부 주도하에 전후 처리에 몰두하며 체제를 정비했다. 이에 비해 냉전 종결 때는 미국 정부가 역사적 의미를 확정한 것이 아무것도 없었다.

대신 1989년 여름 폴란드와 헝가리의 사회주의체제 변혁이 막 시작될 즈음에 동유럽 국가에서도 잇달아 혁명이 달성될 것을 신속히 예측했듯, 냉전 종결의 역사적인 의미를 대담하게 제기한 글이 발표되어 주목을 받았다. 당시 미 국무부 정책기획위원회의 직원이었던 일본계 미국인 후쿠야마Francis Yoshihiro Fukuyama가 발표한『역사의 종말The End of History』이
그것이다. 이 감동적인 제목의 글에서 후쿠야마는 냉전의 종언은 단순히
반공을 기치로 하여 싸운 서측의 동측에 대한 승리일 뿐만 아니라 정치체
제로서 자유민주주의가 절대적인 우위를 차지한 것이라고 소리 높여 규
정했다.

　여기서 중요한 것은 제목 글자 그대로 인간의 행위로서의 역사가 끝나
버리고, 인류에게 미래가 없어졌다는 것이 결코 아니다. 후쿠야마는 냉전
을 어느 쪽이 인간성을 더 훌륭하게 만족하게 할 수 있는지를 겨루는 정
치체제 간의 경쟁으로 보고, 사회주의가 사람들의 '기개', 즉 자존심self-
esteem을 만족하게 하지 못해 자유민주주의와 겨룰 수 없음을 지적하고자
했다. 그 결과 자유민주주의로의 전환에 대한 체제 구상 없이 선택지가
없어져 버렸다고 판단한 것이다.[1]

　후쿠야마의 이러한 견해는 모든 인간이 똑같은 인간성을 지니고 있다
고 상정한 것으로, 근대 계몽주의 사상에서 유래한 '인류 보편사'의 관점
에 서 있다. 유럽 기원의 근대 역사를 인류 전체의 보편 타당한 역사로 파
악하고, 그 역사적 전개의 최종단계에 이르러 새로운 단계를 상정할 수
있게 되었다고 의미를 부여했다. 냉전을 '서양의 내전'이라고도 불렀듯이
이 결론은 전형적으로 서양적인 역사관이었다. 그러므로 근대 이전의 역
사에 대해서는 약한 미국이 냉전의 종결을 '역사적 의미'로 평가하는 일을
한 것이다.

　그러나 냉전의 종결은 제2차 세계대전처럼 미국 정부가 주도한 것이
아니라 국제환경이 크게 변화하는 가운데 그 가능성이 열린 것이다. 1989
년에 동유럽 국가에서 사회주의체제를 변혁하려는 혁명이 비교적 평화롭

게 진행되면서 동서대립을 상징하던 베를린 장벽이 마침내 붕괴하자, 미국에서는 소련과의 냉전을 어떻게 종결시킬 것이냐는 긴요한 전후처리 문제가 과제로 떠올랐다.

냉전 종언이라는 국제정세에 직면한 부시는 예외적으로 부통령에서 승격한 대외정책 경험이 풍부한 대통령이었고, 레이건 정권을 계승했다 하더라도 대중에 인기 있는 지도자형 대통령인 레이건과는 달리 원래 공화당 온건파의 중핵에 있던 정계주류형의 정치가였다. 그는 루스벨트 정권처럼 전후 구상을 빈틈없이 준비할 여유가 없었지만, 냉전 후 국제관계를 안정시키기 위해 루스벨트처럼 제도화를 추구했다. 그는 이를 위한 전제로 1989년 정권이 들어서자 곧 소련과 바르샤바조약기구 국가들과의 긴장완화를 추진하겠다는 방침을 내리고 유럽 주둔 미군의 감축을 일방적으로 추진했다. 그 결과 예상을 뛰어넘는 속도로 동유럽 국가에서 잇달아 혁명이 성공하며 냉전에 대처하자 그해 12월 몰타에서 열린 고르바초프 Mikhail Gorbachev 소련 공산당 서기장과의 정상회담에서 냉전 종결을 공동 선언했다. 이듬해 북대서양조약기구도 오랫동안 대치해왔던 바르샤바조약기구와의 적대관계를 청산하고 통상 병력의 군축을 달성했다.

냉전 후 국제관계의 제도화에서 강조해야 할 점은 서독의 콜Helmut Josef Michael Kohl 총리가 1989년 11월에 갑자기 독일통일계획을 공표하자, 냉전 내내 역대 미국 정권이 서독의 독일통일방침을 지지했던 전통을 이어받아 부시 대통령도 적극 지지하는 방침을 내세웠다. 그러나 독일통일에 대해 소련뿐만 아니라 냉전 중 동맹국이었던 영국과 프랑스도 제1차 세계대전 전야의 악몽이 되살아나는 것이라며 강하게 반발했다.

그럼에도 독일통일을 지지했던 부시 정부는 영국과 프랑스 등 유럽 여러 나라를 안심시키기 위해 독일 위협 재발 방지를 목적으로 통일독일이 북대서양조약기구와 유럽공동체 등 국제기구에 잔류하는 방침을 제시했다. 그와 동시에 소련에 대해서도 북대서양조약기구가 없어지면 미군이 유럽에 주둔할 수 없게 된다고 지적하며 통일독일에서 북대서양조약기구가 남을 수 있도록 승낙해줄 것을 참을성 있게 설득했다. 그 결과 서독의 소련 설득공작에 힘입어 소련이 그 방침을 승인하면서, 1990년 10월 독일국민의 염원인 통일이 달성되었다.[2]

소련과 동유럽 국가들도 냉전 종언과 함께 서방 여러 나라와 마찬가지로 민주주의와 시장경제 실현을 지향했고, 부시 정권은 정치체제에서의 대립을 해소하여 동질화를 추구하기 위해 이들 여러 나라의 개혁을 적극적으로 지원하는 '관여engagement' 정책을 전개했다. 이처럼 부시 대통령은 제2차 세계대전 말에 루스벨트가 전후 구상을 추진했듯이 패권국으로서 냉전 종결에 대응한 국제질서의 형성을 강력히 주도했다. 패권 형태도 루스벨트를 모방하여 대국 간 협조를 중시하는 뉴딜형이었다고 말할 수 있다.

유럽에서는 제2차 세계대전 후 얼마 안 되어 냉전이 시작되어 루스벨트 정부의 전후 구상이 좌절되었지만, 냉전 종결 후에도 존속한 북대서양조약기구가 안전보장의 기반이 되었다. 북대서양조약기구는 군사동맹이라기보다도 정치동맹으로서의 성격을 강화하고 지역안전보장체제로 전환해갔다. 1993년에 등장한 클린턴 정권은 잠재적인 적대세력도 회원국으로 받아들여 분쟁 발생과 격화를 사전에 억제하는 것을 목표로 하는 협조적 안전보장 구상을 내세웠고, 구소련권 국가들과 제휴하는 '평화를 위한 협력 협정PFP ; Partnership for Peace' 방침은 그 대표적인 예이다. 또한 이러한 신뢰관계를 기반으로 북대서양조약기구는 차츰 구동유럽국가들의 참여를 인정하며 동방 확대를 추진해갔다. 2005년에는 구소련의 발트 3국을 포함하여 참가국은 26개국에 이르렀다.[3] 다시 말해 클린턴의 경우도 뉴딜형의 패권을 답습하고 있었다.

냉전 후 국제정세는 처음부터 미국의 전후 구상으로 한정되어 있었지만, 세계 지역마다 상당히 다른 양상을 드러냈다. 제2차 세계대전의 전후 구상은 냉전으로 인한 동서대립이 현실화하는 것을 막을 수 없었던 것처럼 전후 처리가 가장 정확하게 진행되었던 유럽에서조차 국제긴장에서 완전히 자유로울 수는 없었다. 북대서양조약기구는 1990년에 채택한 전략에서 이미 인접지역 분쟁에 어떻게 대처하느냐라는 새로운 과제에 직면하지 않으면 안 되었다.

그중 가장 심각한 문제가 1990년 8월에 이라크가 쿠웨이트를 침공해서 발생한 걸프전 위기였다. 부시 정권은 이 위기를 '냉전 후 최초의 위기'로 파악하고 유엔의 집단안전보장체제를 본격적으로 활용하는 방침을 세우고, 쿠웨이트를 해방하기 위해 안전보장이사회의 결의에 따라 이듬해 1월 걸프전을 단행했다. 게다가 이 전쟁은 시작한 지 겨우 1개월 반 만에 미국의 압도적인 승리로 끝났다. 이처럼 부시 대통령은 말 그대로 뉴딜형의 패권을 실시했다.

미국의 주도권은 버젓이 국제법을 침해한 이라크를 쿠웨이트로부터 철퇴시켰다는 점에서 유엔 본래의 집단안전보장체제를 실현한 것이다. 그뿐만 아니라 세계 석유매장량의 대부분을 차지하는 지역의 안전을 확보함으로써 세계질서의 형성과 운영에 성공적이었고, 글로벌 거버넌스[4]의 요청에도 응하는 것이었다고 해도 좋을 것이다.

사실 걸프전 개시와 동시에 부시 대통령은 세계 평화를 목표로 하는 '신세계질서' 구상을 내세웠고, 전쟁 완료 후 현안이었던 팔레스타인문제를 비롯한 중동평화에도 본격적으로 착수해나갔다. 이 평화회의에서는 그때까지 비합법 조직으로 여겨지던 팔레스타인해방기구PLO 대표자에게 옵저버observer로서 정식 출석을 처음 인정하고, 1993년에는 노르웨이의 중계로 이스라엘과 PLO가 평화를 진행하는 오슬로 합의에 도달했다.

　글로벌 거버넌스 면에서 이라크의 후세인 정권이 이미 화학병기를 사용하고 있었는데 걸프전 후 핵무기 개발을 진행하던 것까지 판명되자 대량 파괴무기의 위험 확산이 새로운 안전보장문제로 부상됐다. 또한 헌팅턴이 1993년에 발표한 글「문명의 충돌」에서 경종을 울렸듯이 후쿠야마의 전망과는 달리 세계가 모두 근대의 최종단계를 맞이한 것이 아니라 냉전 후에는 세계 각지에서 민족·종교 문제가 발단되는 소위 '전근대적인' 지역분쟁이 계속됐다. 부시 정권도 이와 같은 문제를 해결하기 위해 유엔의 요청에 근거하여 1993년 소말리아에 처음으로 '인도적 개입'을 위해 군대를 파견했다.

　그해 신정권을 발족한 클린턴 대통령은 주지사 출신이었던 점에서 대외정책 경험이 부족하고, 미국 경제의 재건이라는 내정 문제를 최우선으로 했기 때문에 대외정책에 대한 관심은 상대적으로 낮았다. 그러한 의미에서 미국 정부의 '냉전 후'를 오히려 부각하는 존재였다. 선거 시기부터 인권외교를 내건 이유는 공화당으로부터 정권을 탈환해야 했고, 같은 민주당의 카터 정권으로부터 대외정책의 주요한 각료와 보좌관을 이어받았으며, 또한 그것은 미국 국민에게 다가가기 쉽고 도의적인 성격이 강한 것이었기 때문이다. 마찬가지로 대외정책의 기본방침으로서도 민주주의 여러 나라 사이에서는 전쟁이 일어나기 어렵다는 '민주주의 평화론'에 따라 미국인의 가치관을 고착시킨 '시장경제에 따른 민주주의의 확대'를 내세웠던 것이다. 반면 이란, 이라크, 북한 등의 여러 나라에 대해서는 지역적인 정세를 불안정하게 만든다고 보아 '악의 축'이라고 명명하고 국제사회의 책임 있는 일원으로 변모시키기 위해 봉쇄정책을 취했다.

냉전 후에는 민주주의 국가가 유엔회원국의 3분의 2에 가까운 120개국에 달했고, 이 방침은 세계적 대세를 반영한 것이다. 동시에 미국 스스로 국가로서의 성격을 세계에 크게 보급해 근대화의 경향을 짙게 띠고 있었다. '악의 축'에 속하는 국가는 그와 같은 미국 자신을 세계에 투영시킨 국제질서에 '역행하는' 국가로 간주하였던 것이다.

그러나 대외 경험이 적었던 클린턴 대통령은 글로벌 거버넌스의 요청에 정확히 대응하지 못했고, 취임 첫해에는 지역분쟁에 대한 대응에서 실패만 되풀이했다. 발칸반도의 보스니아·헤르체고비나내전은 미군 장병의 희생을 염려하여 지상군 파견을 거부하고 공중폭격을 고집하여 유럽 국가들과 대립했다. 소말리아에서도 미군 희생자가 나오자 급히 군대를 철수시켰다. 아이티 사태도 무력개입 바로 직전까지만 갔었다. 그 결과 클린턴 정권 출범 당시 중시했던 유엔과의 협조 노선은 크게 후퇴하게 되었다. 따라서 클린턴 정권은 미국의 단독주의를 중시하는 레이거노믹스 Reaganomics형의 패권 경향도 적었는데, 국내 경제정책에서도 그대로 나타났다.

그 후 아이티 사태 해결에 이어 미국 데이튼에서 보스니아 평화협정에 조인한 것은 1995년 이후의 일이다. 마침내 보스니아 재건을 위해 지상군 파견을 결단하고, 1999년에는 북대서양조약기구가 코소보를 공습해 세

르비아를 굴복시켰다.

유럽과는 반대로 1989년 동아시아에서는 중국 정부가 민주화운동을 탄압하는 톈안먼사건이 일어났고, 선진국 여러 나라는 인권침해를 이유로 중국에 경제제재를 가했다. 이 지역에서 부시 정권은 유럽과 달리 미·일안보체제 등 국가 간 동맹을 중시하는 종래의 자세를 유지했다. 일본과 동남아시아 국가들이 아시아 국가 간 안전보장 논의가 인정되어 아세안지역포럼ARF ; ASEAN Regional Forum이 창설되기 위해서는 클린턴 정권이 등장할 때까지 기다려야 했다. 클린턴 정권 때 아시아태평양경제협력체 APEC ; Asia-Pacific Economic Cooperation도 정상회의로 격상되었다.

그러나 클린턴이 강력히 추진하려고 한 인권외교에 대해 중국뿐 아니라 싱가포르 등의 여러 나라가 아시아만의 독자적인 가치관이 있다고 강력히 반발하면서 이 지역에서도 '문명의 충돌'이 나타났다. 그 결과 중국의 인권문제와 최혜국대우 갱신을 연계하려는 클린턴의 강경방침은 철회되었다. 그 후에도 미·중 관계는 개선되지 않았고, 1996년에 대만에서 처음으로 실시한 총통 직접선거를 견제하기 위해 중국이 대만해협에서 미사일실험을 강행하자 미국이 두 척의 항공모함을 보냄으로써 양국 간 긴장이 고조되기도 했다.

이와 같은 사태를 타개하기 위해 클린턴 정권은 중국에 대한 '전면적 관여comprehensive engagement' 정책을 수립하고 이듬해부터 양국 정상의 상호방문을 추진하여 관계 개선을 꾀했다. 클린턴은 장쩌민江澤民 주석과 만난 자리에서 공공연히 "중국은 역사의 잘못된 쪽에 있다"고 지적하며 인권상황 개선을 언급하고, 미사일 수출과 대량살상무기WMD ; Weapons of Mass Destruction 확산을 억제해 달라고 요구하는 한편 중국이 가장 염려하는 대만과의 관계에서는 대만 독립을 인정하지 않는다는 방침을 명확히 했다.

북한의 핵개발 의혹은 동아시아에서도 대량살상무기 확산 방지가 심각한 문제로 떠올랐음을 의미했다. 1994년에 클린턴 정권은 북한의 핵개발 억제를 위해 선제공격까지 검토했었고, 카터 전 대통령이 북한을 방문해 김일성 주석을 직접 설득함으로써 간신히 위기를 넘겼다. 그 후 북한의 핵개발을 막기 위한 한국, 미국, 일본 3개국이 협력하여 북한 에너지 문제를 지원하고, 한반도에너지개발기구KEDO ; Korean peninsula Energy Development Organization를 창설하는 것으로 교섭 합의에 이르렀다.

이처럼 냉전 후 미국은 국익에 직접 관계가 있는 패권질서 유지뿐만 아니라 전략적인 필요성이 명확하지 않은 경우에도 국제정세를 안정화하기 위해 글로벌 거버넌스 요청에 따라 인도적 개입을 했다. 다른 나라에 무력개입한 것이 냉전 기간인 40년 동안 16회였던 것에 비해 냉전 종결 후 10년간은 그보다 3배나 많은 50회에 달했다.

그럼에도 1998년에 인도와 파키스탄이 잇달아 핵실험을 하고, 같은 해 북한에 이어, 이듬해 이란도 미사일실험에 성공하면서 대량살상무기 확산을 방지하기에는 역부족이었다. 또한 세계 지역분쟁에도 충분히 대응하지 못해 미국은 르완다와 콩고내전에서 벌어진 대량학살을 간과해 국내외의 비판을 받았다.

미국 경제의 부흥과 글로벌화의 문제점

냉전 승리 후 유일한 패권국이 된 미국은 말 그대로 세계가 우러러보는 존재가 되었다고 해도 결코 틀린 말이 아니다. 그러나 이러한 미국도 폴 케네디가 "제국의 손을 지나치게 확장했다"고 경고한 것처럼 쇠퇴 양상이 드러나고 있었다. 1989년 GDP 세계 점유율은 25%를 차지했으나, 1991년 초에는 마이너스 성장으로 떨어졌다. 기업경영자도 해고의 대상이 되는 유연한 노동시장에서 벌어지는 가차 없는 인력축소로 '화이트칼라의 위기'가 생겨났다. 이 때문에 실업률은 1992년 7.5%로 과거 10년 사이에 최고치를 기록했다. 범죄발생 건수도 증가하여, 1990년대 초 이후에는 10만 명 당 살인건수가 9명을 넘었다. 이는 일본의 9배가 넘는 수치였다.

바야흐로 미국은 국가로서의 진가를 시험하는 중요한 고비를 맞이하고 있었다. 실제로 1991년에는 연방의회 하원의장의 부정, 즉 하원사설은행에서의 부정융자 등이 잇달아 발각되었다. 이 때문에 현직정치인에 대한 불신이 분출되었고, 1992년에는 로스앤젤레스에서 폭동이 일어났다. 걸프전 직후 사상 최고의 지지율을 기록하던 부시 대통령의 인기도 순식간에 떨어져 50%를 밑도는 상황에서 1992년 대통령선거의 해를 맞이했다.

1998년의 대통령선거는 미국이 냉전에서 벗어나 '평화의 배당'을 요구하는 유권자들이 정계를 흔들며 '선거에 의한 혁명'이 이뤄진 무대였다. 미국 경제 침체가 주요 관심사인 가운데 텍사스의 부호 페로Henry Ross Perot가 재정적자 해소를 최우선 과제로 내세우며 무소속후보로 등장했다. 페로는 민주·공화 양당 후보자에게 불만이었던 유권자에게 다가가 눈 깜짝할 사이에 36%의 지지율을 올리고 최고 유력후보로 올라섰다. 무소속후보가 최고 유력후보가 된 것은 200년 넘는 미국 대통령선거 역사상 처음 있는 일이었다.

이 선거에서 페로는 19%의 득표율을 올렸고, 공화당 지지자로부터도 대량 득표를 얻어 현직 부시 대통령에게 타격을 주었다. 민주당 후보인 클린턴은 43%의 득표율을 올렸지만, 어부지리로 당선될 수 있었다. 클린턴은 "문제는 경제야, 바보야It's the economy, stupid"라는 미국 경제 재건을 최우선으로 하는 공약을 내걸었다. 페로와의 차이점은 1980년대에 소득 격차가 커지면서 어려운 상황에 부닥친 중산층에 초점을 맞추어 그들의 지위 향상을 주요 공약으로 내건 점이다. 이처럼 클린턴은 포퓰리스트적 성격도 강하고, 연설에 능숙한 설교형에 가까운 정치가였다.

그러나 신정권 발족을 준비 중이던 클린턴에서 그린스펀Alan Greenspan 미 연방준비제도이사회FRB 의장은 거액의 미국 국채 발행으로 지급할 이자가 자꾸 늘어나 금융파탄이 일어날 위험이 있다고 강하게 경고했다. 벤첸Lloyd Millard Bentsen 재무장관 예정자와 파네타Leon Edward Panetta 예산관리국장 등은 재정적자를 줄이기 위해 부시 전 대통령의 공약위반인 증세의 필요성을 인정한 연방의원이었다. 클린턴도 장기금리가 너무 높아 투자를 가로막으면 최우선 목표인 미국 경제 재건이 지장을 받게 된다고 걱정하며 재정적자 축소를 신정권의 최우선 목표로 삼았다.

미국의 재정적자는 원래 1980년대 공화당 정부가 1930년대 이래 지속한 뉴딜체제에 반대하며 '작은 정부' 실현을 내걸고 감세정책, 레이거노믹스를 단행한 것과 신냉전으로 소련에 대한 강경정책을 시행하며 대대적으로 군대를 증가시킨 것에서 비롯되었다. 클린턴 정권이 제출한 1994년도 회계예산안을 보면 4년 사이에 세출삭감과 증세를 합쳐 약 5,000억 달러에 달하는 초긴축 증세예산이다. 재정적자 축소를 위해 선거공약이었던 중산층을 위한 감세는 오히려 증세로 바뀌었고, 사회보장 관련 예산도 대폭 줄었다.

따라서 예산이 매우 보수적으로 구성되었고, 클린턴의 예산안 설명도 자유파 대 보수파라는 이데올로기적 대립 축으로 전개되던 종래 미국 정치의 특징을 깨는 방향으로 진행되었다. 민주당에서 세출 대폭 삭감을 제안한 것 자체가 보수파 의원을 당황하게 했으며, 자유파가 고집한 사회복지 예산도 "복지에 의존하는 생활을 그만두게 해야 한다"며 긴축을 정당화했다. 46세의 클린턴은 제2차 세계대전을 경험한 부시 세대에서 1960년대 베트남 반전세대로의 교체를 실현했을 뿐만 아니라 정치담론에서도 뉴딜체제에서의 이탈을 분명히 했다.[5]

클린턴 정권의 예산안은 1993년 8월에 연방의회에서 원안대로 채택되었다. 그렇지만 여당인 민주당이 다수당을 차지하고 있었음에도 채택 과정은 살얼음을 밟는 것 같았다. 하원에서는 겨우 2표 차, 상원에서는 50 대 50으로 찬반이 같아 의장인 고어Al Gore 부통령이 찬성표를 던져 간신히 가결되었다.

대통령선거전 당시 "냉전은 끝났다. 승리한 것은 일본이다"고 말했듯이, 미국 경제가 불안해지면서 미국인 사이에서는 '일본위협론'이 나타났다. 일본에 대한 무역적자가 기록적으로 늘어나는 가운데 일본과의 무역이 불공정하다고 주장하는 '일본이질론'도 제기되었다. 클린턴 정권에서는 일본과의 교섭을 캔터Michael Mickey Kantor 통상대표가 담당했다. 그는 일본시장에서의 미국제품 시장점유율 목표를 설정하고 일본 측에게 약속을 받는 '결과중시주의' 방침을 내세워 미·일 간의 경제마찰은 악화 일로를 걸었다. 미국은 통상법 301조를 내세워 제재도 불사하겠다는 입장을 드러냈으며, 이렇게 난항을 보이던 교섭은 1995년 제재 발동 직전에서야 합의가 이뤄졌다.

미·일관계가 '전후 최악'이라고 평가되는 것을 우려한 하버드대학의 보겔Ezra Feivel Vogel 교수 등 클린턴 정권의 안전보장문제 관계자가 미·일 간 방위협력 강화를 발판으로 하는 관계 개선에 착수하고, 1995년 2월 나이Joseph Samuel Nye 국방차관보가 중심이 되어 '나이리포트'[6]를 발표했다. 그 후 오키나와에서 미군의 여중생 성폭행사건이 일어나자 오타大田昌秀 오키나와현 지사를 비롯하여 현의회가 2015년까지 미군의 전면철수를 요구했고, 이에 위기감을 느낀 클린턴 정부는 '미·일안보 재정의'를 승인했다. 그리하여 1996년 일본을 방문한 클린턴은 후텐마普天間 기지 이전에 동의하고 하시모토橋元龍太郎 총리와 함께 '미·일안전보장공동선언'을 공식 발표했다.

미국 경제는 1991년 후반부터 회복세로 들어섰지만, 그 속도가 더디고 실업률이 줄지 않는 '고용 없는 회복' 상태가 지속되었다. 클린턴 정권의 예산이 금융시장에서 신뢰를 회복하고 경기를 부양하기 위해 FRB도 1994년 2월까지 공정보합公定步合[7]을 3%로 억제하는 초저금리정책을 유지했는데, 국내의 고용불안은 여전히 계속되었다. 그 결과 1994년 클린턴 정권이 복지국가 확충을 위해 추진한 전 국민 건강보험제도 도입이 좌절되었을 뿐만 아니라 가을 중간선거에서는 40년 만에 야당인 공화당이 상원과 하원 모두에서 다수당이 되었다. 이는 공화당이 클린턴 정권의 경제정책 등에 불만을 품은 유권자의 지지를 얻었기 때문이다.

킹그리치Newt Gingrich 하원의장이 이끄는 공화당은 보수파라기보다는 신자유주의 이데올로기를 고집하는 우파라고 말하는 편이 정확하고, 재정적자 해소를 최우선 과제로 한 클린턴 정권과는 정면에서 충돌했다. 1995년 10월에는 새 회계연도 시작 전까지도 예산이 확정되지 않아 연방정부가 두 번이나 폐쇄되기도 했다. 게다가 세출삭감을 위해 뉴딜 정책 이래 지속하였던 복지국가 재편을 고려하면서, 1996년에는 정부의 재량권이 미치지 않았던 복지예산을 경상경비에서 제외해 삭감 대상에 올렸다. 생활보장지원금의 수급 기간도 생애 5년으로 제한하도록 사회보장정책이 개정되었다. 이처럼 본래 선진국 중에서도 발달이 늦었던 미국의 복지국가 논리가 미완성인 채로 후퇴하게 되었다.

하지만 미국 경기는 1996년 이후 성장이 가속화되어 2000년까지 4년간 평균성장률이 선진국 중에서도 상당히 높은 4%를 넘었다. 이렇게 미국 경제가 유례없는 최장의 호황을 맞이했고, 그린스펀 의장이 이끄는 FRB도 경기 동향에 맞춰 금리를 조정하는 금리유도정책을 신중히 전개했다. 그것이 성공하여 경기순환을 벗어난 불황을 모르는 신경제new economy가 실현되어 그린스펀의 능력을 높이 평가하며 '그린스펀의 신화'라 칭찬하기에 이르렀다.

이때 미국 경제성장률을 올리는데 가장 이바지한 것은 개별 생산요소만으로는 설명할 수 없는 '전요소생산성'의 상승이다. 이것은 현대문명의 신지평을 연 정보기술IT에 대한 설비투자를 토대로 정보통신 네트워크가 사회 기반시설infrastructure이 되어 거시경제의 효율성을 향상시켰기 때문이다.[8] 그 배경에는 신규 기술혁신에 풍부한 자금을 제공하는 벤처

캐피털venture capital의 지원을 받으면서, 1970년대에 이미 생명공학기술 Biotechnology 등과 나란히 첨단 군사기술에 발단되는 IT를 게이츠Bill Gates 와 같은 개인 기업가가 의욕적으로 개발한 데 있다. 클린턴 정권도 실리 콘밸리의 IT 관계자들과 제휴하여 '초고속정보통신망 구축계획Information Superhighway'을 추진했다.

1990년대 후반이 되면 IT에 대한 설비투자와 개인용 컴퓨터 관련 상품에 대한 수요가 한층 높아지고 미국인 대부분이 주식에 투자하고 있다고 할 만큼 주식시장이 활기를 띠었다. 이와 같은 호황에 힘입어 신규 고용이 많이 늘어났고, 전직轉職을 촉진하는 노동시장이 형성되어 실업률이 꾸준히 줄어들었다. 실업률은 2000년에 들어서 11.3% 전후까지 내려갔다. 또한 빈곤율도 1993년에 15%까지 올라갔으나, 2000년에 11.3%로 줄었고, 빈곤층이 많은 흑인 빈곤율도 33.4%에서 22.5%로 감소했다.

20세기 말 미국 경제는 마침내 다른 나라를 월등히 앞서며 자신감을 되찾았다. 그러나 미국 스스로 추진한 글로벌화에 의해 국가적인 변용을 강요당하면서 근대와 괴리되는 새로운 단계에 들어서고 있었다. 1970년대 미국의 번영은 후반으로 갈수록 경제불황과 물가상승이 동시에 발생하는 스태그플레이션stagflation 상태였지만, 1990년대는 실업률은 내려가고 인플레이션은 없는 호조건이 유지되고 있었다. 인플레이션이 일어나지 않은 중요한 이유는 임금 억제와 값싼 수입품의 있었기 때문이며, 이 두 가지 모두 글로벌화의 진전을 반영한 것이었다.[9]

그러나 임금 억제는 소득격차 확대로 나타났다. 1990년대 4인 가정의 평균 가계소득이 실질적으로 10% 증가했다 해도 소득계층별 분배를 보면 중산층의 소득점유율은 10년 사이에 1.2% 하락했다. 반면 상위 20%

의 소득점유율은 3.4%, 상위 5%의 소득점유율은 3.7%로 각각 증가했다. 1990년대 후반 호황으로 실업률은 감소했지만 새롭게 창출된 고용수입은 이전보다도 상대적으로 낮은 경우가 많았다. 이 점을 노동자와 경영자의 평균소득 차이로 살펴보면, 1990년대에 85배, 1999년에는 419배로 나타나 5배 가까이 확대되고 있다. 주식시장의 이익 역시 85%가 상위 10%, 40%가 상위 1%의 수입이 된 것으로 추정된다.[10]

이처럼 소득격차가 커진 것은 산업구조가 변하면서 중산층의 소득을 보장해온 제조업의 고용이 감소했기 때문이다. 제조업의 고용이 전체 고용에서 차지하는 비율이 1990년에 16.2%까지 떨어졌는데, 2000년에 13%, 2003년에는 11.2%로 더 줄었다. 이같은 원인은 국제경쟁으로 미국의 무역의존도가 1990년부터 2000년 사이 50% 증가하여 GDP의 약 4분의 1에 달했기 때문이다. 그 사이 무역 적자도 급증해 1990년대 10년 사이에 4배 이상으로 팽창하고 경상수지적자도 2000년에 GDP 비율 4.5%에 달하였다.

그러나 국제경쟁에서 제외될 수 없었던 미국은 보호주의에 호소하는 대신 자유무역을 우선시하고 글로벌화를 추구했다. 클린턴 정권은 1993년에 역대 공화당 정권이 추진해온 북미자유무역협정을 공화당의 지지 하에 비준했고, 그 후에는 세계무역기구를 창설해 포스트 우루과이 라운드Post Uruguay Round 교섭을 지속했다. 그 밖에도 세계적 표준World Standard 또는 미국적 표준American Standard이라며 격렬한 논의를 일으켰듯이 미국은 국내시장의 규모와 국제시장에서의 높은 시장점유율을 이용해 세계 경제의 법률을 만듦으로써 강력한 주도권을 발휘했다.

미국 기업은 이같은 정부 방침을 배경으로 1974년 자본수출 자유화 이후 적극적으로 해외 직접투자를 전개했다. 결국 미국 정부의 경제정책이 뉴딜체제에서 신자유주의로 전환해가는 가운데 국제관계는 급속히 초국가적인 글로벌화로 진행되었다. 1990년대 해외 직접투자는 그 이전보다 한층 더 늘어나 10년 사이에 약 3배가 되었고, 국내투자와 비교해도 1990년에 약 50%였던 것이 2000년에는 75% 이상에 달했다. 이렇게 된 배경에는 해외에 진출해 다국적화를 이룬 미국 기업의 증가가 있었고, 1990년대 중반에는 18,000개 사를 웃돌았다. 그사이 중국이 일본 대신 최대의 대미무역 흑자국가로 약진했다. 이 지역의 미국 직접투자가 증가하면서 1990년에 3.5억 달러였던 것이 2000년에는 111.4억 달러로 32배 넘게 신장했다.

다른 한편으로 중국의 급속한 경제발전은 19세기 후반 독일의 대두에 필적하는 것으로, 대국 간 세력관계의 변화를 예견하는 것이었다. 미국에서는 '중국위협론'도 나돌았다. 1998년 미 하원은 중국이 미국의 모든 핵무기에 관한 정보를 수집해 왔다는 첩보 의혹을 조사하는 위원회를 설치했고, 이듬해 이를 정리한 콕스cox보고서를 발표했다.

중국 정부가 대미 무역흑자의 절반 가량은 미국기업의 이익이라고 반론하고 있듯이 미국의 수입 증가는 노동자 측의 '고용불안 충격'에 의한 것이다. 노동조합 조직률이 급속히 감소하는 가운데 노동자는 기업의 구조조정으로 해외 고용 유출을 걱정해야 하고 자금억제를 감수하지 않으면 안 되는 처지에 놓여 있었다. 즉, 값싼 수입품을 얻을 수는 있지만, 해외와 경쟁하며 구조조정 불안을 안고 있었다. 게다가 미국기업의 역수출이라는 이중적 의미에서 글로벌화를 맞이한 것이다.

글로벌화에 따른 미국기업의 해외진출은 국제경제의 견인차가 되었지만 자본주의 경제의 노골적인 이익 추구가 맹위를 떨치게 되었다. 1997년에는 통화위기가 타이·인도네시아·한국 등 아시아 여러 나라를 덮쳤고, 이듬해는 브라질로 불똥이 튀어 러시아가 재정 파탄에 이르는 등 글로벌화가 일으킨 새로운 형태의 위기였다.

통화위기의 배경은 민간 단기자금의 국제유통량이 급격히 확대한 데 있었는데, 1990년부터 5년 사이에 7.8배나 증가한 3,290억 달러에 달했다. 이러한 여유자금은 1995년 이후 동아시아 각국으로 흘러들었고, 헤지펀드 등의 금융기관이 개발한 새로운 금융기법이 1997년 타이와 인도네시아에 적용되었다. 이들 국가가 헤지펀드의 공격을 이겨내지 못하고 평가절하 정책을 취하자, 융자해 준 외국 금융들의 불안감이 높아지면서 자금 회수로 이어졌다. 결국 순조로웠던 한국도 경제위기가 닥쳤고, 특히 브라질과 러시아에까지 미쳤다. 인도네시아의 경우는 30년 가까이 지속된 수하르토체제가 붕괴하였다.

클린턴 정권은 이같은 원인이 건전한 융자를 시행하지 않는 식민자본주의에 있다고 보고, 국제통화기금IMF과 민간은행이 이들 나라에 구제금융을 제공하는 조건으로 재정 건전화를 요구했다. 이에 따라 미국은 아시아 국가의 시장개방을 단번에 추진할 수 있다고 판단했다.[11] 한편 월스트리트 출신으로 뉴딜 이래의 각종 국가통제 철폐를 추진하고 있던 그린스펀과 루빈Robert Edward Rubin 재무장관은 국제금융 규제 강화에는 소극적이었다. 그들은 통화위기를 일으킨 단기성 외환거래에 부과하는 세금인 토빈세Tobin Tax[12] 도입 등의 대책도 거부했다.

따라서 미국의 구제책은 국제경제를 미국을 모방하여 재편성하려는 패권적인 글로벌화의 일환이라는 성격이 짙었다. 그러나 21세기 들어 엔론

Enron과 월드컴Worldcom 등의 미국기업에서도 분식결산이 벌어진 데서 알 수 있듯 미국 경제도 자본주의의 이윤추구와 탐욕이 표면화되어 시장에 대한 신뢰가 훼손될 위험에 처해 있었다.

1990년대 미국 경제는 세계 GDP 점유율에서 30%대를 회복하고, 아시아 경제위기 이후 전 세계 자금이 미국으로 집중되면서 경제대국으로서의 '승리' 양상을 드러냈다. 경상수지 적자는 계속 증가하고 있었는데, 다른 나라에서 보면 경제성장을 견인하는 최대 수출시장과 최대의 투자 기회를 국제공동재로서 제공하는 것이었다. 미국 경제는 말 그대로 국제 경제의 패권적 지위를 차지하고 있었다고 하겠다.

경상수지 적자가 커지고, 대외채무 지급능력이 의심됨에도 미국 경제가 확고부동한 자리를 유지할 수 있었던 것은 제2차 세계대전 후 패권국으로서 축적해온 해외자산의 수익이 뒷받침되었기 때문이다.[13] 글로벌화가 확대된 국제경제는 이와 같이 월등한 역량을 가진 미국 경제에 의해 지탱되고 있었다.

그러나 미국 내 소득격차에서 드러나듯 글로벌화는 국민국가가 지향했던 공정성 실현을 무너뜨리며, 국민의 생활보장 자체도 어렵게 만들었다. 1990년대 후반의 미국은 경제가 번창하면서 1990년대 초보다 10만 명당 살인건수는 5.5명으로 거의 반으로 줄었다. 그러나 정치학자 퍼트넘Robert David Putnam이 1995년 「혼자 볼링하기Bowling Alone」를 발표하여 사회 구성원의 신뢰와 유대가 사라져 공동체 참여가 줄어들고 있음을 지적한 것처럼 미국 내에는 뭐라 말할 수 없는 불안이 존재했다.

'문화전쟁'과 미국 사회의 글로벌화

냉전의 종결은 미국 사회에서 체제에 대한 충성과 심리적 강요가 가벼워 진다는 것을 의미한다. 그러한 가운데 1992년 로스앤젤레스에서 대폭동 이 일어나 54명이 사망하고, 2,000여 명이 중경상을 입었다. 이 폭동은 흑인 용의자를 구타하여 기소된 로스앤젤레스의 교통경찰이 무죄 판결을 받은 것에 항의하며 일어난 것으로, 20세기에 일어난 미국 최대의 폭동이 었다. 이는 미국이 인종차별이라는 '내부제국'의 나쁜 유산을 여전히 종식 하지 못하고 있음을 여실히 드러낸 사건이었다. 이 사건은 흑인에 한정되 지 않고 사회 밑바닥에서 마약과 범죄의 온상인 하위층이 편승하면서 대 폭동으로 발전했다. 이 사건은 미국 사회가 심각한 분열을 안고 있는 제 국이라는 현실을 잘 보여주었다.

폭동으로 체포된 자 중에는 히스패닉계가 다수 포함되어 있었다. 한국 인이 운영하는 많은 상점이 약탈당했는데, 한국계 주민들은 북을 치며 항 의했다. 이 폭동은 미국 사회의 민족구성이 크게 변화하고 있음을 보여줬 다. 1965년 이민법 개정 이후 이민이 급증하여 외국에서 태어난 인구가 1990년 국세國勢조사에서는 전 인구의 7.9%였으나, 2000년에는 10.4%를 차지했다. 이는 글로벌화가 미국 사회 내부로 침투해가는 과정이며 노동 자의 임금 상승이 억제되는 원인이기도 하다.

이민자들의 인구구성을 보면 스페인어를 사용하는 히스패닉계가 51%, 아시아계가 25.5%, 구소련·구동유럽 국가 중심의 유럽계가 15.3%이 다. 21세기에 들어서자 전 인구 비율에서 히스패닉계가 흑인을 앞지르고 있다.

1993년 대통령에 취임한 클린턴은 남부 침례교도로 미국에서도 가난한 아칸소주 출신이다. 그는 지방의 고등학교를 졸업한 후 조지타운대학에 진학하고 로즈Rhodes장학금으로 옥스퍼드대학에서 유학한 후 부인인 힐러리와 함께 북동부의 명문 예일대학 로스쿨을 졸업했다. 대학시절 장발을 하고 베트남 반전운동에 참가하여 징병을 면한 후 1972년 대통령선거에서는 민주당 대통령 후보인 맥거번George Stanley McGovern의 선거캠프에서 일한 경험이 있다. 클린턴은 아칸소 주지사 시절 민주당의 재건을 목표로 보수적인 민주당 지도자협의회DLC 의장을 역임했지만, 인공임신중절과 동성애 등의 사회적 쟁점에는 관용적인 입장을 보였다.

1960년대의 공민권운동 이래 흑인과 여성, 소수인종 등 사회적 약자들은 자신들의 시민적 권리와 참정권을 요구하는 운동을 전개하고 있었다. 클린턴은 관료인사에서 이러한 미국 사회의 다양성을 인정했다. 힐러리와 여성단체의 요청을 받아들여 사법관장으로 여성후보를 내세우고, 그밖에도 여성 5명, 흑인 4명(그중 여성 1명), 히스패닉계를 포함하는 내각을 조직했다. 각료의 과반수가 백인 남성이 아니었다. 또한 전통적으로 동성애자의 군대 입대를 금지해왔으나, 입대 허용을 제안해 물의를 빚기도 했다. 결국 철회했지만, 1993년 대통령에 취임하자마자 보수파로부터 1960년대의 '나쁜 면(페미니즘 운동)'을 재현하고 있다고 비판을 받으며 미국 사회의 모순을 둘러싼 '문화전쟁'에 불을 지폈다.

1992년의 연방의회 선거는 소수인종 대표를 선출하기 쉽도록 하원의원 선거구를 조정해서 실시한 최초의 선거였다. 이듬해 의회에서 그 성과가 바로 나타나 흑인, 여성, 히스패닉계 하원의원이 39명이나 늘어나 100명을 넘었고 전체 의원 수의 4분의 1에 육박했다. 상원에서도 여성이 4

명 늘어나 흑인과 합쳐 7명이 되었다. 그해 클린턴 정권은 예산안 이외에
도 총포규제 입법 등을 달성하여 1960년대 대통령 이후 최대의 입법 실적
을 올렸다. 그리고 이듬해 우선입법으로 3,500만 명(인구의 14%) 이상이
미가입자로 현안이었던 전 국민 건강보험제도를 완성하기 위해 힐러리를
중심으로 준비 작업에 의욕적으로 몰두했다. 그러나 클린턴 정권 앞을 보
수성향의 공화당이 가로막고 있었다.

당시 공화당 우파 지도자로서 대표적인 인물은 레이건 대통령의 등장
과 함께 두각을 보였던 조지아주 출신의 깅그리치 의원이다. 1989년에 공
화당 하원의원회 총무가 된 깅그리치는 다수당이라는 공화당의 오랜 목
표를 실현하기 위해 공화당 전국위원회를 재건·강화하고, 1994년 중간
선거를 대비해 '미국과의 계약Contract with America'을 발표해 미국 선거에
서는 보기 드물게 정당을 결속시켜 선거를 치르는 방법을 취했다.

같은 해 클린턴 정권이 입법한 총포규제와 증세, 전 국민 건강보험 등
은 관련 단체를 강하게 자극했다. 깅그리치는 이들 이익단체의 통합역할
을 한 조세개혁운동의 그로버Grover 회장과 텔레비전 복음 전도사인 로버
트슨Pat Robertson 등이 결성한 그리스도교연합 등 기독교 우파 조직과도
제휴하여 대대적인 선거운동을 전개했다. 이 선거에서 공화당은 40년 만
에 하원에서 다수당이 되었고, 그 후에도 다수당의 지위를 유지할 수 있
었던 것은 전통적으로 민주당이 강한 남부에서 공화당의 견고한 조직기
반을 확립했기 때문이다. 또한 소수인종 대표를 존중하는 선거구 구분이
이뤄짐으로써 오히려 우파의원이 당선되기 쉬워져, 공화당에서는 온건파
세력이 후퇴하는 결과를 가져오기도 했다.

로버트슨의 그리스도교연합은 복음전도파 교도와 교회를 정치적으로

조직했다. 전미자영업자연맹NFIB, 전미총기협회National Rifle Association 등의 단체와 함께 공화당의 새로운 후보를 옹립하고 활동가를 배치하여 대중적인 선거운동을 전개하는 등 공화당의 당 조직을 실제로 보완하는 역할을 했다. 그리고 거리낌 없는 말투로 인기가 있었던 극우 성향의 라디오토크쇼 진행자 림보Rush Limbaugh도 공화당에서 받은 정보를 바탕으로 클린턴 정권을 신랄하게 비판했고 대중들 입장에서 공화당이 약진하는 것을 지지했다.

깅그리치가 이끄는 공화당 다수파는 재정적자 해소를 내걸고 클린턴 정권을 공격하여 1996년에는 아동부양세대보조AFDC 폐지를 포함하는 복지국가 재편을 달성했다. 그는 빈곤은 나태한 탓이라고 보는 전통적 가치관에 따라 10대 미혼모 특히 흑인 미혼모를 사회복지 차원에서 지원하는 것은 도덕적으로 바람직하지 않다고 판단했다. 그와 더불어 미 연방대법원장으로 렌퀴스트William Hubbs Rehnquist가 취임하면서 우경화가 시작되고, 1989년에는 주정부의 예산을 받는 병원과 진료소에서 인공유산을 금지하는 것에 대해 미주리 주법은 합헌이라는 판결을 내렸다. 1992년에는 13개 연방공소재판소 재판관의 다수를 차지한 보수파 재판관들이 연방법에 대해 계속해서 위헌 결정을 내렸다. 이후 인공유산과 흑인차별 철폐를 위한 적극적인 시정조치에 대해서도 엄격한 판결이 내려지게 되었다.

사법부의 보수화가 가장 극단적 형태로 나타난 것은 클린턴 대통령을 고발한 것이다. 클린턴 대통령이 아칸소 주지사 시절 부동산 개발을 둘러싼 투기의혹의 진실을 밝히기 위해 연방의회가 임명한 스타Kenneth Starr 특별검사는 공화당 우파와 관련이 깊었고, 개인적으로도 불륜문제가 늘 따라다니던 클린턴의 문제를 밝혀내기 위해 집념을 불태우고 있었다. 그 결과 1996년 재선한 클린턴과 백악관 인턴과의 불륜 관계를 폭로하고, 클린턴이 민사재판에서 연수생에게 위증하도록 교사한 사실도 고발했다.

결국 1998년 여름 클린턴은 텔레비전 방송을 통한 대국민연설에서 눈물을 글썽이며 백악관 인턴과는 '부적절' 관계를 맺었음을 시인해야 했다. 공화당은 이듬해 1월 또다시 클린턴을 공격하여 탄핵재판에 회부시켰다. 이는 남북전쟁 후 당시 존슨Andrew Johnson 대통령이 탄핵재판을 받은 이후 131년 만의 일이었으나, 공화당이 상원에서 탄핵에 필요한 3분의 2 이상의 의석을 차지하지 못하고 있었기에 클린턴은 탄핵을 면했다.

인공유산에 반대하여 과격파가 진료소를 습격하는 사건이 각지에서 일어난 것처럼 1990년대에 공화당과 그리스도교 우파가 세력을 확대할 수 있었던 것은 경제정책에서의 '작은 정부'와 사회정책에서의 인공유산, 동성애 등을 둘러싼 대립이 심해졌기 때문이다. 또한 이들 문제는 단순히 정치적 쟁점에 머무는 것이 아니라 우파 측에서는 대도시 범죄 증가, 전통적인 가족의 쇠퇴, 마약의 유행, 성적인 문란 등 도덕과 사회의 퇴폐 징후 등이 미국 사회에 매우 심각한 문제로 받아들여졌다. 그것은 미국의 정체성과도 깊이 관련되는 세계관의 문제라고 생각하고 있었다.

우파 중에서도 그리스도교 복음파는 특히 다윈의 진화론과 근대과학의 발달로 인해 훼손된 그리스도교의 가르침을 부활시켜 미국의 전근대적인 전통을 고집하려는 회귀적인 성격이 강하다. 그만큼 극단적인 것은 아니라 하더라도 우파는 공통으로 미국의 독자적인 입장을 중시하는 민족주의적 성격이 강하고, 근대와 괴리되어 글로벌화와는 본질적으로 어울리지 않는 면이 있다. 그러므로 이러한 긴장감에 맞추기 위해서라도 대외적으로는 미국의 독단주의를 강하게 지지하는 세력이 되지 않으면 안 되었다.

그와 반대로 소수자의 권리와 자긍심을 주장하는 측은 미국 역사를 앵글로색슨계 남성들이 지배한 역사로 간주하고, 자신들의 운동은 이러한 근대역사의 억압에서 해방을 지향하는 포스트모던 혹은 포스트콜로니얼한 것이라고 정의한다. 이러한 관점에서 소수집단을 차별하고 무시하는 발언과 태도를 개선하고자 '정치적 공정성'[14] 운동을 벌이고 미국 역사에서 소수집단과 관련한 역사 및 세계사 속에서 타 문명도 중시하는 다문화주의 교육에 적극적이었다. 이는 백인 남성과 서양문명 중심의 근대 사관을 수정하려는 시도이고, 미국 사회의 초국가적인 현실에 맞춰 미국인의 전통적인 국민의식을 상대화하고 내셔널 아이덴티티를 재편하려는 움직임이다. 미국의 사회적 상황에서 유래하더라도 글로벌화와 맥락을 같이한다고 말할 수 있다.

그러나 연방정부가 미국 역사교육의 기준을 마련하기 위해 추진한 프로젝트는 1994년에 우파로부터 미국의 헌법과 국민적인 영웅을 소홀히하고 서양문명을 멸시하는 것이라고 격한 비난을 받아 결국 좌절되었다. 미국 역사 기술을 둘러싸고 미국 사회의 양상에 관한 견해차가 뚜렷이 드러났다. 양자의 대립은 세계관에서 시작하여 격렬한 '문화전쟁'의 양상을 띠었다.

공식통계에 잡힌 대량 이민자도 1980년대에 730만 명, 1990년대에도 910만 명으로 나타난 미국 사회의 다양성을 심화시키며 사회적으로도 큰 관심이 쏠렸다. 특히 히스패닉계와 아시아계 이민이 많은 캘리포니아는 사회서비스 비용이 증가하면서 주의 재정을 압박하게 되자 1994년 재정 부담 경감을 위해 불법이민자에게 공립학교와 공적인 사회서비스를 제공하지 않는다는 내용에 대한 찬반을 묻는 주민투표를 했다. 이 투표에서는

60%라는 다수의 찬성을 얻었지만, 연방재판소로부터 위헌결정을 받았다. 공화당이 다수를 차지한 연방의회도 1996년에 처음 이민 온 5년간은 사회서비스를 제공하지 않는다는 복지혜택 축소를 입법하여, 이민을 인정한다 해도 그 즉시 사회복지를 받는 '복지이민'은 배척하고자 했다.

반면 공화당의 아성으로 백인을 우대하는 로키산맥 주변의 서부지역 주는 1990년대 후반 캘리포니아에서 80만 명이나 이주하면서 2003년까지 인구가 40% 이상 증가했다. 연방교도소의 수감자 30%가 미국 국적을 갖고 있지 않은 것처럼 주거환경의 악화를 우려해 분리 주거방식을 택했다. 이같은 상황을 타개하기 위해 각지에서 방범 대책을 세워 착실히 수행했고, 범죄 다발지역인 뉴욕의 시경도 1990년대 초부터 '깨진 유리창 이론'[15]을 근거로 지하철역 등에서 거동이 수상한 자들에 대한 단속을 강화했다. 그 결과 1990년대 초에는 연간 살인피해자를 1,000명 이상이나 줄이는 성공을 거뒀고, 이는 같은 시기 전국적으로 감소한 숫자에 맞먹는 거였다.

하지만 문화전쟁과 다문화주의가 정치적으로 격렬한 논의의 대상이 되었다 하더라도 60%가 넘는 대다수 중산층은 문화전쟁에 관심이 없었고 다문화주의와 정치적 공정성을 허용했다. 왜냐하면 민주주의와 근면함·업적주의라는 공통의 가치가 더 중요하다고 생각했기 때문이다. 중산층에서도 근대적 가족 형태인 핵가족이 감소하고 생활 형태도 변화하고 있었다.

이혼율도 1990년대 후반 이후 감소하는 추세였지만, 2000년에도 여전히 일본, 독일, 프랑스 등에 비해서는 2배나 많았고, 부부로 구성된 가정이 전체 53%로 간신히 절반을 넘겼다. 또한 미혼여성의 출산이 흑인뿐만 아니라 백인에서도 증가해 33%를 기록하고, 실제 부모와 사는 자식은 60%로 감소했다.[16] 이와 같은 남녀관계와 가족의 변화가 생기면서 미국 사회가 근대와 괴리되는 경향이 점차 강해지는 가운데 클린턴의 불륜문제도 지지율에 큰 영향을 미치지 않았다.

냉전 후에는 국제문제에 대한 일반인의 관심도 줄어들어 국제뉴스는 감소했지만, CNN 등 위성TV방송이 제공하는 영상을 통해 거실에서 해외 정세를 접할 기회는 늘어났다. 걸프전과 소말리아내전에 미군을 파병한 것이 그 대표적인 예로, 미국 정부의 발표보다도 더 빨리 소식을 알 수 있었고, 여론에 밀려 정부가 대책을 세우지 않으면 안 되는 상황의 CNN 효과도 나타났다. 또한 글로벌하게 기업 활동을 전개하는 실업가와 지식인, 전문직, 저널리스트, NGO 관계자들 중에서 외국인의 비율이 증가했고, 미국인의 국민의식을 상대화하여 글로벌화 또는 세계인의 입장에서 판단하는 경향이 높아지면서 엘리트층에서는 사상이나 의식 면에서 초국가화가 심화했다.

1990년대 후반 미국의 호황으로 국제자금이 미국으로 환류되는 실적이 높아지며 미국 경제는 말 그대로 국제경제의 중요 핵이 되었다. 월스트리트는 지리적으로 미국에 있었지만, 공간개념을 뛰어넘어 글로벌화를 상징했고, 뉴욕은 '세계 도시 중의 도시' 그 자체였다. 이미 살펴보았듯이 1986년 영국이 대개혁을 시행하자 월스트리트의 금융기관이 런던에 대거 진출하면서 국제금융의 일체화, 즉 글로벌화도 한층 진행되었다. 또한 첨단기술의 메카인 실리콘밸리에서는 인도인이 750개의 회사를 소유하고 2002년에는 중국인 기술자의 절반이 모국에서 회사를 경영했다.

미국은 그리스도교 전도단과 민간 재단 등이 세계 시민사회 형성을 촉진해온 오랜 역사가 있다. 세계적 인권 감시단체인 휴먼라이츠워치Human Rights Watch 등의 NGO는 인권향상과 민주화를 위해 국제적인 활동을 전개하고 있다. 1990년대에는 자선 기부액이 GDP의 2%가 넘는 수준으로 확대되었고, 이를 배경으로 NGO 단체 수가 2만 개에 달했다. NGO는 글로벌 거버넌스 분야에서 활발한 움직임을 보이며 지구 온난화 방지, 대인지뢰 금지, 핵실험 전면 금지 등과 같은 국제조약 체결에서도 눈부신 성과를 올렸다. 동유럽 국가들의 체제 변혁과 관련해서도 헤지펀드로 유명한 헝가리 출신의 소로스George Soros가 독자적인 기금을 마련해 지원했다.

반면 네이더Ralph Nader 등의 시민운동가는 '민주주의의 적자'를 지적하면서 경제적 글로벌화 때문에 생활에 위협을 받는 것에 항의하는 운동을 벌여 1999년 시애틀에서 WTO 회의가 열렸을 때 폭도화되기에 이르렀다. 이는 급속히 진전하는 글로벌화로 국민국가가 약속한 공정성이 훼손되는 것에 대해 경종을 울린 것이다.

미국 사회의 초국가화와 관련해서 중요한 것은 이민자들의 모국 송금문제이다. 2001년에 전 세계 송금액은 800억 달러였는데, 그 중 35% 이상이 미국으로부터의 것이었다. 유명한 유대계 외에도 필리핀에는 36억 달러 이상 송금되었다.

이민을 보내는 모국 정부에서도 이민자를 해외 노동자로 취급하며 모국의 경제발전을 위해 협력시키려고 하는 움직임이 1980년대 이후 현저하게 나타났다. 특히 필리핀과 멕시코, 콜롬비아 등 중남미 국가들이 적극적이었는데, 멕시코는 1998년에 미국과의 이중국적을 정식으로 승인했다. 또한 미국 내 불법이민자에게도 지원의 손을 내민 멕시코 정부는 불법이민자에게 발행한 등록증을 미국 각지에서 공식적으로 인정할 것을

요구했다.[17]

　이민자 사이에서도 미국인이 되는 것이 아니라 디아스포라로서 미국에서 경제적 기회를 향유하려는 경향이 높아져 미국 시민권 취득률이 현저히 떨어졌다. 정치적으로도 디아스포라와 모국 간의 교류가 심화하였고, 냉전 종결 후 발트 3국 중 리투아니아와 라트비아에서는 미국 귀환자가 대통령으로 선출되기도 했으며 유고슬라비아에서는 총리가 나왔다. 또한 눈에 띄지 않지만, 실은 모국에 대한 미국의 대외정책에 영향을 주려는 로비활동도 활발히 전개되고 있다. 성공을 거둔 예로 이스라엘과 주변 여러 나라와의 관계, 그리스와 터키의 관계, 마케도니아 승인, 크로아티아에 대한 지원, 북대서양조약기구의 확대, 리덩후이 대만 총통의 방미 등을 들 수 있다.[18]

　냉전 후의 미국은 이처럼 글로벌화의 진원지로서 경제뿐만 아니라 인적·정치적으로도 초국가적인 성격을 한층 심화시키고 있었다.

부시 정권과 레이건혁명의 계승

2000년 대통령선거는 역사상 드문 대접전이었다. 클린턴은 경제운영에서 역대 대통령 중 5위에 오를 만큼 높은 실적을 평가받고 있었고 부대통령인 민주당 후보 고어가 그 후계자로서 어렵지 않게 당선되리라 전망했다. 그러나 클린턴은 도덕적인 면에서 역사상 최저라고 간주되었기에 그렇게 쉽게 일이 진행되지는 않았다. 공화당 쪽은 정권 탈환을 위해 부시 전 대통령의 장남인 부시 주니어 텍사스 주지사를 일찍부터 대통령 후보로 세웠다. 40세까지 타락한 생활을 하다가 복음파 그리스도교도로 다시 태어났지만 내세울만한 실적이 없었다. 다만 아버지와 달리 텍사스에서 자란 그에게는 서민적인 친근감이 있었다. 부시 시니어보다 레이건에 가까운 포퓰리스트형 인물이었다.

말 그대로 우열을 가리기 힘든 경쟁이었다 하더라도 두 후보의 득표에는 현저한 차이가 있었고 지리적으로도 뚜렷이 나누어졌다. 민주당의 고어는 북동부와 캘리포니아 등 흑인과 히스패닉계가 많고, 노동조합원과 코스모폴리탄적인 경향이 강한 유권자가 많은 지역에서 우세했다. 반면 공화당의 부시는 복음파 등 경건한 그리스도교도가 많은 남부를 제패하고 백인이 많은 로키산맥 주변의 서부 지역에서 승리하며 중서부 지역에서 우세했다.[19] 민주당은 초국가적인 성격이 강한 지역을 기반으로 한 반면, 공화당은 전통적인 앵글로색슨계를 중심으로 하는 미국을 기반으로 한 것이다.

그 결과 플로리다주의 선거결과에 따라 당락이 결정되게 되었다. 득표차가 근소하자 고어진영은 선거집계 재검토를 요구하며 소송을 했고 부시진영도 기한부 압류 소송을 했다. 플로리다주 최고재판소와 연방 최고재판소는 정당 소속을 정확히 반영한 개표에서 다수 표차로 부시에게 유리한 판결이 내려졌다. 일반투표에서는 고어가 승리했고, 당파적 판결인 것은 명확하지만, 고어진영이 그 판결을 받아들임으로써 헌법상의 위기는 피할 수 있었다.

21세기 시작과 함께 발족한 부시 정권은 체니Richard Bruce Dick Cheney 부통령의 강력한 지도로 레이건 정부 때부터 추진한 공화당의 뉴라이트 New Right 노선을 유지했다. 클린턴 정권 때 생긴 재정흑자를 이용해 바로 대규모 감세정책을 취한 것은 그 단적인 예이다. 이 정책은 공화당의 고액 헌금자를 우대하는 것이었다. 텍사스 에너지업계 출신인 부시와 체니는 산업을 위한 공공지 이용이나 환경규제 완화도 추진했다.

선거 때부터 이미 부시는 미국의 국익을 중시하고 다른 국가들의 국가재건에 협력하지 않겠다는 방침을 세우고 있었으며, 1990년대에 글로벌 거버넌스에 의해 국제적인 합의에 도달했던 지구온난화 방지를 위한 교토의정서[20] 체결, 국제형사재판소 설치, 핵실험 금지조약 체결 등의 비준에 소극적인 자세를 보였다. 각료로 럼즈펠드Donald Henry Rumsfeld 국방장관, 자메이카계 흑인 2세인 파월Colin Luther Powell 국무장관 등을 안전보장문제 전문가로 배치하고, '악의 축' 국가의 대량살상무기 개발에 대항하여 미국의 방위를 강화하기 위해 미사일방위계획을 우선 추진했다. 이처럼 레이건혁명의 계승을 내건 부시 정권은 국제적으로 독단주의의 경향이 강한 레이거노믹스형 패권을 전개했는데 이와 같은 경향은 내정에서도 고스란히 나타났다.

그러한 가운데 2001년 9월 11일 아침 미국인의 눈이 텔레비전 앞에서 얼어붙었다. 뉴욕의 상징이라고 할 수 있는 세계무역센터의 쌍둥이 빌딩에 연이어 2대의 여객기가 돌진했고 빌딩은 순식간에 불길에 휩싸였다. 희생자 중에는 일본 금융기관 관계자도 적지 않게 있었고, 빌딩 옥상으로 도망가려는 사람들 속에는 세계 각국에서 온 사람들이 포함되어 있었다. 월스트리트는 확실히 글로벌화의 중추가 되어 있었고, 이 테러는 글로벌화 된 국제경제에 대한 공격이기도 했다.

테러를 자행한 이슬람 과격파인 알 카에다는 걸프전 후에도 사우디아라비아에서 주둔하고 있는 미군이 이슬람교 성지를 침략한 것으로 간주하여 미국에 '성전聖戰'을 선전포고했고, 1998년에는 케냐에 있는 미국대사관을 습격하기도 했다.

이슬람 과격파들의 사상은 서양 사회는 이미 사람들에게 진정한 삶의 보람을 느끼게 하는 생기있는 가치관이 사라졌다는 굴절된 우월의식에서 출발한다. 알 카에다는 그와 같은 사상에 마르크스적 전위사상 등의 영향을 받아 영혼의 구원을 인도하는 신앙인 이슬람교를 전파하는데 강한 사명감을 드러냈다. 한편 사회주의 국가들과 마찬가지로 서양 근대 발전의 가장 기본적 원리인 종교적 관용을 용인하지 않는 태도를 보이고 있다. 그러한 점에서 미군 주둔이나 미국과 영국의 이라크 공격에 대해 글로벌화에 편승해 이슬람 사회와 생활 구석구석에 침투하는 것으로 생각한 것이다. 이는 이슬람교도 신앙의 기반을 짓밟아 붕괴시킬 위험이 있다고 파악했다. 단적으로 말해 '문명의 충돌'에서 비롯한 저항이라고 말해도 좋을 것이다.[21]

반면 테러 방법은 그 사상과는 반대로 글로벌화를 상징하고 있다. 이 테러는 알 카에다라는 NGO가 준비한 것이고, 국가와 국가의 관계를 상정하는 근대의 전쟁관과는 달리 '전쟁의 민영화'를 의미했다. 그것은 글로벌화되면서 새롭게 만들어진 위기이고 알 카에다는 비행훈련과 인터넷 연락, 해외로부터의 송금 등에 이르기까지 글로벌화의 중심인 미국 사회를 마음껏 이용하고 있었다. 그 결과 글로벌화가 진전하는 국제정세의 안전보장문제가 글로벌 거버넌스의 긴급과제로서 부상했다.

이에 대한 자세한 내용은 다음 절에서 살펴보겠지만 부시 정권은 '테러와의 전쟁'을 선언하고, 알 카에다와 연계된 아프가니스탄의 탈레반 정권에 대한 개전을 단행했다. 그 후 미국 내에서 탄저균 우편물 발송사건으로 사상자 발생이 이어지며 테러에 대한 공포가 멈추지 않았다. 이러한 긴박한 정세 속에서 부시 정권은 애국자법을 제정하여 치안 강화를 위해 많은 아랍인을 특별한 이유 없이 장기간 구류했고, 인권이 경시되는 이민 규제와 엄격한 출입국 심사를 시행했다. 글로벌화의 발신지인 미국이 더는 자유롭고 개방적인 국제교류를 할 여유가 없어져 버린 것이다. 미국이 아프가니스탄전쟁 포로를 '불법전투원'으로 간주하고 포로로서 정당한 권리를 인정하지 않으면서 미국 공화국의 전통은 현저하게 훼손됐다.

폴란드에서 이민 온 유대계 2세 월포위츠Paul Dundes Wolfowitz 국방부장관 등 부시 정권 내 신보수주의자들은 1990년대부터 페르시아 연안 지역의 안정이 위협받고 있다고 보고 이라크의 후세인 정권을 전복하려 했다. 이러한 견해는 체니와 럼즈펠드도 공유하고 있었고 아프가니스탄전쟁이 기대 이상의 성과를 거두고 있는 점에서 부시도 후세인 정권의 위협을 단번에 제거해야 한다고 판단해 이라크전쟁 준비를 명령했다. 다음 절에서 살펴보겠지만, 이와 같은 결정은 패권국 미국 대통령으로서 국제평화 실현을 자신의 사명으로 생각하고 그 과제를 달성해야 한다고 의욕을 불태운 부시가 나름의 글로벌 거버넌스적 관점에서 내린 것이다. 그것은 국제질서를 형성하는 패권국 입장이 단독주의로 돌진한 것이기에 이 책에서 다루는 제국주의로 파악할 수 있다.

이라크전쟁은 '테러와의 전쟁'과의 관계가 명확하지 않고 독단적인 경향이 매우 강했기 때문에 미국 내에서도 이론異論이 나왔다. 그러나 선전포고 권한을 가지고 대통령을 견제해야만 하는 법적인 입장에 있는 연방의회도 2002년 11월 중간 선거를 앞두고 지지율이 높은 부시에게 대항할 방법이 없었다. 결국 연방의회는 같은 해 10월 이라크전쟁 개전을 용인하는 결의를 채택했다.

이렇게 된 배경으로 연방의회의 공화당이 미국 역사상 드물 정도로 강한 결속력을 보인 점을 들 수 있다. 이는 텍사스주에서 선출된 우파인 딜레이Thomas Dale Tom DeLay 하원 원내총무가 1990년대 중반부터 이익단체 통합 역할을 한 노퀴스트와 연합하여 거액의 정치헌금을 모아 이익단체도 동원할 수 있는 'K스트리트 계획'[22]을 추진하고 있었기 때문이다. 부시 정권이 등장하자 딜레이와 노퀴스트는 체니와 로브Karl Christian Rove 백악관 정치고문의 지도로 긴밀한 연락을 취하며 강경 보수정책 실현을 꾀했다. 그 계획은 대규모 감세 이외에도 환경 규제 완화, 사회보장과 건강보험의 부분 민영화 등을 목표로 한 말 그대로 뉴딜체제의 청산을 계획하는 극단적인 우익적 이데올로기에 근거를 둔 것이다. 이는 모든 관련 업계의 이익에 부합하는 것이기도 했다.[23]

부시 정권은 2003년 3월 19일 이라크전쟁을 단행했다. 그 전에 이미 유엔, EU, 러시아와 협력하여 중동평화의 핵심인 팔레스타인문제 해결을 위한 로드맵 수립에 합의하고, 북한의 핵의혹 문제에 관해서도 일본 정부의 요청으로 중국을 설득하여 6자회담 개최에 주도권을 발휘하고 있었다. 그러나 이라크전쟁이 2개월도 못 되어 끝났다 하더라도 이라크전쟁이 일어나게 된 원인이었던 대량살상무기가 발견되지 않았을 뿐만 아니라, 이라크 점령 계획이 게릴라전 양상을 보이자 미국의 제국주의 계획은 명분을 잃어갔다. 또한 이듬해 2004년 봄에는 이라크인 포로학대가 표면화되면서 비난이 높아졌고, 미군 희생자가 늘어남에 따라 이라크정책에 대한 미국 내 비판도 고조되었다. 그와 더불어 부시 대통령의 지지율도 내림세를 보이며, 대통령선거 직전에는 부시 지지율이 50% 전후로 나타나 재선이 위태로워지는 수준까지 떨어졌다.

하지만 경제는 2000년에 IT 붐이 일었지만, 이듬해 9·11테러로 경기에 대해 우려가 일자 연방준비은행이 재빨리 대처하여 저금리정책을 실시했다. 이 때문에 이번에는 부동산 거품이 일어났지만 2004년에도 경제는 순조로운 편이었다.

부시 정권에서는 휴즈Karen Parfitt Hughes 백악관 고문(후에 국무부 홍보담당 차관)과 로브 백악관 정치고문이 텍사스 출신으로 부시 대통령의 최측근이었다. 그들은 "정치란 실태보다 외관이 중요하다"는 신조의 소유자로, '시골의 마키아벨리스트'라고 야유당하듯이 부시의 지지율을 높이는 홍보활동에는 뛰어났다. 그들은 2000년 대통령선거에서 바람직하지 않았던 점을 반성하며 정권 발족 초기부터 부시 재선 대책을 정권운영의 핵심에 놓았다. 선거참모를 담당한 로브는 이를 위해 교회와 이익단체, 그 밖의 단체와도 제휴하고 투표일 72시간 전부터 지지자를 동원하는 선거운동 전략을 빈틈없이 준비했다. 2004년 대통령선거에서는 유권자의 관심이 고조되어 투표율이 지난 선거보다도 5.9% 오르고 투표자 수도 2,000만 명 가까이나 늘었다. 이것은 선거참모 로브의 복음파 대책이 성공한 결과였으며, 부시는 16년 만에 과반수를 득표하며 재선에 성공했다.

이라크에서는 2005년 1월 선거가 시행되어 이라크 정부가 정식 출범했는데 여전히 예측불허의 정세가 지속하였다. 한편 같은 해 미국에서는 부시 정권의 기반을 흔드는 사태가 연이어 발생했다. 여름에 발생한 초대형 허리케인 카트리나가 뉴올리언스를 거의 파괴할 정도의 타격을 주어 제국 미국의 빈곤을 세계에 드러냈으며, 공화당 지배 체제의 중요 인물이었던 딜레이도 부정 정치헌금 문제로 고발되었다. 그와 더불어 딜레이 등 연방의회 의원에 대한 거물 로비스트 아브라모프Jack A. Abramoff의 대규모 불법 로비가 발각되어 공화당이 궁지에 몰리게 되었을 뿐만 아니라 체니 보좌관의 기밀누설과 도청문제도 표면화되어 부시 정권은 비판의 전면에 서게 되었다. 이는 공화당의 전통이 위기에 직면했다고 할 수 있었다.

뉴딜체제 청산을 목표로 한 레이건 정부 이래 신자유주의 정책과 궤를 같이하며 진행된 글로벌화가 2005년에는 4년 연속 최고 기록을 갱신한 미국의 국제수지 적자가 마침내 7,000억 달러를 넘어섰고, 대중對中 무역 적자도 2,000억 달러 이상(중국의 GDP 비율 10% 이상)에 달했다. 부시 정 권은 중국과의 무역마찰을 완화하기 위해 중국 위안화의 평가절상을 강력히 요구했으며, 미국 시장에서 글로벌화의 상징이었던 일본 자동차의 점유율은 10%의 신장세를 보였다. 그에 비해 미국 경제의 상징이었던 자동차는 적자에 빠져 가장 규모가 큰 GM까지도 전년 대비 2.4배, 8만 명이 넘는 인원을 정리했다. 또한 21세기 들어 빈곤율과 범죄율도 다시 증가하고 있었다. 이처럼 국내외에서 한계에 부딪힌 가운데 부시 정권이 추구하는 '제국'에도 "제국의 손을 너무 지나치게 뻗었다"라는 먹구름이 드리우고 있었다.

'테러와의 전쟁' 시작

제1장 1절에서 지적한 것처럼 부시 정권이 아프가니스탄, 이라크와의 전쟁을 동시에 단행하면서, 21세기의 국제정세에서 '미국문제'가 현재화되었다. 바로 말해 그것은 '세계 제국'이 기획한 독단주의 대외정책이었고, 미국 국민에게 높은 지지를 받았다. 본 절에서는 공화국의 전통을 자랑하는 미국이 왜 그와 같은 목표를 추구하기에 이르렀는지 글로벌화의 문맥 속에서 고찰하고자 한다. 원래 부시 정권의 목표 자체는 대외정책의 혁신이라고 말하는데,[24] 현재 대외정책의 혁신이 어떻게 이루어졌는지는 국가기밀과 관계된 부분도 많아서 여기서는 다음과 같이 명확한 목표를 설정하고 살펴보자.

첫째, 이라크전쟁은 국제법에 확실히 위반되는 '예방전쟁preventive war'이라는 성격이 강한데, 부시 정권이 이처럼 정당성이 의심되는 전쟁을 단행한 이유를 안전보장정책의 전개에 맞추어 어떠한 요인이 작동했는지

초점을 두고 해명하고자 한다.

둘째, 안전보장정책의 문제라 하더라도 정책 혁신을 결단하는 경우 그 전제로 국제정세와 미국의 국제적인 역할에 대한 인식과 가치판단의 기본적인 변화가 동반된다. 9·11테러 이후 대외정책에서 미국의 패권질서는 재편되었고, 본 절에서는 그것을 정당화하고 방향을 규정하는 사상이나 이데올로기가 무엇인지를 분명히 하고 싶다.

셋째, 국제적으로 많은 비판에도 불구하고 부시 정권이 그러한 정책 혁신을 달성할 수 있었던 것은 미국 내에서 지지를 얻을 수 있었기 때문이다. 이 점은 이라크 정세가 여전히 불안한 상황에서 실시된 2004년의 대통령선거에서 부시가 재선된 것에서도 그대로 드러난다. 그러므로 미국 내의 지지기반이 어느 정도 강했는지가 중요한 문제가 될 것이다.

부시 제1기 정권에서 대통령 국가안보 보좌관을 지내고, 제2기 정권에서 국무부 장관에 취임한 라이스Condoleezza Rice는 9·11테러에 직면하여 미국은 제2차 세계대전 후인 1947, 1948년 시기와 똑같은 정세에 놓여 있다고 생각했다.[25] 그 당시 미국은 트루먼Harry S. Truman 대통령이 트루먼 독트린을 발표하고 마셜플랜을 실시하는 등 이후 40년에 걸쳐 전개된 냉전 외교의 기본 방침을 확립하고 국제정세에 본격적인 관심을 가졌다. 미국에서는 그것이 결국 냉전에서의 승리로 이어졌다고 받아들였다. 따라서 라이스는 9·11테러 이후의 정세도 미국이 국제질서를 구축하기 위해 강력한 지도력을 발휘하지 않으면 안 된다고 느낀 것이다.

그러한 의미에서 전 세계에 충격을 준 부시 정권의 대외정책은, 정세에 휩쓸리기는 했어도 결코 정세에 밀려 즉흥적으로 전개된 것은 아니었다. 그리고 다른 정책도 연이어 방침을 세웠는데 일관된 신념과 의지에 근거해서 독자적으로 결단한 측면이 강하다. 부시 정권이 이러한 방침을 작성할 때 트루먼 정권의 선례를 중시했다면 그것은 장기간에 걸쳐 국제정세를 정면에서 해결하려 했던 방침, 즉 새로운 세계 전략으로서 그 방침을 정착시키려는 의도를 지니고 있었다고 말할 수 있다. 그러므로 채택된 기본방침과는 별도로 그것을 실시하는 대외정책의 선택지에는 어떠한 것들이 검토되었는지에 대해서도 주의를 기울일 필요가 있다.

9·11테러 이후 부시 정권이 단행한 대외정책의 정책 혁신은 '테러와의 전쟁'을 주요 목표로 내세움으로써 확실히 트루먼독트린 발표 당시와 마찬가지로 전 세계에서 전개된다 해도 이상하지 않을 것 같은 인상을 주었다. 그러나 여기에는 기본적인 차이가 있는데, '테러와의 전쟁'은 냉전과 달리 국제정세를 양분하는 일원적인 대립축이 있는 것이 아니었다.

'테러와의 전쟁'에서 미국이 상정하고 있는 적대세력은 '악의 축' 국가인 북한 등의 여러 나라와 실제로 테러활동을 벌이고 있는 이슬람 과격파 등 세계 각지의 반정부 세력이다. 전자는 대량살상무기를 보유했을 가능성이 높은데, 미국을 공격할 수 있을 만큼의 군사력은 없고 이들 여러 나라가 연대하여 반미 공동전선을 조직하는 것도 아니다. 반면 후자는 냉전시대 사회주의와 국제 공산주의세력처럼 광범위한 집단과 사람들의 지지를 받고 있는 것은 결코 아니며, 이슬람 과격파 외에는 각국의 정세에 따라 세력의 성격이 꽤 달랐다.

사실 미국의 대항 조치도 각국 정부의 테러정책을 지원하는 형태인 경우가 많았고 지역에 따라 다양하다. 이라크전쟁도 미국의 중동정책의 일환이라는 성격을 띠고 있었다고 말할 수 있다.

부시 정권이 예방전쟁으로서 이라크전쟁을 감행한 것은 미국의 안전보장정책에서 역사적인 대전환이었다. 9·11테러 때에는 진주만 공격이 선례로 여러 차례 제시되었는데, 그것은 단지 일본군의 진주만 공격이 아직도 미국인의 뇌리에 남아있어서가 아니라 선전포고가 수반되지 않은 기습공격이자 '비겁한 행위'로 전해지기 때문이다. 미국은 그 정도로 국제법을 무시한 개전은 자신들의 영광스런 전통을 더럽히는 것이라 간주하고 자제했다. 이러한 미국에서 부시 정권이 예방전쟁을 단행한 것은 안전보장을 지지해온 전제조건이 9·11테러의 '충격'으로 더는 성립되지 않는다고 판단했기 때문이다.

9·11테러가 미국에 큰 충격을 준 것은 1814년 미·영전쟁 때 워싱턴의 대통령 관저가 공격당한 이래 미국의 정치·경제의 중심지가 공격을 당한 적이 없었기 때문이다. 미국인은 일종의 '절대적인 안전감'에 익숙해져 있었다. 또한 부시 정권은 국제적인 테러리스트에 의해 공격을 받음으로써 '전쟁의 민영화'[26]라는 문제에도 직면하게 되었다. 이런 의미에서 새로운 안전보장문제에 고민하지 않으면 안 되었다.

부시 정권 내 테러대책 담당자는 빈 라덴Osama Bin Laden이 이끄는 이슬람 과격파 조직 알 카에다가 미국 본토 공격 계획을 세우고 있었던 것을 이미 알고 있었다. FBI와 CIA는 사전에 알 카에다 조직원의 미국 내 활동에 관한 정보도 갖고 있었다. 그러나 미국은 미사일방위계획 추진을 우선시하고 있었기 때문에 부시 정권이 발족한 2001년에는 본격적인 테러대책에 착수하지는 못했다. 하지만 테러대책 담당자도 역시 구체적으로 언제, 어디서, 어떻게 테러가 실행될지에 대한 정확한 정보를 파악하고 있지 않았다.

9·11테러는 글로벌화가 초래한 새로운 형태의 위기라는 점에서 방위

측면에서도 새로운 문제를 발생시켰다. 냉전시대에 미국의 주적은 소련이었고, 전면 핵전쟁을 피하기 위해서라도 소련의 공격에 대항하는 방위에서 가장 중요한 요소는 억제였다. 냉전 후 미국의 적은 '악의 축'으로 명명된 국가들인데, 이들 국가가 장거리미사일을 보유하여 대량살상무기로 공격해오는 것을 막기 위해 미사일방위계획에 관심을 기울였다. 부시 정권은 이 계획을 최우선 목표로 내걸었고 국방장관으로 24년 만에 복귀한 럼즈펠드가 정권 발족 이후 이러한 방침에 따라 미군 재편성에 힘을 기울였다.

9·11테러는 이러한 럼즈펠드의 방침에 들어있지 않은 사태였다. 알 카에다가 자폭테러로 세계무역센터를 붕괴시키는 영상이 텔레비전을 통해 반복해서 나오면서 미국 방위의 취약성이 여실히 드러났기에 억제라는 방위 요소는 의미를 상실했다.

펜타곤에서 근무 중에 테러공격을 당한 럼즈펠드는 "이것은 범죄가 아니다. 전쟁이다"라고 말했다. 럼즈펠드로부터 연락을 받은 부시는 럼즈펠드가 전쟁이라는 말을 사용하자 "보복하지 않으면 안 된다"고 대답했다.[27] 9·11테러를 범죄로 파악할지, 아니면 전쟁이라고 파악할지에 따라 관할기관 하나만 예로 들어도 경찰이 관할할지 군대가 관할할지 차이가 나고, 대책의 성격과 수단이 크게 달라진다.

유명한 군사사 연구가인 하워드Michael Howard는, 영국은 팔레스타인, 아일랜드, 말레이시아 등에서 다년간 테러대책을 실행해 왔는데 '전쟁'이라고 하지 않고 '비상사태'라 한다고 지적하며 그 차이를 다음과 같이 서술했다. 비상사태에는 경찰과 정보기관에 특별 권한을 주고 필요하면 군대도 출동하는데, 평상시 정부는 권한의 범위 내에서 활동한다. 반대로 전쟁은 테러대책에서 현지 주민의 '마음과 도리'에 호소하여 지지를 얻어야 하지만 '전쟁심리'가 작동하여 역효과가 날 수도 있다.[28]

사실 신보수주의자인 페이스Douglas Feith 국방차관도 "9·11테러를 전략에 근거하여 전쟁이라고 파악하는 것은 대단히 큰 발상의 전환이다. 전쟁이 되면 여러 가지 조치가 수반된다"고 논했다.[29]

말 그대로 21세기의 출발점에서 발족한 부시 정권은 클린턴 정권과 달리 안전보장문제의 베테랑으로 구성되어 있었다. 체니 부통령은 부시 정권이 걸프전을 수행할 당시 국방장관이었고, 부시 정권의 국방장관으로 취임한 럼즈펠드는 1970년대 중반 포드 정권에서 최연소 국방장관을 역임했었고, 체니와는 오랜 동지였다. 체니와 럼즈펠드 모두 국익을 중시하여 무력행사도 마다치 않는 내셔널리스트로 평가되고 있었다.

대통령의 국가안보 특별보좌관으로 취임한 라이스도 국익을 중시하는 현실주의자다. 그녀는 원래 소련 문제 전문가로 스탠퍼드대학 교수이자 부시 정권의 국가안전보좌관 스코우크로프트Brent Scowcroft의 애제자였는데, 부시가 대통령 후보 시절부터 안전보장문제에 관해 조언을 받았다. 흑인 여성이면서 권력의 정점을 차지한 라이스는 극히 신중한 성격으로 유력 정치가들과 어깨를 나란히 하며 부시 정권에서 조정 역할을 했다.

부시 정권에 안전보장문제의 베테랑들이 모였다는 것을 상징적으로 보여주는 것은 걸프전 때 미 합동참모본부 의장을 맡아 부시보다도 인기가 더 높았던 유력자 파월Powell이 국무부 장관으로 취임한 일이다. 국무부 부장관으로 파월의 동지이자 해군 출신인 아미티지Richard Lee Armitage도 취임했다. 국무성의 수장 두 사람이 직업군인 출신이었다는 것은, 부시 정권이 외교보다도 안전보장을 우선시하고 있다는 인상을 주는 것이다.

파월은 파월 독트린Powell Doctrine이라 불리는 군사전략으로 유명한데, 베트남전쟁에서 실패한 경험을 살려 명확한 목표를 세우고 전쟁 종결까지를 계획했다. 즉 압도적인 군사력을 투입해 전쟁의 피해를 최소화하는 것이 냉전 이후 군사전략으로 중시되었다. 이러한 관점에서 다른 나라의 무력 개입에 신중하여, 이라크가 쿠웨이트를 침공한 1990년 걸프위기 때도 처음에는 군사개입에 소극적 자세였다. 한편 걸프전에서 성공한 것처럼 군사적인 우세를 확보하기 위해 다른 나라의 지지와 협력을 중시하는 국제협조파였다.

부시 정권에는 그 이외에도 안전보장문제에 제3의 전문가그룹이 참가하고 있었다. 신보수주의라 불리는 이들 그룹은 미국이 냉전 후에도 국제적인 주도권을 강력히 발휘할 것을 주장하며, 클린턴 정권의 대외정책을 우유부단하다고 비판하는 활동을 전개한 지식인과 밀접한 관련이 있다. 부시 정권에서는 월포위츠 국방부 부장관이 대표적 인물이다. 그밖에 유력한 지위에 오른 사람이 적지 않은데, 레이건 정부의 국방부 차관보로서 대 소련 강경정책을 전개한 펄Richard Norman Perle이 국방부 자문위원회의 위원장이었다. 또한 중견 간부급으로 페이스 국방부 차관을 비롯하여 체니 부통령의 비서실장인 리비Irving Lewis Scooter Libby 등이 안전보장정책 입안과정에서 실질적인 역할을 담당하는 지위를 차지하고 있었다.

이처럼 안전보장문제에 정통한 진용을 자랑하고 있었음에도 9·11테러가 일어나자 주도권을 장악한 것은 다름 아닌 부시 대통령 자신이었다. 이 사건으로 부시는 미국 국민의 안전 확보를 최우선으로 하는 것이 대통령의 책무가 되었다고 확신했다. 부시는 아이젠하워 대통령처럼 말솜씨가 서툴고 지성이 의심스럽다는 평판도 있었지만, 예민한 권력 감각의 소유자로 이 사건 후 정권을 장악하고 방침을 명확히 내세우며 '진정한 지도자'로서의 본모습을 발휘해갔다.[30]

9·11테러가 일어난 9월 11일 오후 8시 30분에 백악관에서 텔레비전으로 생중계된 대국민 연설에서 부시는 미국 국민을 안심시키기 위해 다음과 같이 표명했다.

신속한 구제조치를 취해 연방정부와 금융기관도 조속히 활동을 재개할 수 있도록 하겠으며, 테러리스트에 대해서는 '사악한 자evil'에 의한 테러 공격인 만큼 이를 계획한 배후 인물은 물론 테러리스트를 숨겨준 나라도 테러리스트와 같은 무리로 간주해 '대테러전war against terrorism'에서 승리를 거두겠다는 단호한 모습을 보였다.[31]

부시는 분명히 포퓰리스트 대통령으로서 포퓰리슴의 수사학을 구사하고 있었다. 이 점에서도 레이건혁명을 계승하고 레이거노믹스형의 패권을 전개하려고 했다.

앞에서도 언급한 것처럼 9·11테러를 범죄로 보느냐, 전쟁으로 보느냐에 따라 대책은 크게 달라진다. 부시는 체니와 파월, 럼즈펠드와 상의하지도 않고, 두터운 신뢰 관계인 복음파이자 연설집필자인 가슨Michael Garson, 백악관 고문인 휴즈Karen Parfitt Hughes와 협의하여 독자적인 판단으로 전쟁이라 결정을 내렸다.[32] 전통적으로 국제법에서는 전쟁을 국가 간의 것으로 상정하고 있어, 알 카에다와 같은 NGO를 전쟁 당사자로 파악할지가 새로운 문제였다. 부시는 그와 같은 미묘한 법적 문제를 크게 개의치 않고 매우 간단히 테러지원자를 테러리스트로 동일시하여 알 카에다에 대한 조치를 강화했다.

부시는 '직감'에 의한 판단을 신조로 하고 있어, 9·11테러를 당하자 "나는 신의 손안에 놓여 있다"며 신의 의지에 따르는 심경이라고 했다. 부시는 9월 14일 워싱턴 내셔널 대성당에서 거행한 연설에서도 이러한 심경을 토로하며 "우리 역사에 대한 책임으로 이러한 공격에 대항하고 이 세계에서 사악한 것을 제거해야 하는 것은 명백하다"라고 '테러와의 전쟁'이 타협의 여지가 없는 전쟁이라고 이야기했다.

부시는 그 이유로 시대가 변할 때마다 세계에는 자유의 적이 나타나는 데, 미국은 자유의 조국이자 옹호자이기 때문에 적들이 미국을 공격해왔다고 설명했다. 그러므로 전 세대가 자유를 지키기 위해 세계대전이나 냉전에서 싸운 것처럼 이번에도 새로운 도전에 대항해야 한다고 했다. 말하자면 부시의 연설은 미국인의 애국심을 응축한 것이었으며, 이듬해 10월에 선제공격 전략을 제시한 「미국 국가안전보장전략」 서문에도 "미국은 자유, 민주주의, 그리고 자유기업이라는 국가 성공을 위한 적절하고 지속적 모델"이라고 지적하며, 21세기에는 "미국이 만든 이 모델을 따를 것을 거부하는 나라는 모든 곳에서 실패를 만나게 될 것"이라고 자화자찬했다.[33] 제국의 본질인 '문명의 전파'라는 논리의 전형적인 현대판이라고 말할 수 있다.

부시는 '테러와의 전쟁' 방침을 2001년 9월 20일 연방의회에서 실시한 상하 양원 합동회의 연설에서 정식으로 제시했다. 이에 따르면 전쟁은 알카에다와의 사이에서 시작된 것이지만, 여기서 끝나는 것이 아니라 지구상에서 활동하는 모든 테러리스트 그룹이 근절될 때까지 지속한다.[34]

또한 상대가 테러리스트이기 때문에 대항하는 수단도 군사로 한정되는 것이 아니라, 외교, 정보, 법, 금융 등 모든 것을 활용하지 않으면 안 된다. 이 전쟁은 단기적 전투가 아니므로 장기적인 대책이 필요하고, 테러리스트의 도피처가 없어질 때까지 지속한다. 이를 위해 테러리스트를 지원하거나 보호하는 나라와는 싸우지 않으면 안 된다. 그러므로 세계 속의 모든 나라는 미국과 테러리스트 중 어느 쪽 편에 설지를 명확히 결단해야만 한다. 미국은 앞으로 테러리스트를 지원하는 나라는 모두 적성敵性국가로 간주한다고 단호하게 표명했다. 이것이 '부시독트린'이라고 불리게 되는 새로운 방침이다.

이 방침에 따라 부시 정권은 각국 정부의 테러대책을 신속히 지원하고 테러리스트에 대한 정보교환을 강화했는데, 테러리스트의 자금출처를 막기 위해 오랫동안 고객 예금 정보를 비밀에 부쳐온 스위스 은행에 대해서도 정보 제공을 요구하는 등 국제적인 반테러 포위망 구축을 강력히 추진했다. 그리고 여기서 머물지 않고 부시 정권은 알 카에다 토벌을 위한 군사행동 참여도 호소했다.

9·11테러와 관련해 유엔도 이듬해 9월 12일 미국이 자위권을 발동하는 것을 인정하는 결의안을 채택했다. 미국은 이를 배경으로 아프가니스탄의 탈레반 정권에게 유력 용의자인 빈 라덴의 인도를 요구했으나, 거부당하자 10월 7일에 알 카에다를 궤멸시키기 위해 아프가니스탄전쟁을 개시했다. 개전 당시 부시 정권은 보복의 분노에 사로잡혀 있었을 뿐만 아니라, 패권국으로서의 위신을 걸고 알 카에다에게 테러공격의 대가가 얼마나 큰지를 깨닫게 해주고, 테러공격을 예방하는 것을 목적으로 했다.

럼즈펠드는 테러공격을 예방하기 위해서는 테러리스트에게 싸움을 걸지 않으면 안 된다고 생각하고 있었고, 이 생각은 선제공격을 용인하는 방향으로 발전하게 된다. 또한 페이스 등도 테러리스트에게 대항할 때 개별 테러리스트를 추격하기보다도 오히려 대규모 테러활동을 실행하는 테러조직 훈련캠프 등 거점을 공격하는 편이 유효하다고 생각했다. 그래서 '영토접근'이라 부르는 전략을 고안했다.[35] 이 전략을 보아도 아프가니스탄에 대한 공격은 불가피하다고 판단되었다.

　탈레반 정권에 용의자 인도를 요구하기까지의 과정은 국제적으로도 정당한 절차를 밟았다. 그러나 탈레반 정권이 인도를 거부하자 아프가니스탄을 공격한 것은, 부시 정권이 테러지원국을 테러리스트와 동일시한다는 관점에서는 정당하다 해도 국제법 측면에서는 여전히 의심스러운 부분이 남는다. 그러나 유엔 사무총장이 미국에 의한 개전을 용인하는 발언을 하고, 국제법 전문가들 사이에서도 탈레반 정권이 테러용의자 인도라는 국제적 의무를 다하지 않고 알 카에다로부터 거액의 재정지원을 받고 있는 점으로 보아 양자 간 유대성이 강하고 일체성이 인정된다고 판단하여 미국의 개전을 정당하다고 보는 해석도 있었다.[36]

　실제 전쟁에서도 북대서양조약기구가 처음으로 집단적 자위권을 발동하고 독일과 일본이 제2차 세계대전 후 처음으로 군대를 파견한 것 이외에 11개국의 다국적군에 참가하여 어떤 형태로든 군사행동에 협력한 나라는 90개국 이상에 달했다. 이처럼 국제적인 지지와 협력을 획득함으로써 미국은 사실상 전쟁에 대한 국제적인 정당성을 확보했다고 말할 수 있다.

　아프가니스탄전쟁은 현지세력인 북부동맹이 주력이 되어 지상전을 치렀다. 미군은 파병한 소규모의 특수부대들이 제공하는 정보를 근거로 정밀유도장치 등 1990년대에 발전시킨 군사기술혁명에 따른 첨단병기를 구사하고 지상군을 파견하여 전쟁이 종결되기 전까지는 주로 공중폭격으로 전황을 유리하게 전개하는 전략을 취했다. 이 전략은 미군의 희생을 최소로 줄이기 위한 것으로, 냉전 후 비약적으로 증가한 해외에서의 무력행사 때면 이 전략으로 대처해 왔다. 앞서 언급한 것처럼 냉전 기간 즉 40년간 미군이 해외에서 무력개입한 횟수는 16회였는데, 이에 비해 냉전 종결 후에는 그 4분의 1인 10년 사이에 50회 가까이 달하고 있다.[37]

아프가니스탄전쟁은 부시 정권의 예상보다 꽤 순조롭게 진행되어 2개월 남짓으로 사실상 종결되었다. 빈 라덴 등 알 카에다 지도자를 놓친 것 때문에 산악지대에서 소탕작전을 지속하였는데, 12월에 들어서자 미국은 전쟁에 협력한 모든 나라에 도움을 청해 아프가니스탄의 국가 재건을 국제적으로 지원하는 체제를 정비했다. 이러한 활동은 부시가 대통령선거에서 내세운 공약에 위반되는 것이다. 그렇나 각국은 국가 재건을 적극적으로 지원하는 방침으로 전환한 미국의 요청을 받아들였다. 독일에서는 아프가니스탄 정부 재건에 대한 회의, 일본에서는 부흥 지원에 대한 국제 회의가 각각 개최될 예정이었다.

이라크 해방 방침과 국제질서 구축의 사명감

부시 정권은 후세인 정권이 대량살상무기를 은닉하고 있다고 확신했고, 이를 이유로 이라크전쟁을 개전했다. 그러나 개전 이유가 미국에 곧 닥쳐올 위협이라고 생각하기는 어려웠던 점에서 예방전쟁의 성격이 강했다. 물론 세계 곳곳에 강인한 인상을 주어 국제정세를 오히려 불안정하게 할 위험이 컸다. 뒤에 고찰하겠지만 그럼에도 미국 내에서는 큰 지지를 받았다. 이런 점을 고려하면 21세기의 국제정세를 제대로 살펴보기 위해서라도 부시 정권이 왜 그와 같은 대담한 결단을 내렸는지 숙고해 볼 필요가 있다.

미군은 걸프전 후에도 이라크와 교전 상태에 빠져 있었는데, 그것은 이미 이라크인과 쿠르드인에게 생화학무기를 사용했었던 후세인 정권의 대량살상무기 개발을 저지하기 위해서였다. 1991년 4월에 유엔은 안보리결의 687호를 채택하여, 걸프전의 정전 조건으로 대량살상무기와 사정거리 150km 이상의 탄도미사일 보유와 개발 전면 금지 및 유엔감시단의 무조건적 사찰을 정하였고, 후세인 정권이 이를 수락했다. 유엔은 이를 위해 '유엔이라크특별위원회'를 설치했다.

냉전 시대에는 대량살상무기라는 말이 사용되지 않았고, 국제적 관심의 주된 대상도 핵무기였다. 그러나 냉전 후에는 개발도상국도 입수하기 쉬운 대량파괴무기로서 생화학무기가 주목을 받게 되면서, 핵무기와 합쳐 대량살상무기라는 말을 사용하는 것이 보통이 되었다. 미국은 생화학무기가 개발도상국으로 확산하는 것을 크게 걱정하게 되었다. 또한 이라크 현지사찰을 한 유엔이라크특별위원회가 1991년에 이라크 핵무기 개발계획에 관한 결정적인 증거를 발견하면서 이라크의 핵무기 개발 저지도 중대한 목표가 되었다.[38]

미국과 이라크의 교전 상태가 계속된 것은 이라크가 유엔의 사찰을 방해하고 대량살상무기의 은닉을 꾀한데다, 1993년 쿠웨이트를 방문한 부시 전 대통령 암살미수사건까지 일어났기 때문이다. 이를 안 클린턴 정권은 순항미사일로 이라크를 보복 공격했다. 클린턴 정권의 테러대책 담당자는 이것이 효과가 있자 그 후 이라크의 반미 테러활동을 막을 수 있다고 판단했다.

그러나 미국 내 신보수주의자들이 차츰 클린턴 정권의 이라크정책을 비판하는 목소리를 높여갔다. 부시 정권에서 국방차관을 역임한 월포위츠도 걸프전을 종결할 시기를 놓쳐 이라크 주력군을 보존시켰다고 생각하여 불만을 품고 있었다. 그는 걸프지역을 불안하게 하는 후세인 정권이 예상과 달리 정권을 유지하고 있는 것에 대해 걱정했다.

1996년 이라크군이 쿠르드인을 탄압하자, 1961년에 CIA가 지원한 망명 쿠바인의 쿠바침공 작전을 케네디 정권이 군사 개입하지 않고 내버려둔 것과 마찬가지로 클린턴 정권이 '배신' 행위를 했다고 신랄히 비판하며 후세인 대통령을 전쟁범죄자라고 단정했다.[39]

신보수주의의 거점이 되는 '새로운 미국의 세기를 위한 프로젝트PNAC'는 1997년에 크리스톨William Kristol과 케이건Robert Kagan이 중심이 되어 창설했다. 창설 취지에서 클린턴 정권의 대외정책을 비판하며, 미국은 민주주의 국가들과의 연대를 강화하여 강력한 주도권을 발휘하고 적대국들과 대결해야만 한다고 강력히 밝혔다. 이와 동시에 미국 자신의 가치와 이익을 대외정책 방침으로서 강하게 내세우도록 주장했다.[40]

창설 회원으로 월포위츠와 펄 등 부시 정권에 등용된 신보수주의 외에도 체니와 럼즈펠드라는 내셔널리스트가 이름을 올리고 있었다. 이라크정책에 관해서도 이 프로젝트의 회원 18명은 이듬해 1월에 클린턴 대통령에게 공개서한을 보내 이라크에 대한 봉쇄정책은 성공적이지 못하므로 후세인 정권의 전복에 초점을 맞춰야 한다고 밝혀 단지 신보수주의의 주장에 머물지 않았다. 그 점은 1998년 10월에 연방의회가 채택한 '이라크 해방법'에 훨씬 분명히 나타난다. 그때까지 CIA는 1996년 쿠데타 계획 실패를 근거로 새로운 작전을 은밀히 고안하고 있었는데, 의회는 이것을 거부하고 독자적으로 법률을 제정한 것이다. 하지만 이 해방법은 후세인 정권을 전복시켜 이라크의 민주화를 지원하는 '체제변혁regime change'을 목표로 하고 있었다 해도 신보수주의처럼 무력행사도 마다치 않는다는 방침은 아니다. 오히려 이라크의 반정부 세력을 지원하는 방침을 취하고, 이를 위해 9,700만 달러의 예산 지원을 승인했다.

2001년 발족한 부시 정권에는 럼즈펠드와 월포위츠 등 이라크에 대한 강경방침을 주장하는 사람들이 등용되어 정권 개시 후 10일째 열린 제1차 국가안전보장회의에서 이미 이라크 문제가 채택되었다. 클린턴 전 정권이 임기 종료 직전까지 팔레스타인 평화교섭을 필사적으로 중재한 보람도 없이 교섭이 좌절된 가운데 부시는 미국이 손쓸 방법은 없다는 달관하는 자세를 취하며 당사자의 자각을 기다렸다. 대신에 라이스 보좌관이 중동정세를 불안정하게 만드는 원인으로 이라크 문제를 지목하면서, 이 문제를 해결함으로써 중동정세를 타개하고자 했다.[41]

2월에 이라크를 폭격하긴 했지만, 본격적인 방침을 결정하지 못한 사이에 미국은 9·11테러를 당했다. 펜타곤이 공격당하는 등 뜻밖의 심각한 사태를 접한 럼즈펠드는 테러사건 다음날 열린 국가안전보장회의에서 알 카에다 뿐만 아니라 이라크 공격에도 착수하도록 발언했다. 이미 펜타곤에서는 이라크에 대한 군사적 조치를 심의했고, 9·11테러가 후세인 정권을 내쫓을 좋은 기회라고 판단했다. 그러나 부시는 알 카에다에 대한 대항 조치에서부터 시작해야만 한다고 판단하여 이라크보다 알 카에다 괴멸을 우선시하는 방침을 단호히 결정했다. 파월도 이 결정에 찬성했는데, 부시는 그 전날 9·11테러를 '테러와의 전쟁'이라고 성격 규정한 것에 이어 이때에도 스스로 아프가니스탄전쟁 개전의 주도권을 발휘했다.

아프가니스탄전쟁이 특수부대와 첨단무기의 조합으로 예상 이상의 성공을 거두는 가운데 부시는 알 카에다의 테러공격을 옹호한 후세인이 이 사건과 관련돼 있다고 보고 불신을 높였다. 그는 후세인이 대량살상무기를 사용하여 인근 지역에 '커다란 불안'을 초래할 위험이 있다고 절실히 느꼈다. 결국 11월 21일에 이라크전쟁 계획을 준비하도록 럼즈펠드에게 명령했다.[42]

또한 11월에는 영국의 비밀정보기관 MI6가 파키스탄에서 실시한 활동 보고가 도착했다. 이를 통해 파키스탄의 핵 기술자가 대량살상무기 중에서도 수준이 낮은 부류에 속하는 '조잡한 형태의 핵무기' 제조방법을 밀매하고 있음이 명확해졌다. 조잡한 형태의 핵무기는 파괴력은 약하지만 제조가 쉬워 확산될 위험이 크다. 그 후 CIA도 알 카에다의 거점에서 조잡한 형태의 핵무기 제조 도면 등을 발견했고, 빈 라덴이 파키스탄인 기자에게 화학무기와 핵무기를 보유하고 있다고 말해 신빙성을 고조시켰다.[43]

부시에게는 그야말로 등골이 오싹해지는 소식이었다. 그는 테닛George John Tenet CIA국장을 급히 파키스탄으로 보내 조사하게 했다. 테닛은 무샤라프Pervez Musharraf 파키스탄 대통령과 정보부장을 위협해 적어도 파키스탄의 핵 기술자 한 명이 알 카에다 조직원과 만난 적이 있다는 정보를 얻어냈다.[44]

사우디아라비아를 포함한 5개국의 정보기관은 핵무기 중 하나의 소재가 파악되지 않고 있다는 정보를 얻자 사우디아라비아는 국경 경계 태세를 강화했다. 부시는 이 같은 정보에 충격을 받고 '몇 주 내'로 추가 공격을 받을 위험이 있다는 테러 경계경보를 전국에 내리도록 명령했다. 여기서 느낀 충격은 쉽게 가시지 않았다. 테닛은 걸프전 후 이라크를 시찰한 유엔담당자로부터 후세인이 8종류의 핵무기 제조법을 입수했다는 보고를 받았다.[45]

부시는 미국의 대외정책에 대해 주변국의 의견을 듣는다하더라도 간섭은 받고 싶지 않았다. 결국 합의를 이루는 것이 목적이지만, 합의가 이루어지지 않았다고 해서 행동할 수 없다는 것은 이상하다고 생각했다. 이처럼 국제협조를 중시하지 않고 판단하려 한 것은 특히 상대가 '악의 축' 국가인 경우 외교교섭의 전제가 되는 기초적 신뢰관계를 쌓는 것조차 어려우므로 유엔의 결정과 국제협조를 존중하면서 유효한 조치를 하기는 어렵다고 판단했기 때문이다.[46]

한편 유일한 초강대국으로서 미국은 세계를 이끌어나갈 국가라는 지위를 차지하고 있어 무력을 행사하더라도 국제적인 협력과 지지를 얻기 위해 유엔의 승인이나 국가 간 연합 형성에 애쓸 필요가 전혀 없었다. 결과적으로 성과를 거두려면 어떻게 해야 할지만 검토하면 된다고 생각하고 있었다. 부시는 자신감 있게 성과를 달성할 수 있도록 적극적으로 행동하면 동의를 망설이는 나라나 지도자도 결국 협력을 자청하고 싶어하는 정세를 만들어 낼 수 있고 더 나가 이것이 평화로 이어지는 것이라고 보았다.[47]

부시는 이 같은 생각을 하고 국제협력을 통해 아프가니스탄전쟁을 수행하던 중 10월 말에 『워싱턴포스트』의 우드워드Bob Woodward 기자에게 자신의 생각을 밝혔다. 이때 국제질서를 구상하는 것의 중요성에 대해서도 함께 이야기했다. 라이스에 의하면 부시는 원래 자신의 임기가 끝날 때까지 국제정세를 안정시키겠다고 다짐하며 대통령에 취임했다고 한다. 부시는 미국의 힘이 압도적인 상태를 활용해서 세계의 세력균형을

일신시킬 수도 있는 '대대적인 전략적 권력투쟁'도 준비되어 있다고 생각했다.[48]

결국 위대한 목표를 달성할 호기를 반드시 잡겠다며 의욕을 보이던 부시에게 '국제평화'를 달성하는 것이야말로 진정한 목표임이 틀림없었다. 미국의 역대 대통령 중 그가 모델로서 삼은 것은 남북전쟁에서 승리하여 미국의 연방 존립을 확보한 링컨이다. 독립을 달성한 초대대통령 워싱턴과 함께 미국 역사상 가장 위대한 업적을 달성한 대통령에 필적할만한 성과를 목표로 하고 있었다. 이 웅대한 야심은 그리스도교의 경건한 신앙에 근거하고, 강고한 신념에 의해서 뒷받침되고 있었다.

이라크전쟁의 개전 '논리'

2002년 1월 발표한 연두교서는 부시가 아프가니스탄전쟁 후 대외정책을 공식적으로 표명하는 기회가 되었다. 연두교서 초안을 준비하는 첫 번째 모임에서 부시는 이슬람 세계의 민주화와 여성 권리의 증진을 새로운 교서 주제로 해야 한다고 소리높여 선언했다. 이 생각은 저명한 이슬람 연구자이자, 신보수주의자와 친교가 있던 루이스Bernard Lewis 전 프린스턴 대학 교수의 주장에 바탕을 둔 것으로, 이슬람교도가 불만을 느끼는 사회·경제적 후진성은 이슬람 세계가 그들의 잠재 능력을 억압하기 때문이라고 했다. 부시는 이 의견에 감명을 받았다. 루이스는 그것을 '혁명의 문화'라고도 불렀는데, 부시는 결국 여성의 복종 때문에 이루어지고 있다고 이해했다.[49]

이에 대해 미국의 대외정책 담당자가 바란 것은 민주화라기보다도 터키의 아타튀르크Mustafa Kemal Atatürk가 실현한 것과 같은 근대화였다. 이 때문에 부시는 중동의 민주화구상을 단념해야 했다.[50] 그러나 그는 중동에서의 현상유지 정책이 9·11테러를 초래했다고 확신했다. 따라서 테러 대책에 머물지 않고 중동정세 변혁을 목표로 후세인 정권 전복과 이라크의 체제 변혁을 완수할 필요가 있다고 생각했다. 부시는 전 세계를 향해 미국 대외정책의 기본 방침 재편을 선언하고 싶었다.

이렇게 2002년 연두교서에서 대對이라크정책을 우선 과제로 하는 것이 결정되었다. 교서의 초안을 담당한 연설 작가 프룸David Frum은 부시의 의도에 따라 연두교서를 역사적으로 무게감 있는 연설로 만들고 싶다고 생각했다. 그는 거듭된 검토 끝에 일본의 진주만공격 직후 루스벨트 대통령이 한 연설에 이르렀다.[51]

프룸은 테러조직과 '악의 축' 국가들의 연계를 제2차 세계대전 당시 일본·독일·이탈리아의 삼국동맹the Axis과 유사한 것으로 파악하고, 미국의 역사적인 숙적宿敵을 떠오르게 하는 '증오의 축axis of hatred'이라는 표현을 사용했다. 그는 연설문 초고에서 미국은 이 축으로부터의 공격을 앉아서 기다리는 것이 아니라 선제공격을 통해 이를 막고 세계를 지켜야만 한다는 의견을 적어 주임 연설 작가 가슨Garson에게 제출했다.[52] 그것을 가슨은 '증오의 축'이라는 말 대신 그리스도교의 종교적 내용도 담아 '사악한 자들의 추축樞軸'으로 수정했다.[53]

초고를 받은 부시는 이라크 외에 이란과 북한을 추가했다.[54] 부시는 이 3개국이 현시점에서 평화를 위협하는 최대 요인이라고 확신했다. 1월 29일에 발표한 연두교서에서 북한, 이란, 이라크의 3개국을 지명하여 '악의 축'이라 부르며 비난했다. 그 이유는 이들 나라가 대량살상무기 개발계획을 추진함으로써 중대 위기가 점점 고조되고 있으며, 테러리스트에게 대량살상무기를 제공할 위험이 있기 때문이었다.

그 사이 프랭크스Tommy Franks 중부사령관이 준비한 이라크전쟁 계획안은 럼즈펠드에게 여러 번 거부되어 개정작업이 거듭되고 있었다. 이러한 가운데 부시가 새로운 군사전략을 표명할 기회가 그해 6월의 웨스트포인트사관학교 졸업식에서 있었다. 가슨은 이 초고를 준비하려고 일부러 부시와 오랜 시간 함께 지낼 기회를 만드는 등 용의주도하게 준비했다. 그는 미국인이 제2차 세계대전 후 냉전에 몰두했을 때와 마찬가지로 21세기 초의 국제정세에 적극적으로 대응하기 위해서는 미국인의 마음가짐이 변하지 않으면 안 된다고 생각했다.

이를 위해서는 미국 국민이 미국의 안정과 이상이 모두 위험에 처해 있음을 이해할 수 있도록 새로운 방침을 대담하게 제시할 필요가 있다고 판단했다. 이렇게 여러 차례 수정한 초고를 바탕으로 부시가 웨스트포인트사관학교에서 한 연설은 연두교서에서 '악의 축'으로 적대시하며 표적으로 삼았던 것을 이어받아 선제공격을 새로운 안전보장의 방침으로 내세웠다.[55]

이 선제공격에 대해서는 그해 10월 공표된 '미국 국가안전보장전략'에서 다음과 같이 더욱 자세히 밝혔다. 즉 위험을 무릅쓰는 '악의 축' 국가와 무고한 사람들을 살해하는 테러리스트는 대량살상무기를 볼모로 삼아 군사 공격과 협박의 수단으로 활용하고 있다. 또한 그것을 미국의 군사적 우위와 이에 근거한 패권에 맞설 수 있는 가장 좋은 수단으로 간주하고 있다. 따라서 미국은 대량살상무기의 개발을 추구하는 국가, 테러리스트,

그리고 이들 지원국가의 제휴에 대항하는 조치를 하지 않으면 안 된다.

억제와 봉쇄가 더는 유효하지 않은 상태에서 남은 유일한 수단은 대항 조치를 세우는 것이다. 그리고 생명과 자유를 지켜야만 하는 경우 '선제공격preemptive action'을 취할 필요가 있다. 부시는 웨스트포인트사관학교 졸업식에서 60개국 이상에 산재해 있는 테러리스트를 미군이 당장 공격할 수 있도록 재편해야 한다고 했다.[56]

사관학교 연설에서 부시는 안전보장 문제뿐만 아니라 '테러와의 전쟁'에 대해서도 다음과 같이 말했다. 이 전쟁에는 냉전과 마찬가지로 단호한 결의와 인내가 필요하고, 그것을 수행하기 위해서는 도덕적인 목적이 명확해야 한다. 이를 위해서는 외교적이지 않다고 비판을 받더라도 적을 지명해서 부를 필요가 있다. 그렇게 하는 편이 오히려 문제의 소재를 분명히 하고 세계를 이끌어가면서 적국과 대항하기 쉽다고 했다.

부시 정권이 밝힌 이라크전쟁의 목적은 이라크의 대량살상무기 개발을 저지하고 주변 여러 나라에 대한 위협을 없애는 것이다. 그러나 이라크전쟁 방침에 대해 미국 내에서도 이론이 생겨나 부시 정권의 국무장관이었던 베이커와 국가안보보좌관이었던 스코크로프트가 노골적으로 반대했다. 특히 안전보장문제 전문가 중 중진으로 평가되던 스코크로프트의 반대는 주목을 받았다. 그는 이라크를 공격하면 중동지역 전체가 대혼란에 빠진다고 지적하며, 후세인과 테러리스트는 공통의 이익을 가지고 있지 않기 때문에 국제협조 하에 수행하고 있는 '테러와의 전쟁'을 망쳐 버린다고 경고했다. 오히려 유엔 사찰을 엄격히 실행해야 한다고 주장했다.[57]

그러한 가운데 영국의 블레어Tony Blair 총리도 유엔 사찰을 요청하자, 부시는 9월 유엔총회에서 단독 행동도 불사하겠다는 의지를 보이며 유엔에 존재가치를 발휘하도록 촉구하고 이라크에 대한 엄격한 사찰을 제안했다. 그 후에도 파월이 정권 내부의 강경론에도 불구하고 유엔 제재안 채택을 위해 분주하게 움직였다. 그 결과 11월 8일에 유엔안보리는 이라크에 대해 즉시 그리고 무조건으로 유엔의 사찰을 받아들이도록 요구하는 결의를 만장일치로 채택했다.

이듬해 2003년 1월에 이라크가 제출한 장문의 보고서를 보면, 이미 보고했던 것을 약간 수정한 것에 불과해 후세인 정권의 진정성을 의심하게 했다. 그 사이 파월은 주전론자의 압력을 받으면서도 신중한 자세를 유지했다 하더라도 마침내 2월 5일 유엔안보리에 미국 측의 증거사진 등을 제출하여 이라크가 대량살상무기를 보유하고 있는 사실을 받아들이도록 설득했다. 파월의 설명에도 국제적으로는 의문이 제기되었다. 그럼에도 부시 정권이 무력행사를 단행하겠다는 방침을 바꾸지 않은 것은 본래 목적이 대량살상무기 개발 저지보다는 후세인 정권을 무너뜨리는 데 있었고, 개전을 정당화하기 위한 전쟁 목적도 이라크의 민주화에 역점을 두는 것으로 변화하고 있었기 때문이다.

부시는 2월 26일 공화당계 보수파 정책연구기관인 미국기업연구소 American Enterprise Institute에서 실시한 연설에서 이라크의 후세인 정권은 중동지역과 세계를 위협하는 대량살상무기를 개발하여 미국을 공격하려는 테러리스트에게 이를 제공할 위험이 있다고 주장했다. 또한 부시는 중동지역의 전제권력이 분열과 폭력을 퍼뜨리고 있다고 주장하며 그 존재 자체가 문제를 안고 있다고 지적했다.[58]

그와 더불어 부시 정권이 전쟁 목적으로 이라크의 민주화를 중요시하는 것은 이슬람 세계에 문명의 혜택을 가져다주어야 한다고 생각하기 때문이라고 했다. 사실 이라크 자체는 자랑할 만한 유산과 풍부한 자원, 게다가 기술을 익힌 교육받은 국민을 소유하고 있어 민주주의로 나아가며 자유로운 생활을 영위할 능력을 갖추고 있다고 보았다.

이라크 민주화에 대한 이 같은 낙관적인 전망은 부시 정권의 체니와 월 포위츠처럼 이라크 망명자와 가까운 고위 관료들이 간접적으로 가져다 준 지식이나 정보가 영향을 준 것이다. 또한 이라크의 신정부가 중동지역 다른 국가의 민주화를 고무하는 본보기가 될 것으로 기대했다. 이와 같은 이라크전쟁의 목적은 미국 문명의 핵심인 민주화라는 공화국의 대의를 내건 세계 제국의 기획이었다.

그러나 부시가 군사력 행사로 민주화가 된 선례로 든 제2차 세계대전 후의 일본과 서독은 전쟁 전에 이미 민주주의의 경험이 있었기 때문에 미 국에 의한 점령정책은 민주주의의 부활이라는 성격이 있었다. 이 점에서 민주주의의 경험이 없는 이라크와는 크게 달랐다. 그럼에도 부시가 이라 크의 민주화를 통해 중동지역의 안정화를 목표로 내건 데는 이 같은 방침 을 주장한 이스라엘 정치가의 저서에서 깊은 감명을 받은 것이 배경으로 작용했기 때문이다. 사실 이스라엘의 바락Ehud Barak과 샤론Ariel Sharon 전 총리들도 미국 신문에 개전 전부터 이라크 공격을 노골적으로 주장하고 있었다.

또한 신보수주의의 유대계인 펄과 독일 나치의 홀로코스트에서 살아남 아 폴란드에서 이민 온 유대계 2세인 페이스 국방차관은 네타냐후Benjamin Netanyahu 전 총리의 조언자로서 팔레스타인 자치협정(오슬로 합의)에 반대 하는 강경 방침을 보였다. 이처럼 신보수주의에는 유대계가 적지 않았고 이스라엘 정부에 호의적인 자가 많았다.[59] 그러한 점에서 부시 정권의 이라크전쟁 개전은 이스라엘의 안전보장과도 관계되는 미 제국의 '주변' 문제이기도 했다.

한편 차라비Ahmed Chalabis 등 이라크 망명자로부터 얻은 정보를 근거로, 미군이 이라크에서 '해방군'으로 환영받을 가능성이 크다고 전망했기 때문에 부시 정권이 사전에 준비한 점령정책도 매우 불충분할 수밖에 없었다. 이러한 점에서도 일본과 서독의 경우와는 많이 달랐다.

'테러와의 전쟁'과 미국 내 지지기반

부시는 2003년 3월 19일에 이라크를 공격하며 전쟁을 시작했고, 5월 1일에 승리를 선언했다. 개전 며칠 후 벌인 여론조사에서 68%가 전쟁을 지지했고, 승리의 전망이 높았던 4월 9일에는 지지율이 76%에 달했다. 이처럼 이라크전쟁에 대한 국민의 지지가 높았던 것은 9·11테러가 얼마나 컸는지를 보여주는 것이다.

9·11테러는 미국인의 국민의식을 각성시켰고, ABC의 유명한 뉴스진행자 제닝스Peter Jennings는 사건 직후 부시의 연설을 특별한 논평 없이 있는 그대로 받아들였고, CBS의 뉴스진행자 래더Dan Rather도 미국 독립의 정당성을 주장한 페인Thomas Paine의 말을 인용하며 '영혼이 시련을 겪는 때'를 맞이하고 있다고 시청자에게 이야기했다.[60]

2001년 9월 20일 연방의회 연설에서 '테러와의 전쟁'의 방침을 공식적으로 밝힌 이후 부시는 믿음직스러운 전시戰時 지도자가 된 인상을 주었다. 그는 포퓰리스트형 정치가인 대통령으로서, 말하자면 시민종교의 성직자 역할을 기대대로 완수한 것이다. 실제 9·11테러 전 갤럽에서 실시한 조사에서 지지율은 51%까지 떨어져 있었으나, 연방의회 연설 직후 90%로 단숨에 올라 아버지 부시를 제치고 역대 최고를 기록했다.

이처럼 부시의 지지율이 급상승한 이유는 "미국인이 그러길 바라고 절실히 원하는 자질을 부시에게 투영하고 있기 때문"이라고도 한다. 9·11테러 이후의 미국 언론을 분석한 보고서는 그것이 언론에 의해 만들어진 이미지일 수도 있다고 지적한다. 그러나 부시가 제시한 '테러와의 전쟁'이라는 말에 대해 영국의 로이터 통신이 테러리스트도 각각의 입장에 따라 '자유의 전사'일 수 있다는 이유에서 테러리스트라는 단어 사용을 피했다. 그러한 미국 언론은 로이터의 자세에 대해 신랄하게 비난했다.[61]

반대로 미국 언론은 "테러리스트는 미국이 이룩한 자유를 공격했다"는 부시의 주장에 동조하며 알 카에다가 왜 공격했는지를 문제 삼지 않고 미국이 "왜 증오의 대상이 되었는가"라며 원인이 미국 외부에 있다는 관점에서 보도를 이어갔다.[62] 이는 전형적으로 보도의 관점이 부시에 의해 결정되는 것을 의미한다.

그 후에도 미국 언론은 애국적인 경향을 점점 강화하면서 부시 정권의 방침을 비판하는 것을 삼갈 뿐만 아니라 그 방침에 의문을 들게 할 수 있는 뉴스는 보도를 자율 규제했다. 아프가니스탄전쟁 중 CNN은 사내 회람 문서에서 아프가니스탄에서의 피해를 보도할 때에는 9·11테러의 피해를 상기시켜 전쟁 수행에 비판적인 의견이 내포되지 않도록 하라고 주의시켰다.[63] 이것은 말하자면 극장정치 수법 중에서도 '원수 갚기'로, 이론異論을 인정하지 않는 획일주의conformism를 발생하게 하는 대중 민주주의의 함정이다.

아프가니스탄전쟁에 관해 자유로웠던 정치철학자 왈쩌Michael Walzer도 정전正戰이라고 인정했다. 그렇다 하더라도 후세인의 알 카에다 지원에 대해서는 확실한 증거가 없으므로 이라크전쟁 지지 여부는 별개의 문제였다. 사실 이라크전쟁 초기에는 높은 지지율을 얻었는데, 이라크정세에 대한 미국인의 인식이 반드시 정확한 것은 아니었다. 또한 이라크에 관한 지식은 텔레비전이나 신문 등의 언론에 의해 좌우되고 있었다.

2003년 1월 개전 이후 6개월 정도 지나 실시한 조사에서, 이라크와 알 카에다와의 관계, 이라크에서 대량살상무기 발견, 이라크전쟁에 대한 국제사회의 지지 등 세 가지 문제에 관해 잘못된 인식을 지닌 사람 중에는 보수적인 폭스뉴스FOX News 시청자가 가장 많았고, 이외의 다른 예에서도 타 언론의 3배에 달했다. 공영방송인 NPR, PBS는 이와 반대로 과반수의 시청자가 한 가지 문제도 틀리지 않았다. 그에 비해 한 가지 이상 틀린 수는 폭스 80%, CBS 71%, NBC와 CNN이 각각 55%였다.[64] 따라서 언론의 책임도 엄중히 묻지 않을 수 없게 되었다.

2004년 가을, 부시 대통령은 자신을 인터뷰한 저널리스트에게 다음과 같이 말했다.

(미국은) 지금이야말로 제국이다. 우리가 움직이면 (국제정세의) 현실이 완성될 수 있다. 당신들이 현실을 조사하고 있는 사이에도 …… 우리가 활동해서 다른 새로운 현실을 완성해가고 있다. …… 우리야말로 역사 (를 완성하는) 행위자다. ……[65]

한편 부시는 2005년 1월 두 번째 대통령 임기를 시작하며 다음과 같이 표명했다.

우리의 의무는 내가 하는 말이 아니라 역사에 의해 정해져 있습니다. …… 세계의 모든 지역이 분노와 전제專制로 가득 차 있는 한 폭력이 난무하고 파괴가 늘어나 국경을 넘어 생명이 위협받는 불안감이 계속됩니다. 역사에는 증오와 분노가 지배하는 것을 물리치고, 예절과 관용이 희망을 가져다주는 힘이 하나 남아 있습니다. 즉 인간의 자유라는 힘입니다. …… 우리나라에 자유가 존재할 수 있는가는 점점 다른 나라의 자유가 성공하느냐에 달려있습니다. 세계 평화에 대한 우리의 최선의 희망은 전 세계로의 확대입니다. …… (건국의 사명에 따라) 전 세계 전제 정치의 종결을 궁극적인 목표로 하고, 모든 나라와 문화가 민주화와 제도 발전을 추구하도록 지원하는 것이야말로 합중국의 방침인 것입니다. ……[66]

이러한 부시의 방침은 일찍이 제3대 대통령 제퍼슨이 부르짖은 '자유의 제국'을 방불케 하는 것이다. 그러나 제퍼슨은 유럽의 개입을 억제하고 미국의 발전을 북아메리카 대륙으로 한정한 '고립주의' 방침을 내포한 것인데 비해, 부시는 반대로 전 세계에 개입하는 방침을 제시했다. 여기에는 제퍼슨 시대에는 미국이 가진 힘의 한계로 억제해야 했던 제약이 현대에 와서 극복되고 있다는 의식을 여실히 보여주는 것이다. 부시는 '제국'에 대한 자부심을 품고 있었다.

지금까지 살펴본 것처럼 부시 정권의 대외정책은 9·11테러로 큰 충격을 받으면서 미국이 강력한 주도권을 발휘하는 쪽으로 대담하게 패권질 서를 재편해갔다. 이 과정에서 독단주의 경향이 이전보다 더욱 가속화되었으며, 이 점에 대해서는 유일한 초강대국으로서 국제정세를 좌지우지할 수 있게 된 지위와 군사력으로 문제를 해결하려고 한 과신이 작용했다고 비판을 받았다.

여기서 중요한 점은 이 같은 독단주의를 지지하는 기반은 첫째 그리스도교 복음파의 신앙을 가진 부시 대통령의 리더십 스타일과 주도권 확보, 둘째 언론과 국민의 애국주의, 셋째 그리스도교 우파가 가세한 공화당의 다수당화 등이다. 이 요인이 짝을 지어 미국 내부에서 말하자면 자기 완결적으로 형성되어간 것이다.

그러나 이라크 정세가 생각대로 풀리지 않으면서 부시도 2기째가 되자 유럽 여러 나라와의 관계 복원에 힘쓰지 않으면 안 되게 되었다. 그것은 어느 면에서 쟁점의 성격상 미국 독단주의만으로는 정책의 실효성을 달성할 수 없었기 때문이다. 결국 국제적인 테러 대책이든 아프가니스탄과 이라크의 국가 재건이든 재정적으로뿐만 아니라 그들에게 필요한 여러 가지 조치에서도 국제협조가 불가피했다. 이러한 대책의 성공 여부는 그 야말로 부시 대통령이 중시한 정책성과 즉 정책 실효성과 관련된 문제이고, 미국이 아무리 제국이라도 의욕과 결의만으로는 처리할 수 없는 부분이 있다고 말할 수 있다.

미국 내에서도 이라크전쟁이 좀처럼 끝나지 않고 미군 병사의 희생이 늘어나면서 이라크전쟁에 대한 지지가 차츰 줄어들어 2006년 중간선거에서는 중요 쟁점이 되었다. 미국 선거에서 외교문제가 쟁점이 된 것은 2004년 대통령선거가 거의 처음이었고, 2006년 선거에서는 승패도 좌우하여 야당인 민주당이 12년 만에 상하 양원에서 다수당의 지위를 탈환했다. 이처럼 미국 정치에서 간신히 공화국으로 돌아가려는 힘이 작용한 것이다.

테러가 문명에 남긴 과제

알 카에다의 테러공격에 대해 독일 슈뢰더Gerhard Fritz Kurt Schröder 총리는 "문명사회 전체에 대한 선전포고다"라고 신랄하게 비판했다. 테러는 본질적으로 반사회적이라는 슈뢰더 총리의 말은 당연하다고 하겠다. 그러나 21세기 첫 해에 이 말을 듣자 새삼스럽게 문명사회와 테러와의 관계를 어떻게 생각해야만 할지 의문이 들었다.

다른 '성격'

사실 부시 대통령이 9·11테러를 계획적인 무차별 살육이며 '테러를 뛰어넘는 전쟁행위'라고 말한 것처럼 지금까지의 것과는 그 성격이 매우 다르다. 또한 테러의 표적이 된 문명사회의 성격도 역사적인 유대와 지역적인 통합이 있는 사회와는 꽤 달랐다.

테러리스트는 반미감정을 갖고 미국 경제의 상징인 세계무역센터를 공격했다. 그러나 세계무역센터는 미국기업뿐만 아니라 아시아와 유럽의 관련 기업들이 입주한 국제적인 건물이었다. 또한 뉴욕은 이민자와 더불어 많은 외국인이 거주하는 국제도시이다. 그러한 외국인들이 세계무역센터를 향한 테러공격을 경험했고, 뉴욕에 사는 가족과 친구의 안부를 걱정하는 사람들과 언론을 통해 참혹한 희생을 바라본 세계 각지의 사람들에게 놀라움과 분노를 느끼게 한 사건이었다.

그러한 의미에서 슈뢰더 총리가 문명사회 전체에 대한 선전포고라고 말한 것은 결코 과장이 아니다. 이 테러는 글로벌화하고 있는 사회에 대한 반사회적인 행위였다.

짓궂게도 이 테러리스트는 글로벌 사회의 산물이기도 하다. 아랍인이 중심이었지만 비행기 조종기술을 익히기 위해 미국 등에서 전문교육을 받았고 선진국에 거주하는 동료들과 긴밀한 네트워크를 형성했다. 그들은 문명사회의 자유와 편리함을 역이용하여 테러행위에 활용한 것이다. 여객기를 공중납치하는 데 사용된 것이 칼이었다는 것은 이 점을 단적으로 드러낸다. 안전과 자유를 누릴 수 있는 문명사회가 테러리스트를 양성하는 기회가 된 것은 일상생활 자체에 자기 파괴의 씨앗들이 기생하고 있음을 의미한다.

자유·인권을 망가뜨리는 위험

테러리스트가 글로벌 사회에 숨어 있기 때문에 대책도 국제적이지 않으면 유효하지 않고 국제협조가 해결의 열쇠이다. 이 사건은 국제적인 안전보장 협력 체제를 강화하는 계기가 될 것이다. 반면 상대방의 비인도적 방법에 유효한 테러대책을 마련하면 할수록 상대방과 똑같아질 위험도 갖고 있다. 일상생활에 잠복한 테러리스트의 테러행위를 막기 위해 도청 등의 방법으로 일상생활을 세세히 감시해야 한다면 자유와 인권이 훼손되어 문명사회를 망가뜨릴 수도 있기 때문이다.

흉악범죄가 증가하고 있는 일본에서도 이미 똑같은 문제가 발생하고 있는데, 정부의 통제와 자유, 인권을 어떻게 조화시킬지가 민주주의의 영원한 과제이다. 거기에는 합리적인 규칙을 확립시키려는 성숙한 시민의식이 매우 중요하다고 하겠다.

한편 조직적인 테러리스트의 존재는 조직을 해체하는 테러대책만으로는 부족하고, 테러리스트가 등장하게 된 배경도 충분히 살펴보아야 한다는 것을 의미한다.

일본에서도 적군赤軍과 옴진리교의 테러가 있었듯이 테러리스트는 강한 정치적 신념을 품고 있는 경우가 많다. 자살폭탄테러는 마치 특공대의 공격처럼 강한 사명감으로 행하며, 그밖에 다른 행위들도 결코 개인적인 광기에 의한 것만은 아니다. 학력이 높은 유능한 인재가 테러에 빠지면 이번처럼 계획적이고 대규모 피해를 초래한다. 그러나 왜 이런 능력 있는 청년이 테러라는 방법으로 호소하지 않으면 안 되었던 것일까.

자성自省을 위한 좋은 기회

여기서 우리는 이 사건을 문명사회에 어떠한 문제점이 있는가를 반성하는 기회로 삼지 않으면 안 된다. 서양의 근대가 인류의 진보를 가져다주었다고 한다면 그것은 자성을 통해서였다. 테러리스트의 정치적 신념에 공감하는가와는 별개로 서양 중심의 글로벌 사회에 소외감을 품는 사람들이 어둠을 직접 체험하면서 테러리스트가 된다. 그와 같은 사람들이 테러리스트에게 공감하고 지지하는 것을 방지하는 것이야말로 테러대책의 핵심일 것이다.

부시 대통령의 아버지인 부시 대통령은 걸프전 때 '신세계질서'의 구축을 부르짖었다. 대통령 재선에 실패하고 그 목표를 달성할 수는 없었는데, '21세기 최초의 전쟁'을 수행한 아들 부시 대통령도 똑같은 과제에 직면하지 않으면 안 되었다. 바로 국제협조를 달성하면서 '악의 축' 국가도 편입시키도록 힘쓰고 테러리스트를 만들어내는 소외 문제를 극복하여 새로운 세계질서를 구축하는 것이 과제이다.

1 Francis Fukuyama, *The End of History and the Last Man* (New York : Avon Books, [1992]1998), pp. xvii, 44, 55~70 ; 渡部昇一 譯, 『歴史の終わり』 上(三笠書房, 1992), p. 22, pp. 95~96, pp. 109~133. 또한 '기개'의 개념에 대해서는 佐木毅, 『プラトンと政治』(東京大學出版會, 1984) 참조.

2 五十嵐武士, 『覇權國アメリカの再編 — 冷戰後の變革と政治的傳統』(東京大學出版會, 2001), pp. 46~53.

3 위와 같음, pp. 54~61.

4 글로벌 거버넌스(global governance) : 세계적 규모의 문제들에 국가가 충분히 대응하지 않을 때, 국제사회가 그 해결 활동을 전개한다는 것을 의미한다. '세계적 규모의 협동관리 또는 공동통치'라고 한다.(역자 주)

5 주 2와 같음, p. 137.

6 나이리포트 : 1995년 2월에 미국 국방부가 발표한 '동아시아 전략 보고서'로 나이(Joseph samuel Nye, Jr.) 미국 국방부 차관보가 중심이 되어 작업을 진척시킨 냉전 후의 동아시아 · 태평양지역의 안전 보장 체제에 대한 지침이다.(역자 주)

7 공정보합(official interest rate) : 국가의 중앙은행이 화폐공급이나 금리를 조작하여 거시경제의 동향을 조정하는 금융정책이다.(역자 주)

8 林敏彦, 「アメリカ經濟の繁榮と世界經濟」, 『國際経済』 2001년 2월호, p. 55.

9 Alan S. Blinder, *Janet Louise Yellen* ; 山岡洋一, 『良い政策惡い政策 — 一九九〇年代アメリカの敎訓』(日經BP社, 2002), pp. 71~72, pp. 75~79.

10 Robert Bernard Reich, 清家篤 譯, 『勝者の代償 — ニューエコノミーの深淵と未來』(東洋經濟新報社, 2002), p. 164.

11 Paul Blustein, *The Chastening : Inside the Crisis that Rocked the Global Financial System and Humbled the IMF* (New York : Public Affairs, 2001).

12 토빈세 : 단기성 외환거래에 부과하는 세금으로, 노벨경제학상을 수상한 미국 예일대학교의 토빈(James Tobin)이 1978년에 주장한 이론이다. 외환 · 채권 · 파생상품 · 재정거래(arbitrage) 등으로 막대한 수익을 올리고 있는 국제 투기자본(핫머니)의 급격한 자금 유출입으로 각국의 통화가 급등락하여 통화위기가 촉발되는 것을 막기 위한 규제 방안의 하나이다.(역자 주)

13 吉川雅幸, 『ドルリスク — 國際資本移動とアメリカ經濟』(日本經濟新聞社, 2004), pp. 34~35.

14 정치적 공정성(Political Correctness) : 다문화주의(multi-culturalism)를 주창하면서 성 차별이나 인종차별에 근거한 언어 사용이나 활동에 저항해 그걸 바로 잡으려는 운동이 다.(역자 주)

15 깨진 유리창 이론(Broken Windows Theory) : 미국의 범죄학자인 윌슨과 켈링이 1982년 3월에 공동 발표한 「깨진 유리창(Fixing Broken Windows)」이라는 글에 처음으로 소개된 사회 무질서 이론이다. 깨진 유리창 하나를 방치해 두면, 그 지점을 중심으로 범죄가 확 산하기 시작한다는 이론으로, 사소한 무질서를 방치하면 큰 문제로 이어질 가능성이 높 다는 의미이다.(역자 주)

16 James T. Patterson, *Restless Giant : The United States From Watergate to Bush v. Gore* (New York : Oxford University Press, 2005), pp. 265, 304, 270~271.

17 Samuel Huntington, 鈴木主稅譯, 『分斷されるアメリカ — ナショナル・アイデンティテ ィの危機』(집영사, 2004), pp. 393~395.

18 위와 같음, p. 395, 399, 401.

19 Stanley B. Greenberg, *The Two Americas : Our Current Political Deadlock and How to Break It* (New York : Thomas Dunne Books, [2004]2005).

20 교토의정서 : 1997년 12월 일본 교토에서 개최된 지구온난화 규제 및 방지의 국제협약으 로, 선진국의 온실가스 감축 목표치를 규정했다.(역자 주)

21 Malise Ruthven, *A Fury for God : The Islamist Attack on America* (London : Granta Books, 2002), pp. 72~98.

22 K스트리트 계획(K-street project) : 백악관에서 북쪽으로 세 블록 떨어진 곳에 있는 거리 의 이름이다. 이곳에 유명 로비회사가 모여 있기 때문에 미국 의회에 대한 대기업, 자영 업자, 노동단체, 외국 기업의 로비활동 및 그 집단을 상징하는 용어로 통용된다. 오바마 대통령은 대선 당시 'K스트리트 개혁'을 공약으로 내세우며 워싱턴 정가를 개혁하겠다고 밝혔다.(역자 주)

23 Jacob S. Hacker and Paul Pierson, *Off Center : The Republican Revolution and Erosion of American Democracy* (New Haven : Yale University Press, 2005).

24 정책혁신이라는 말에 대해서는 五十嵐武士, 『政策革新の政治學 — レーガン政權下の アメリカ政治』(東京大學出版會, 1992), 제1장 제1절 참조.

25 Bob Woodward, *Bush at War* (New York : Simon & Schuster, 2002), p. 282; 伏見威 蕃譯, 『ブッシュの戰爭』(日本經濟新聞社, 2003), p. 273.

26 Nye, op. cit., p. 132; 앞의 책, pp. 203~204.

27 Rowan Scarborough, *Rumsfeld's War : The Untold Story of America's Anti-Terrorist Commander* (Washington, DC : Regnery Publishing, 2004), p. 1.

28 Quoted in Ruthven, op. cit., p. 236.

29 Scarborough, op. cit., p. 2.

30 Arthur Schlesinger, Jr., 藤田文子·藤田博司譯, 『アメリカ大統領と戰爭』(岩波書店, 2005), pp. 42~43.

31 "Statement by the President in His Address to the Nation," September 11, 2001, http://www.whitehouse.gow/news/releases/2001/09, 2005년 5월 22일에 접속.

32 Woodward, op. cit., 2002, p. 30; 앞의 책, pp. 41~42.

33 Andrew J. Bacevich and Elizabeth H. Prodromou, "God Is Not Neutral : Religion and U. S. Foreign Policy After 9/11," Orbis, Vol. 119 No.3 (Winter 2004), p. 46; "Transcript of President Bush's Prayer Service Remarks," Washington National Cathedral, September 14, 2001, http://www.opm.gov/guidance/09-14-01gwb. htm, 2009년 11월 6일에 접속, "V.Prevent Our Enemies from Threatening Us, Our Allies, and Our Friends With Weapons of Mass Destruction," http://www. whitehouse.gov/nsc/nss. 5thml, 2004년 10월 14일에 접속.

34 "Address to a Joint Session of Congress and American People," Capital, September 20, 2001, http://www.whitehouse.gov/news/release/2001/09, 2004년 2월 23일에 접속.

35 Scarborough, op. cit., pp. 4~5; Woodward, op. cit., 2002, p. 176; 앞의 책, p.235.

36 이 점은 橫田洋三 교수로부터 가르침을 받았다. 다시 한 번 감사의 말을 표하고 싶다.

37 Andew J. Bacevich, American Empire : The Realities and Consequences of U. S. Diplomacy (Cambridge, MA : Harvard University Press, 2002), pp. 142~143.

38 Hans Blix, 納家政嗣監修, 伊藤眞譯, 『イラク大量破壊兵器査察の眞實』(DHC, 2004), p. 49.

39 Scarborough, op. cit., p. 36.

40 Lawrence F. Kaplan and William Kristol, The War Over Iraq : Saddam'S Tyranny and America's Mission (San Francisco : Encounter Books, 2003), p. 69; 岡本豊譯, 『ネオコンの眞實 ― イラク戰爭から世界制覇へ』(ポプラ社, 2003), p. 146.

41 Ron Suskin, The Price of Loyalty : George W. Bush, the White House and the Education of Paul O'Neil (New York : Simon & Schuster, 2004), pp. 71~72; 武井楊一譯, 『忠誠の代償 ― ホワイトハウスの嘘と裏切り』(日本經濟新聞社, 2004), pp. 97~99.

42 Mark Danner, "The Secret Way to War' : An Exchange," The New York Review of Books, July 14, 2005, p. 49; Bob Woodward, Plan of Attack (New York : Simon & Schuster, 2004), pp. 1, 27; 伏見威蕃譯, 『攻擊計劃 ― ブッシュのイラク戰爭』(日本經濟新聞社, 2004), p. 3, 37.

43 Ibid., pp. 45~46; 위와 같음, pp. 62~63.

44 Ibid.; 위와 같음.

45 Ibid., pp. 46~48; 위와 같음, pp. 61~64. Woodward, op. cit., 2002, pp. 269~270; 앞의 책, pp. 358~359.

46 Woodward, op. cit., 2002, p. 341; 앞의 책, pp. 451~452.

47 Ibid.; 위와 같음.

48 Ibid., p. 282; 위와 같음, p. 373.

49 David Frum, *The Right Man : The Surprise Presidency of George W. Bush* (New York : Random House, 2003), p. 225.

50 Ibid., pp. 227~228, 230~231.

51 Ibid., pp. 231, 233.

52 Ibid., pp. 233~234.

53 Ibid., pp. 236~237.

54 Woodward, op. cit., 2002, pp. 86~88; 앞의 책, pp. 114~115.

55 Ibid., pp.131~132; 위와 같음, pp. 172~173.

56 "Remarks by the President at 2002 Graduation Exercise of the United Ststes Military Academy," June 1, 2002, http://www.whitehouse.gov/news/releases/2002/06/20, 2004년 2월 25일에 접속. "V. Prevent Our Enemies from Threatening Us," op. cit.

57 Woodward, op. cit., 2002, pp. 149, 159~160; 앞의 책, pp. 194~195, 208.

58 "President Discusses the Future of Iraq," February 26, 2003, http://www.whitehouse.gov/news/releases/2003/02, 2005년 5월 28일에 접속.

59 John J. Mearsheimer and Stephen M. Walt, *The Israel Lobby and U. S. Foreign Policy* (New York : Farrar, Straus and Giroux, 2007), pp. 215, 234~243, 256; 副島隆彦譯, 『イスラエル・ロビーとアメリカの外交政策』II (講談社, 2007), p. 41, pp. 79~98, pp. 119~121.

60 Kathleen Hall Jamieson and Paul Waldman, *The Press Effet : Politicians, Journalists, and the Stories That Shape the Political World* (New York : Oxford University Press, [2003]2004), p. 149.

61 Ibid., pp. 140, 157.

62 Pippa Norris, et al. eds., *Framing Terrorism : The News Media, the Government and the Public* (New York : Routledge, 2003), pp. 186~187.

63 Jamieson and Waldman, op. cit., pp. 137~138, 150.

64 Stefan Halper and Jonathan Clarke, *America Alone : The Neo-Conservatives and the Global Order* (New York : Cambridge University Press, 2004), pp. 192~193.

65 Ron Suskind, "Faith, Certainty and the Presidency of George W. Bush," The New York Times Magazine, October 17, 2004, http://www.nytimes.com/2004/10/17/magazine/17BUSH.html?ex=12556656..., 2007년 1월 10일에 접속.

66 "President Sworn-In to Second Term," http://www.whitehouse.gov/news/releases/2005/01, 2005년 1월 21일에 접속.

제4장

오바마 대통령의
등장과 패권의 재편

미국 정치사 전환기와 대통령의 리더십

2008년 미국 대통령선거는 최초로 흑인이 대통령에 당선되었다는 점에서 화제를 모았는데, 오바마가 당선된 데에는 그의 개인적 자질 외에도 특별한 정세가 영향을 미쳤다. 특히 국내뿐만 아니라 국제상황에 힘입은 바가 크다. 그래서 본 장에서는 오바마가 당선될 수 있었던 정세의 성격을 역사적 선례에 비추어 밝히는 것에서부터 시작하고자 한다.

미국 정치사의 가장 큰 특징은 합중국 헌법이 제정된 이래 동일한 정치제도가 200년 이상 지속한 점이다. 물론 그 사이 큰 전환기를 여러 차례 견뎌내야 했지만, 그때마다 강력한 대통령을 배출시켜 왔다.

연방공화국의 시작과 남북전쟁이라는 미국의 국가적 존립 자체가 걸린 중대한 사건과 이를 담당한 워싱턴과 링컨 대통령을 제외하더라도 미국 역사상 최대의 위기라고 말할 수 있는 것은 미국 자본주의 경제가 기능을 상실한 대공황 때이다. 뉴딜정책을 시행하여 위기에서 벗어나고자 한 루스벨트는 워싱턴, 링컨과 나란히 위대한 대통령으로 일컬어진다. 더불어 루스벨트가 제2차 세계대전을 승리로 이끌고 뉴딜형의 패권을 전개하며 유엔과 브레턴우즈체제 창설을 달성한 것은 앞서 서술한 바 있다.

루스벨트는 대공황으로 시름 하던 국민에게 라디오방송을 통해 직접 연설함으로써 용기를 북돋운 점에서 그의 리더십 스타일은 광의의 포퓰리슴이었다고 말할 수 있다. 그리고 시종일관 냉정하고 지적인 설득의 자세를 유지하며 위엄을 갖춘 설교형 지도자의 모습을 보여주었다.

이후 국내외 정책에서 루스벨트에 필적할만한 정책 혁신을 이룬 사람은 레이건이다. 그가 당선될 당시는 제2차 석유파동의 직격탄을 맞아 미국 경제를 재건하는 것이 긴급한 과제였으며, 국제적으로도 1970년대의 긴장완화가 붕괴하여 신냉전에 돌입한 위기의 상황이었다.

그러나 루스벨트와 달리 포퓰리스트 지도자형의 정치가인 레이건은 결과적으로 미국 경제 재활성화와 냉전 종식을 가져왔고, 그 수단이었던 공급경제학[1]의 노선을 따른 레이거노믹스Reaganomics와 대외정책에서의 전략방위구상SDI 모두 충격적이고 투기적인 방법이었다. 이들 정책이 최종 성과에 어느 정도 도움이 되었는지는 아직도 그 평가가 엇갈린다.

다만 청년 시절 대공황을 경험한 레이건도 루스벨트를 존경했고, 그를 대통령직의 모범으로 삼았다. 레이건은 '위대한 전달자'라고 평가받는데, 명료하고 평범한 화법으로 아버지와 같은 포용력을 느끼게 하여 국민을 고무시키는 장점이 있었기 때문이다. 루스벨트가 '지성은 이류지만, 자질은 일류'라고 평가받은 것과 마찬가지로 레이건의 정치적인 감각도 뛰어났다.

레이건을 '테플론Teflon 대통령'이라고 부른 것은 스캔들이나 비판에 꿈적도 않는 굽히지 않는 굳은 방침을 견지했기 때문이다. 부시 주니어도 레이건과 매우 닮아 '테러와의 전쟁'에서 그의 방침을 일관되게 견지했으나 전세가 호전되지 않아 그것이 오히려 예상과 어긋났다.

현대 미국 정치에서는 포퓰리즘 경향이 높아지면서 소속 정당 내에 강력한 지지기반을 가지지 않은 뜻밖의 인물이 대통령에 당선되는 것이 더는 특이한 일이 아니게 되었다.

1976년 당선된 카터Jimmy Carter가 그 대표적인 예인데, 그는 닉슨이 저지른 워터게이트사건으로 대통령 권위뿐만 아니라 연방정부에 대한 국민의 신뢰도 크게 떨어진 정치상황에서, 말하자면 시민종교의 성직자로서 미국의 정신을 재생할 수 있도록 설득하는 역할을 했다. 카터는 기존의 대통령과 달리 스스로 신앙을 이야기하는 것을 꺼리지 않았고, 특이한 역사를 가진 남부지역에서 계승되어 온 남부파의 신앙을 토로했다.

클린턴이 대통령에 당선된 1992년도 냉전 종식으로 하나의 시대가 지나가며 미국 경제 재건이 중요 과제로 떠올랐고, 대규모 정책 개혁이 요구되었다. 무소속의 페로가 대통령 후보로 선풍을 일으킨 것도 이 같은 정세를 상징적으로 나타내는 것이다. 클린턴은 나이가 젊었을 뿐만 아니라 경력에서도 의외의 대통령이었다고 할 수 있다.

카터의 조지아주 이상으로 같은 남부라 하더라도 역사적·경제적으로 유력하지 않은 아칸소주 출신이며 베트남전쟁 반대로 징병을 기피한 클린턴의 경력은 국가 원수인 대통령으로 취임하는 데 중요한 자격인 애국심이 있는지 의구심이 들게 하는 것이었다.

레이건과는 달리 클린턴은 전문적인 정책 문제를 이해할 수 있는 능력을 갖추고 있었다. 그린스펀 연방준비제도이사회 의장은 그의 이해력을 높이 평가했고, 클린턴도 그리스펀의 조언을 받아들여 재정 재건을 주안점으로 하여 자신의 공약을 위반하면서까지 중산층에게 부담을 강요하는 경제정책을 펴는 등 포퓔리스트형보다는 설교형의 리더십을 발휘했다. 그것이 성공하면서 미국 경제 회복의 기반을 강화하는데 공헌했다. 그러나 대외정책에서는 주지사 출신으로 경험이 부족했고, 패권이라는 점에서는 시종일관 우유부단했다.

오바마도 연방 상원의원이었지만, 초선에 불과해 민주당 내 힐러리와의 경선에서 경쟁후보에 불과했다. 그런 점에서 카터나 클린턴과 비슷한 점이 많았다. 그럼에도 오바마가 당선될 수 있었던 것은 아마도 2008년의 국제정세 덕분일 것이다. 당시의 국제정세를 다음과 같이 정리해보기로 하자.

2007년 대통령 출마를 밝힌 오바마가 내건 주요 공약은 전년 중간선거에서 민주당이 승리한 쟁점을 이어받은 이라크 미군의 조기 철수였는데, 이라크전쟁 개전 전인 2002년부터 일관되게 반대해온 것을 보여주는 것이기도 했다. 또한 그것은 이라크 개전에 찬성한 힐러리와의 차이를 강조하며, 힐러리도 이데올로기 대립이 소용돌이치는 워싱턴의 '낡은 연방정계'의 일환이라며 그녀를 비판의 대상으로 삼는 전략을 썼다. 따라서 오바마의 선거운동에서는 포퓰리즘의 수사학을 전개하고 있었다.

이러한 선거운동 방법은 한국전쟁 종결을 공약으로 한 1952년의 아이젠하워와 베트남전쟁 종료를 주창한 1968년의 닉슨 때와 같았다. 오바마도 이라크에서 미군의 조기 철수방침을 내세워 주목을 받았다. 반면 승리의 전망이 보이지 않고 난항에 빠져 있었던 아프가니스탄에 대해서는 국제적인 테러리즘을 토벌하는 최전선이라고 주장하며 미군 최고사령관에게 미국에 걸맞게 단호히 싸워야 함을 드러냈다.

오바마가 당선될 수 있었던 결정적 요인은 2008년 9월 월스트리트의 투자은행인 리먼 브러더스의 파산으로 요동치던 금융위기가 현실화된 것이다. 금융위기의 원인은 부동산 붐에 편승하여 미국 은행들이 충분한 신용조사 없이 부동산을 담보로 비우량주택담보대출을 대량으로 실시하고, 이를 증권화한 새로운 파생금융상품인 채무담보증권CDO이 부동산 거품이 꺼지면서 불량자산이 된 것이다. CDO가 월스트리트뿐만 아니라 런던 등을 통해 유럽과 여러 나라에서 대량으로 나돌면서 금융위기는 눈 깜짝할 사이에 전 세계로 파급되어 '100년에 한 번'이라 일컬어지는 경제위기가 일어났다.

즉 이라크와 아프가니스탄 두 나라의 정세가 대량살상무기의 국제적 확산 방지와 테러리스트 대책을 세우도록 선택하게 한 것과 마찬가지로 경제위기도 국경을 넘어 일체화를 심화시킨 국제금융이 가져온 것이다. 모두 글로벌화 한 국제정세의 중대한 쟁점이었다. 그러한 의미에서 2008년 미국은 글로벌화가 발생시킨 세 가지의 위기 한가운데에 있었다.

경제위기가 대량실업의 우려를 높이면서, 미국 내 정치에서도 1968년 이래 지속하였던 공화당 우위의 제6차 전당대회가 끝나고 양당의 세력관계가 수십 년 만에 변하는 정치적 재편의 조짐이 깊어갔다. 결국 2006년 중간선거에서 민주당이 상하 양원에서 12년 만에 다수당의 지위를 탈환하면서 경제위기는 민주당 쪽을 더 유리하게 하는 순풍이 되었다.

경제위기는 뉴딜과 같은 연방정부 주도의 대규모 정책개입을 해야 했기 때문에 '작은 정부'를 표방해온 공화당의 이데올로기 기반은 크게 흔들렸다. 사실 레이건혁명을 계승한다는 방침을 견지해온 부시 주니어 정권도 금융기관 구제를 위해 7,000억 달러에 이르는 대규모 공적자금 투입을 단행해야 했다.

글로벌화가 미국 정치에 영향을 미쳤다는 점은 오바마의 존재 자체에서도 예외는 아니다. 앞서 살펴본 것처럼 오바마는 흑인 노예의 자손이 아닌 케냐 유학생인 아버지와 백인인 미국인 어머니 사이에서 태어났으며, 대통령에 당선될 즈음에도 케냐에 할머니와 아버지 쪽 이복형제, 여동생 등 많은 친척이 있었다. 오바마의 당선은 글로벌화에 따른 인간 이동이 미국 사회 주변에 머물지 않고 국가원수인 대통령이라는 미국 정치의 중심으로까지 진출했음을 상징한다.

오바마는 그의 '자서전'에서 케냐를 방문하여 아버지 쪽 친척을 만난 경험을 자세히 적고 있는데, 미국 국민은 이를 알면서도 오바마를 대통령으로 선출한 것이다. 실제 2004년 민주당 전당대회에서 오바마의 연설이 왜 그렇게 전국적인 주목을 받았는지 살펴본 한 사회운동가는 케냐인 유학생과 백인 여학생 사이의 '있을 것 같지 않은 이야기'가 사람들에게 감동을 줬기 때문이라고 평했다.[2] 미국에서는 그것이 배타적인 반발로 이어지지 않고 당연한 글로벌화의 흐름으로 받아들였기 때문이라고 말할 수 있다.

그러나 이러한 오바마의 개인적인 매력과는 별개로 신정권을 출범시킨 대통령으로서의 오바마의 역량은 국내적으로뿐만 아니라 국제적으로도 미지수인 것만은 부정할 수 없었다.

오바마 대통령의 출마 배경과 오바마 정권의 기본 방침

예상 밖 후보인 오바마가 대통령에 당선되었다는 점은 카터나 클린턴과 같은 점이지만, 오바마는 주 상원의원과 연방 상원의원 경력뿐이었기 때문에 주지사로서 행정부에서 일한 경험이 있는 다른 두 사람보다 대통령으로서의 능력을 지녔는지는 미지수였다. 그러나 40대에 대통령에 취임한 루스벨트, 케네디, 클린턴과 마찬가지로 오바마도 지적능력이 뛰어났다. 미국의 법률잡지 중 가장 권위 있는 『하버드 로 리뷰Harvard Law Review』의 편집장을 지낸 최초의 흑인이라는 점은 이 같은 사실을 여실히 뒷받침해준다.

오바마의 경험 부족을 보충하는 것이 있다면 그의 지적능력과 함께 '권력에 대한 의지'를 확고부동하게 계속 지니고 있다는 점이다. 2008년 대통령선거에서 행운의 기회를 가졌다고 하지만 결코 우연만은 아니다. 그는 흑인이라는 약점을 갖고 있으면서도 비교적 젊은 시절부터 대통령이 되겠다는 포부를 품고 있었다.

권력에 대한 오바마의 의지는 그의 경력에도 잘 드러난다. 흔히 오바마가 흑인이라고 하지만 태어나 자랄 때부터 그랬던 것이 아니라 청년기 자신의 결단에 의한 것이다. 오바마 어머니의 재혼 상대는 인도네시아인이었고, 오바마는 계부와의 사이에서 태어난 여동생과 함께 인도네시아에서 초등학교 시절을 보냈다. 또한 미국으로 돌아와 고등학교 시절에는 외조부모와 함께 지내는 등 그가 자란 가정에는 흑인 노예의 자손이 없었다.

이러한 오바마가 아프리카계로 살겠다고 결정하게 된 것은 대학시절 흑인 친구들로부터 선택을 강요당했고, 공민권운동과 흑인 해방운동의 지도자였던 킹Martin Luther King과 맬컴 엑스Malcolm X의 자서전을 읽고 감명을 받았기 때문이다. 그 후 컬럼비아대학에 입학하여 주변의 할렘을 비롯한 뉴욕 흑인 거주지역을 직접 보면서 흑인문제 개선에 몰두하게 되었다.

졸업 후에도 계속해서 시카고 흑인 거주지역 발전을 위한 활동가로 일하며 관련 직업에 종사했다. 이것은 개인적인 직업 선택에 머무는 것이 아니라 공적인 대의大義에 대한 정열이 만들어내는 직업이었다.

하지만 오바마의 권력에 대한 의지는 킹과 맬컴 엑스에게 감동했다 하더라도 흑인과의 연대에만 머무는 것이 아니었다. 미국 사회, 즉 최저변인 흑인 거주지역을 개선하는 것이 범죄와 마약이 만연해 황폐해진 미국 사회 전체를 향상시키는 것과도 연결된다는 야망을 갖고 있었다. 이처럼 오바마는 고전적인 제국의 성격을 가진 미국식, 다시 말해 식민지 지배에서 피식민지 해방으로 제국을 개혁한다는 지향점을 품고 있었다.

흑인 거주지역 개선을 위한 일은 사회사업과 달리 흑인의 권리와 이익을 대변하는 것이 아니라 흑인 스스로 자신감을 느끼고 생활을 개선해 자립해 나가도록 도와주는 것을 주안점으로 삼는다. 시카고의 흑인 거주지역에도 예외 없이 글로벌화의 파도가 밀려와 공장이 폐쇄되고 많은 흑인이 실업자가 되었다. 흑인의 자립을 돕기 위해 시청 등에서 구호 활동을 전개하는 것과 동시에 오바마와 같은 활동가들은 흑인 스스로 자신들의 문제를 자각하도록 촉구했다.

미국의 사회운동에서는 앨린스키Saul David Alinsky의 대결전술이 모범이 되었는데, 오바마는 기질적으로 이 전술과 맞지 않았다. 오히려 그는 대립을 화해시키는 '중간역할'을 중시했고 하버드대학 로스쿨에 진학한 후에도 그 역할로 일관했다. 오바마는 이데올로기 대립이 극심한 가운데서도 좌익 학생들의 진보적인 이야기뿐만 아니라 보수주의 학생들의 이야기도 함께 들어 양쪽 학생들로부터 신뢰를 얻었다. 이것이 그가 흑인 최초로 『하버드 로 리뷰』 편집장이 될 수 있었던 이유였다.[3]

오바마가 대통령선거에 출마할 것을 결심하게 된 것도 그 자신보다 선거 컨설턴트로부터 강하게 권유받았기 때문이다. 2004년 연방 상원의원 선거에 출마 중이었던 오바마는 민주당 전당대회에서 대통령 후보로 나온 케리John Forbes Kerry를 응원하는 연설을 했고, 1964년 레이건과 마찬가지로 전국적인 시선을 끌었다. 그러나 출마를 권유받은 2006년 11월은 상원의원으로 취임한 지 채 2년도 되지 않았던 때이다.

　신중한 오바마를 설득시킨 유대계인 엑설로드David M Axelrod는 지난 20여 년간 일리노이주 선거는 물론 오바마의 상원의원 선거에서 참모를 역임한 베테랑이었다. 그는 2006년 11월 중간선거에서 민주당이 예상외로 선전해 12년 만에 상하 양원에서 다수당의 지위를 되찾은 결과를 보고 오바마에게 즉시 출마할 것을 권유했다.

　엑설로드는 그 이유를 다음과 같이 회상하고 있다.

> 민주당 대통령 후보로 화제에 오르는 사람 중에는 미국인이 잃은 꿈에 다시 불을 켜고 변혁의 옷을 입히려고 하고 자가 아무도 없었다. 좌우라는 낡은 이론에 얽매이지 않고 직면한 문제의 현실적인 해결에 초점을 맞춰 새로운 세대의 대표적 지도자가 될 인물도 없었다. 그것이 오바마가 (민주당 전당대회 연설에서) 그만큼 훌륭하게 공감을 불러일으킨 이유이다.[4]

　오바마의 경력에서 볼 때 이러한 판단은 투기까지는 아니더라도 위험 부담이 큰 승부에 도박을 거는 기업가와 같이 의욕적이었다. 그러므로 애초 오바마는 망설였지만, 엑설로드 등 오바마의 참모진은 모두 선거의 베테랑으로 오래전부터 오바마가 대통령선거에 출마할 수 있도록 준비하고 있었다.

　그것은 텔레비전 광고에 의존하던 기존의 선거 전략과는 전혀 다른 것으로, IT 기술의 활용과 전통적인 가정 방문의 직접 접촉을 조합해 유권자와 접촉하는 전략이었다. 이를 위해 자원봉사자를 모아 활동가로 훈련하고, 일반대중을 뿌리로 둔 사회운동 성격의 선거 전략 전개를 기획했다. 2008년 대통령선거에서 이 전략이 성공하여 200만 명이나 되는 자원봉사자가 참가하는 대규모 선거운동이 전개되었다. 선거자금 모금 전략도 성공적이어서 7억 5,000만 달러가 모였다.

2009년 1월 대통령 취임 연설에서 오바마는 '큰 정부'나 '작은 정부' 등의 이데올로기적 대립을 뛰어넘어 현실적인 문제 해결에 집중하는 실효성 있는 정부를 목표로 한다는 기본방침을 명확히 했다. 그와 동시에 미국 건국 이래의 역사에 국민을 끌어들임으로써 위기의 한가운데 있음을 자각하고, '근면과 성실, 용기와 공평, 관용과 배려, 충성과 애국심'이라는 진리로 되돌아가서 '자기 자신뿐만 아니라 국가와 세계에 대해 의무'를 지는 '새로운 책임의 시대'를 열도록 촉구했다.[5]

그것은 시카고에서 활동하며 얻은 경험에 뿌리를 두었을 뿐만 아니라 아직도 미국인을 계속해서 고무시키는 케네디 대통령의 명연설을 방불케 하는 것이었다. 오바마는 국민에게 용기를 준다는 점에서 레이건과도 비슷하다고 평가한다. 오바마는 선거 때와는 달리 대통령으로서는 루스벨트와 비슷한 설교형의 리더십을 지향하고 있었다.

오바마가 명확한 목표를 세웠다 하더라도 실제적 문제 해결을 추구하고, 법률 전문가답게 당사자의 의견을 듣고 이익을 저울질하는 실용적인 방법을 익히고 있었다. 그러한 점에서 원리·원칙에 따라 결론을 내리고 목적 달성만을 위해 열정을 다해 매진하는 이상주의자나 이데올로기와는 달랐다.

새 정권에도 그 점은 잘 나타나 있다. 백악관 주요 보좌관에 2006년 중간선거에서 민주당 승리를 이끌고 연방의회에 정통한 일리노이주 출신의 전 하원의원이자 전 민주당 하원의원 총회위원장이었던 이매뉴얼 Rham Emmanuel을 임명했다. 또 긴급을 요하는 경제문제 담당에는 미국 경제를 회복시켰던 클린턴 정권의 경험자들을 배치했다. 재무부 장관에는 젊은 나이의 가이트너Timothy Franz Geithner 뉴욕연방준비은행 전 총재를 임명하고 국가경제위원회 의장에는 재무부 장관인 서머스Lawrence Henry Summers를 기용했다.

클린턴 정권은 민주당이었지만 경기 회복과 재정 재건을 우선시하고 진보주의파의 주장을 억제하여 레이건 이후의 공화당 정책에 가까웠지만, 이들 진영도 그 노선의 면면들이었다. 연방준비제도이사회 의장에 버냉키Benjamin Shalom Ben Bernanke를 유임시켜 이미 부시 정권이 시행하던 금융위기 대책을 계속 이어가게 했다. 이렇게 정권 발족 후 경제위기 대책을 신속히 전개하여 겨우 2주 사이에 8,000억 달러 가까운 정책을 연방의회에서 성립시켰다. 이는 뉴딜정책에 필적할 만큼 신속한 것이었다.

그 정책은 부시 정권의 대책을 답습하면서 금융기관 구제를 위해 7,000억 달러의 공적자금을 투입하는 것이다. 클린턴 정권이 실시할 수 없었던 정책에도 발을 들여놓았고, 그 외에도 학교와 도로건설 등 공공사업비와 저소득층을 위한 복지예산, 중산층을 위한 감세정책을 포함하고 신규 고용 확대를 위해 환경 및 청정에너지[6] 관련 기술개발을 진흥시키는 조치도 포함했다. 즉 미래에 대한 전망도 갖춘 연방정부 주도형 경기대책이었고 오바마 정권이 뉴딜정책과 유사한 방침을 취했다는 것을 명확히 드러냈다.

뉴딜정책이 주가 대폭락을 초래한 금융기관 규제를 강화한 것과 마찬가지로 오바마 정권 또한 금융위기를 일으킨 금융기관이 두 번 다시 경기를 위축시키지 않도록 헤지펀드 등록과 같은 고강도 규제강화 방침에 착수했다. 이 점은 클린턴 정권 때 경제정책을 주도한 그린스펀 연방준비제도이사회 의장 등이 모두 월스트리트 출신이라 금융규제에 소극적이었던 것과는 분명히 달랐다. 공적자금을 투입한 금융기관의 임원 보수가 너무 높은 데에 대해서도 신랄하게 비판했다.

오바마 정권의 기본 방침은 긴급대책 외에도 국내외를 불문하고 많은 정책 분야에서 의욕적인 정책혁신을 목표로 내걸었다. 즉 국내 정책에서는 환경규제 강화, 전국민의료보험제도 시행, 에코에너지eco energy 연구개발, 교육 확충 등을 내세웠고, 안전보장정책에서는 이라크 파병 미군의 조기 철수, 아프가니스탄 정책 중점화와 파키스탄 지원, 이슬람 국가들과 관계 개선, 중동평화 추진, 이란 핵개발 저지, 미사일방어체제 수정을 통한 대량살상무기 폐지 등이다. 나아가 대외경제정책에서 G20에 의한 경기대책과 금융규제, 중국과의 경제전략 대화를 정상회담 차원으로 격상, 지구온난화 방지에 대한 적극적 자세, 관세에 의한 국내산업 보호 등 체계적이고 많은 정책혁신을 내놓았다.

또한 이와 같은 다양한 정책은 명확한 우선순위를 매기지 않고, 각각의 책임자에게 입안을 담당하게 했다. 오바마 정권에는 40명의 '황제'가 있다고 야유를 받기도 한다. 이러한 대담한 방침을 결정한 것은 연방의회 대책을 담당하는 주요 보좌관인 이매뉴엘이 2008년 선거의 여세를 몰아 단숨에 성립시키려고 계획했기 때문이다.

오바마가 대통령선거에서 52%의 과반수 득표를 거둔 것은 민주당 대통령으로서는 카터 이래 32년 만의 일이고, 상대후보와는 7% 남짓의 차이가 났다. 또한 연방 상원의회에서는 민주당이 의사방해를 저지할 수 있는 60석을 획득했고, 하원에서도 20석을 추가 확보하여 안정적 다수를 확보했다. 미국 정치사의 선례를 보면, 정책혁신으로 새로운 정책 기조가 확립되고 양대 정당 간 세력관계가 크게 바뀌는 정치적 재편이 주기적으로 발생했다. 그러한 정치적 재편 결과 새롭게 대두한 다수당이 일정 기간(약 36년 주기) 다수당의 지위를 유지하는 정당제 교체가 반복되고 지금까지 1932년에 등장한 제5차 정당제가 1968년에 제6차 정당제로 이행하고 있다. 2008년에는 1968년에서 이미 40년이 지났고, 종래 정당제 교체 주기로 보면 제6차 정당제가 종료하고 새로운 정당제로 이행하는 시기를 맞이하고 있었다.

미국 패권의 재편

오바마 정권이 내세운 정책혁신을 국제 패권과 연결해 대상을 한정하여 검토하기로 하자. 여기서 중요한 것은 오바마 정권이 전국민건강보험 실시를 최우선 과제로 추진한 것에서부터 문제가 시작됐고, 재정적자의 확대가 심각한 쟁점으로 떠올랐다는 점이다.

금융기관에 대한 공적자금 투입과 경기부양 대책 예산에서 이미 재정 적자가 전년보다 3배가 늘어날 것으로 전망했는데, 백악관 행정관리예산 국이 2009년 8월에 공표한 재정전망에서도 앞으로 10년 사이에 GDP 비율 77%, 82%, 혹은 97%라는 예상을 내놓고 있다.[7]

일본은 GDP 비율 110%로, 이와 비교하면 그렇게 심각해 보이지 않는다. 그러나 일본과의 결정적 차이는 미국은 일본과 달리 저축률이 매우 낮다는 점이다. 그 결과 국제 금융시장에서 기축통화로서 달러의 신임도를 유지할 수 있겠느냐는 국제경제 근간과 관련된 문제가 대두했다. 버냉키 연방준비제도이사회 의장은 심각하지 않다고 판단했지만, 졸릭Robert Bruce Zoellick 세계은행 총재는 달러의 기축통화 위상을 당연시해서는 안 된다는 경고를 내놓았다.[8]

달러의 신임도를 유지하기 위해 2009년 8월 당시 미국 국채의 23%를 보유한 최대 보유국인 중국과 21%를 보유한 일본과의 협력이 불가피했다. 이처럼 패권국 미국에서 하드파워hard power의 중심축인 경제력 약화는 시선을 끌었다.

이외에도 경제위기로 대량실업이 발생하여 2009년 실업률이 10%를 넘었고, 그 후 2~3년간에도 8~9%에 머물 것이라는 예측이 나와 국제경제 성장을 크게 촉진해온 미국의 소비시장이 급속히 위축될 가능성이 있다. 사실 2009년 10월까지의 무역적자는 전년 같은 시기에 비해 절반으로 줄었다. 그에 따라 국채를 포함해 미국에 투자할 기회가 줄어들 것으로 예상하여, 미국이 수출과 투자분야에서 제공해온 국제공공재에도 그늘이 드리워지게 되었다. 이 감소는 제2차 세계대전 후 최대의 내림세였다.[9]

오바마는 2009년 9월에 피츠버그에서 열린 G20회의를 앞두고 텔레비전 인터뷰에 나와 미국은 수십 년간 과잉소비를 지속해왔는데 이제야말로 국제경제의 불균형을 바로잡아야 할 때가 왔다고 단도직입적으로 지적했다. 또한 중국과 독일의 지적이라 언급하며 미국에 팔 물건이 없는 이상 돈을 빌려서까지 살 여유는 없다고 솔직하게 말했다.[10] 이와 같은 관점에서도 오바마 정권은 눈부신 발전을 이룬 중국과의 관계를 G2라 부르며 중시하고, 대통령과 부통령까지 참가하는 각료 차원의 경제전략 대화를 시작하기에 이르렀다.

일본과 서유럽 여러 나라로 구성된 G8뿐만 아니라 미래 발전의 중심인 중국, 인도 등 브릭스 여러 나라를 회원으로 하는 G20과의 관계도 중시하는 방침으로 바뀐대서도 엿볼 수 있다. 2009년 9월 G20이 IMF와 세계은행의 투표권을 브릭스 여러 나라에 재분배하는 결의를 채택한 것은 그 명백한 증거이다. G20은 공동의 목표로서 경기대책, 금융규제, 지구온난화의 방지 등을 채택해 결의했고, 미국의 패권은 경제 분야에서 G8과의 협조를 확보함과 동시에 G2로 중심축을 옮기고 G20을 활용하는 새로운 형태의 뉴딜형으로 이행하고 있었다.

하드파워의 또 다른 중심인 군사력에서도 미국의 패권에 그늘이 드리웠다. 이것은 이미 이라크 정세에서 나타나고 있었는데, 오바마 정권은 국내 여론을 고려하여 부시 정권이 이라크 정부와 합의한 기한보다 앞당겨 미군을 철수했다. 이 조치는 닉슨 정권이 베트남전쟁에서 실시한 베트남화 정책과 유사했고, 미군의 희생이 날이 갈수록 증가하는 아프가니스탄 정세에서도 2009년 8월 여론조사에서 군사적인 해결을 지지하지 않는다는 의견이 절반을 넘었다.

벌써 아프가니스탄 정책에 대해 수렁에 빠졌던 베트남전쟁의 전철을 밟는 것이 아니냐는 걱정의 목소리가 높았고, 베트남전쟁 때와 마찬가지로 미국에 대한 알 카에다의 직접적인 위협을 배제하는 것이 목적이라면 아프가니스탄 정세에 그다지 깊이 관여할 필요가 없다는 전략 변경을 지적하는 전문가의 의견도 나왔다. 베트남전쟁과 마찬가지로 국내 여론의 반대로 미군이 어쩔 수 없이 철수해야 할 가능성도 높아지고 있다고 말할 수 있다.[11]

하지만 하드파워 기반이 지금보다는 약해졌다 하더라도 그것이 당장 미국 패권 그 자체가 쇠퇴했음을 의미하는 것은 아니다. 미국의 군사력은 물론 경제력도 여전히 세계 최고를 자랑하며 우월하다고는 말할 수 없더라도 상대적인 우위를 유지하고 있다. 또한 오바마 정권은 하드파워뿐만 아니라 소프트파워soft power를 발휘하려는 방침을 명확히 내보이고 있다. 그 점은 경제위기 대책에서 주도권을 발휘하고 있는 점에서 역력히 드러나며, 국제협조를 우선시하고 소프트파워 쇠퇴를 초래한 부시 정권의 방침을 대폭 변경했다.

그것이 가장 분명하게 드러난 것은 석유산업과 인연이 깊은 부시 정권이 소극적으로 '교토의정서'에 역행하는 방침을 취하고 있었던 환경정책 분야이다. 오바마 정권은 그린뉴딜Green New Deal을 내걸고 에코에너지 개발에 본격적으로 착수했으며, 그 목적으로 부시 정권의 방침과는 반대로 가장 엄격한 환경규제를 하던 캘리포니아주의 정책을 지지했다.

그것은 또한 정세가 불안정한 중동지역에 대한 의존에서 벗어난다는 국제적인 전략에도 기인한다. 이러한 국내정책을 배경으로 국제적으로도 패권국으로서 지구환경을 보호하기 위해 중국 등 환경규제에 소극적인 개발도상국을 적극적으로 설득했다. 이미 살펴본 것처럼 피츠버그에서 G20이 채택한 결의에도 이러한 환경규제가 명기되어 있다. 그 후 2009년 12월에 덴마크에서 열린 코펜하겐 기후변화회의COP15에서도 법적 규제를 수반하는 결정은 달성하지 못했지만, 오바마 정권은 선진국이 2020년까지 1,000억 달러로 지원할 것을 약속하고 완강하게 저항하는 중국을 설득하여 개발도상국의 참가도 이끌어냈다.

오바마는 현안인 중동 여러 국가와의 관계에서도 2009년 6월에 이집트의 카이로대학에서 실시한 연설에서 이슬람교 전통에 경의를 표하고 존중한다는 자세를 명확히 했다. 그리고 부시 정권이 이라크전쟁을 일으켜 고조된 이슬람 여러 나라의 반미감정을 불식시키기 위해 힘썼다.[12] 이처럼 중동정책의 가장 기본적인 것에서부터 미국의 정책을 재정비하기 시작했고, 오바마는 중동 여러 나라를 방문하여 이슬람교도인 아버지가 명명한 자신의 중간 이름이 후세인이라고 언급하여 이슬람교도들이 친근감을 품을 수 있도록 신경을 썼다.

중동정책의 과제인 팔레스타인문제와 중동평화에 대해서도 정권이 발족하자마자 서둘러 민주당 전 상원 원내총무이자 아랍계 거물 정치가인 미첼George John Mitchell을 담당특사로 임명하여 이스라엘을 비롯한 관계 국가에 적극적으로 다가갔다. 이란의 핵개발을 저지하기 위해 무력행사를 주장하는 네타냐후 이스라엘 총리의 강경노선을 견제하는 한편, 유엔 결의에 위반되는 식민지 확대를 즉시 중지하고 팔레스타인인과의 평화 교섭에 임할 것을 단호히 촉구한 것은 중동평화를 추진하려는 방침의 전형적인 표현이었다. 이란의 핵개발에 관해서는 네타냐후에게 동조하지 않았고, 중동문제 전문가인 로스Dennis Ross를 담당자로 임명해 강온책을 사용해 냉정하게 교섭하도록 했다.

오바마가 미국의 소프트파워 회복에 가장 성공할 수 있었던 것은 선거기간 중에도 국제적으로 호감을 받고 있었고, 더불어 핵무기 전면 철폐를 주장한 데에 있었다. 핵무기의 발사 버튼을 쥔 세계 최대 핵보유국의 대통령이 핵 폐기를 주장한 것은 분명히 가장 현실적인 가능성을 여는 것이었다. 노르웨이의 노벨평화상 위원회가 오바마에게 평화상 수여를 결정한 것도 그와 같은 인류의 오랜 염원에 호응하는 미국 대통령의 자세를 높이 평가했기 때문이다.

미국의 대통령으로 핵 폐기를 처음으로 주창한 것은 실은 오바마가 아니라 레이건이다. 레이건은 전략범위구상SDI 개발을 고집하고, 소련에 핵전쟁으로 위협하며 국제적인 긴장을 높였다. 그럼에도 레이건은 전략범위구상이 핵 폐기의 길을 열 수 있다고 굳게 믿고 있었다. 레이건은 1986년 10월 아이슬란드의 수도 레이캬비크에서 열린 미·소정상회담에서 고르바초프 대통령에게 실제 그렇게 제안했다. 당시 회담에 동석한 슐츠 국무장관은 대화에 참여하지는 않았지만, 전문가적인 입장에서는 승복할 수 없다고 생각했다.[13]

그러나 이러한 슐츠도 2007년에는 북한과 이란이 핵 개발을 계속하는 상황에서 국제테러리스트에게 사용될 위험이 있는 대량살상무기의 확산을 막기 위해서는 최대 핵보유국인 미국이 핵 폐기를 위해 노력하는 것이 최선의 전략이라는 안전보장문제 전문가의 의견에 동조하기에 이르렀다. 그는 공화당의 키신저 전 국무장관, 민주당 페리 전 국방장관, 민주당 안전보장문제 전문가 넌 전 상원의원 등 4명과 연명으로 『월스트리트저널 Wall Street Journal』에 핵 폐기를 주창하는 기사를 기고했다.[14]

오바마는 이 신문기사에 주목해 관계자로부터 상세한 의견을 들었을 뿐만 아니라 2008년 2월 민주당 예비선거에서는 핵 폐기를 공약으로 내세웠다. 레이건과 달리 오바마의 핵 폐기 제창은 이처럼 안보문제 전문가로부터도 타당성이 뒷받침되고 있었다.

오바마도 인정했듯이 자신의 대통령 재임 중에 핵 폐기가 실현될 수 있을 것이라고는 절대 생각하지 않았다. 또한 오바마 정권이 내세운 다른 여러 가지 정책혁신도 뉴딜정책만큼 연방의회에서 신속한 지지를 얻지는 못했다. 심각한 경제위기 가운데 있으면서도 미국 정치는 여전히 격렬한 이데올로기와 이해 대립을 극복하지 못하고 있음을 여실히 드러내고 있었다.

그중에서도 오바마 정권이 건강보험제도 개혁을 최우선 과제로 삼은 것은 복지가 뒤떨어져 있던 미국에서 2009년에도 보험 미가입자가 4,600만 명으로 전체 인구의 15% 이상이었고, 클린턴 정권 이래 민주당의 현안이었던 이 문제를 한시라도 빨리 개선하고 싶었기 때문이다. 또한 2008년 민주당 예비선거 당시 오랫동안 이 문제를 직접 다뤄온 케네디Edward Kennedy 상원의원이 오바마 지지를 공표하는 대신 오바마에게 이를 강력하게 요청했다. 시카고 흑인 거주지역을 거점으로 하던 오바마에게는 이론이 없는 것이었다.[15]

그러나 오바마 정권이 제안한 전국민의료보험에 대해 제약업계 등 이익단체가 300명 이상의 전직 연방의원과 직원을 비롯해 3,000명 이상의 로비스트를 투입해 텔레비전 광고에서 찬반양론의 캠페인을 활발히 전개했다. 특히 건강보험제도뿐만 아니라 금융규제와 환경규제 강화에 격렬하게 반대한 미 상공회의소의 2009년도 로비비용을 보면 전년도보다 60%나 증가한 1억 400만 달러를 사용했다. 실로 금권정치의 양상이 고스란히 드러났다고 할 수 있다.[16]

또한 세력만회를 위한 절호의 기회를 잡은 공화당이 대규모 대중을 동원해 전국적인 관심의 대상이 되면서 일종의 여론을 판가름하는 쟁점이 되었다. 공화당은 1994년 클린턴 정권이 전국민건강보험 입법을 목표로 했을 때도 오랜 기간의 야당생활에서 벗어날 수 있는 절호의 기회라 여기고 이익단체들과 제휴하여 강력한 운동을 전개해 40년 만에 연방의회에서 다수당의 지위를 탈환하는 데 성공했다. 2009년에도 이런 상황을 재현하고자 했다. 그뿐만 아니라 다수당을 확보한 민주당 내부에서도 보수파인 공화당의 지지기반이 강했던 선거구에서 당선된 초선의원들이 반대의견을 제시해 백악관의 의회 대책이 예상을 빗나갔다.[17] 이렇게 해서 2009년 8월에는 오바마의 지지율이 50%까지 떨어졌고, 11월에는 40%대에 이르는 지경에 이르렀다.

이처럼 오바마 정권이 준비한 여러 가지 정책혁신이 얼마만큼 실현될 수 있는지는 여전히 미지수다. 그러나 이것은 대담한 정책혁신을 내세운 역대 정권에서 많든 적든 볼 수 있었던 것이며, 미국 경제 회복에 공헌한 레이건과 클린턴도 시련을 헤쳐나가지 않으면 안 되었다. 결국 임기 2년째 치러진 중간선거에서 민주당이 연방의회 의석을 얼마나 확보하고, 4년 후의 임기 때까지 어떠한 정책혁신을 달성할 수 있을지, 특히 경기 회복 여하에 따라 오바마 재선의 성패가 달려있고 앞으로 미국 정치의 방향도 크게 달라질 것이다.

또한 이러한 내부정치 동향을 반영하여 전 세계 미국의 패권 행방도 결정될 것이다. 즉, 중국과 인도가 경제 강국으로 대두하는 상황에서 미국은 뉴딜형의 국내정책으로 국내 고용을 확보하면서 이를 기반으로 과연 뉴딜형의 패권을 발휘해갈 수 있을지의 갈림길에 서 있는 것이다.

1 공급경제학(supply side economics) : 공급 증가를 중시하는 것을 말한다.(역자 주)

2 Barack Obama, Dreams from My Father : A Story of Race and Inheritance (New York : Three River Press, [1995] 2004); 白倉三紀子・木内裕也譯, 『マイ・ドリーム ― バラク・オバマ自傳』(ダイヤモンド社, 2007) 참조. The Audancity of Hope : Thoughts on Reclaiming the American Dream (New York: Three River Press, 2006), pp. 249~256; 棚橋志行譯, 『合衆國再生 ― 大いなる希望を抱いて』(ダイヤモンド社, 2007), pp. 279~287. 五十嵐武士, 「アメリカ民主主義再考」, 五十嵐・久保文明編著, 『アメリカ現代政治の構圖 ― イデオロギー對立とそのゆくえ』(東京大學出版會, 2009) 참조.

3 五十嵐武士, 앞의 논문, p. 14.

4 Dan Balz and Haynes Johnson, The Battle for America 2008 : The Story of an Extraordinary Election (New York : Viking, 2009), p. 29.

5 "Inaugural Address by Prisident Barack Hussein Obama," WHITEHOUSE BLOG, 2009년 11월 3일에 접속.

6 청정에너지(clean energy) : 환경오염 물질을 배출하지 않는 에너지를 말한다. 예를 들어 태양력, 지력, 풍력 등이 이에 속한다.(역자 주)

7 Peter R. Orszag, Director, Office of Management and Budget, "Mid-Session Review," August 25, 2009, http://www.whitehouse.gov/omb/blog/09/08-25/Mid-Session Review/, 2009년 9월 6일에 접속. Jeanne Sahadi, "U. S. between a deficit and a hard place," August 25, 2009, http://money.cnn.com/2009/08/25/news/eaconomy/us_deficit_projection/index.htm, 2009년 8월 25일에 접속. Brian M. Riedl, "New Budget Estimates Show Unsustainable Spending and Debt," http://www.irefeurope.org/en/viewsEvent.php? eventIdem142, 2009년 9월 26일에 접속.

8 『日本經濟新聞』 夕刊, 2009년 9월 28일, 2009년 10월 2일.

9 "Global trade slumped 12% last year," http://www.guardian.co.uk/business/2010/feb/24/globaltrade-slumps, 2010년 2월 25일에 접속.

10 James Vicini and Dave Graham, "Obama wants G20 to discuss rethink of global economy," September 21, 2009, http://jp.reuters.com/article/topNews/idUSTRE58G34Z20090920, 2009년 11월 5일에 접속. "Briefing by Treasury Secretary Tim Geithner on G20 Summit," September 24, 2009, http://www.america.gov/st/

texttrans-english/2009/September/200090925102044..., 2009년 11월 5일에 접속.

11 2013년 12월 29일 현재, 미군이 주축이 된 나토군은 아프가니스탄 주둔 병력 7만 5000 명의 대부분을 2014년 말까지 철수시킬 계획이다. 그러나 미국과 아프가니스탄은 나토 군 철수 이후에도 대테러 임무와 군사 훈련 등을 위해 최대 1만 2000명의 미군 병력을 주 둔시키는 내용의 안보협정에 합의했다.(역자 주)

12 "Remarks by the President on a New Beginning," Cairo University, June 4, 2009, http://www.whitehouse.gov/the_press_office/Remarks_by_the_President_ at_Cairo_University, 2009년 6월 5일에 접속, Christi Parsons, "Inside peek at Obama's speech," August 3, 2009, http://www.chicagotribune.com/news/chi_ cairo_for_mondayang 03, o, 5523590, story, 2009년 8월 4일에 접속.

13 五十嵐, 앞의 책, p. 240.

14 George P. Shultz, William J. Perry, Henry A. Kissinger and Sam Nunn, "Kissinger, Shultz, Perry & Nunn call for a World Free of Nuclear Weapons," The Wall Street Journal, January 4, 2007, http://www.2020visioncampaign.org/page/113/ Kissinger_Schulz_Perry_Nunn_call..., 2009년 10월 31일에 접속.

15 Balz and Johnson, op. cit., p. 177.

16 Dan Eggen, "Success of President Obama's crackdown on lobbying questioned," http://www.washingtonpost.com/wp-dyn/content/article/2010/02/13/ Ar20100213011..., 2010년 2월 14일에 접속.

17 Michael D. Shear and Ceci Connolly "Debate's Path Caugt Obama by Surprise," August 19, 2009, http://www.washingtonpost.com/wp-dyn/content/ article/2009/08/18/AR20090818036..., 2009년 8월 19일에 접속.

역자가 대학원 박사과정 시절 국제정치학 강의를 담당했던 그로브Eric Grove 교수와 그레이Colin Gray 교수가 탈냉전 이후 미래의 테러에 대해 걱정하던 내용이 생각난다. 그때는 1990년대 중반으로, 냉전이 종식된 직후였다. 두 교수의 걱정은 구 소비에트공화국에 산재해 있던 핵탄두의 관리였다. 구 소비에트공화국이 붕괴되자 러시아를 비롯해 열다섯 개의 나라가 새로 독립하면서 신생국들의 국내 사정은 어수선했다. 비록 러시아가 구 소비에트공화국을 대신해서 핵무기를 관리한다고 했지만 당시 수천 기에 이르렀던 핵탄두 통제가 쉽지 않았기 때문이다.

한편 냉전 붕괴 이후 미국은 초강대국으로서 승승장구했고, 지구상 어느 나라의 견제도 받지 않는 예외 국가가 되었다. 그래서 모든 나라들은 미국과 친해지기 위해서 노력했고 심지어는 미군이 자기 나라에 주둔하기를 바라는 나라들도 생겨났다. 상황이 이쯤 되자 미국은 신자유주의의 기치를 내걸고 하나가 되기를 원했다. 이를 실현하기 위해서 세계 모든 나라의 경제체제는 물론 사회간접자본과 심지어는 각국의 제도까지도 미국을 기준으로 삼고자 했다. 이에 대해 서방진영 국가들은 미국의 요구에 응하였으나 냉전시기에도 제3세력을 지향했던 이슬람 국가들은 적극적으로 반대했다. 그 과정에서 문명의 충돌로 대표되는 종교, 문화 갈등이 표면화 되자 미국은 강력한 힘의 논리로 이슬람 국가들에 대해 경제적 압박을 가하면서 미국이 주장하는 새로운 국제질서에 동참할 것을 요구했다. 그리고 냉전 붕괴 10년이 되던 2001년 9월 11일 뉴욕에 있는 세계무역센터와 펜타곤이 테러를 당하는 사건이 일어났다.

역자는 텔레비전에서 이 장면을 보면서 미국의 대응이 궁금했다. 그러나 한편으로는 미국이 테러리스트에게 핵공격을 받지 않은 것에 대해 다행으로 생각했다. 이후 미국은 테러리스트를 숨겨준다는 이유를 들어 아프가니스탄을 공격했고 대량살상무기를 제조한다는 이유로 이라크와 전쟁을 했다. 전쟁이 장기화되면서 미군의 희생이 늘자 미국 내 여론이 악화되고, 정권이 바뀌는 등 이들 지역에서의 미군 철수를 둘러싸고 국론이 양분됐다.

이런 상황에서도 미국이 테러와의 전쟁을 계속 수행할 수 있었던 이유는, 첫째 테러에 대한 응징, 둘째 대량살상무기 확산 방지, 셋째 미국의 건국이념인 민주주의 수호에 대한 신념이 있었기 때문이다.

이 책은 미국의 역사와 이를 수반하는 미국의 가치를 국내정치와 국제정치를 통해 분석하고 있다. 더 나아가 미국의 가치에 부합한 한국, 필리핀, 대만의 민주주의 발전이 태평양세계라는 초국가적인 정치공간을 활용한 나라들의 승리의 표본이라는 점에 대해서도 설명하고 있다. 그래서 이 책은 미국의 역사와 정치 및 국제정치 그리고 대외정책에 관심 있는 독자들이 미국을 이해하는데 좋은 지침서가 되리라 생각한다.

마지막으로 훌륭한 책을 번역할 수 있는 기회를 주신 역사공간 주혜숙 사장님과 역자의 잦은 실수에도 인내를 가지고 교열을 담당해준 편집부에 감사드린다.

2014년 2월

함평에서 곽진오

글로벌화와 미국의 패권

세계 제국, 미국

초판 1쇄 인쇄   2014년 5월 9일
초판 1쇄 발행   2014년 5월 15일

지은이   이가라시 다케시
옮긴이   곽 진 오
펴낸이   주 혜 숙
펴낸곳   역사공간
등록   2003년 7월 22일 제6-510호
주소   121-842 서울특별시 마포구 동교로 142-11 (서교동, 플러스빌딩 3층)
전화   02-725-8806~7, 325-8802
팩스   02-725-8801, 0505-325-8801
E-mail   jhs8807@hanmail.net

ISBN 979-11-5707-002-2 03340